优化营商环境
民商事审判路径探究

卢颖 —— 著

人民法院出版社

图书在版编目（CIP）数据

优化营商环境民商事审判路径探究 / 卢颖著. -- 北京：人民法院出版社，2024.6
ISBN 978-7-5109-4174-0

Ⅰ. ①优… Ⅱ. ①卢… Ⅲ. ①民事诉讼－审判－研究－中国 Ⅳ. ①D925.118.4

中国国家版本馆 CIP 数据核字（2024）第 110362 号

优化营商环境民商事审判路径探究

卢 颖 著

策划编辑	韦钦平
责任编辑	周利航
封面设计	王子莹
出版发行	人民法院出版社
地　　址	北京市东城区东交民巷 27 号（100745）
电　　话	（010）67550691（责任编辑）　67550558（发行部查询）
	65223677（读者服务部）
客 服 QQ	2092078039
网　　址	http://www.courtbook.com.cn
E — mail	courtpress@sohu.com
印　　刷	天津嘉恒印务有限公司
经　　销	新华书店
开　　本	787 毫米×1092 毫米　1/16
字　　数	325 千字
印　　张	17.5
版　　次	2024 年 6 月第 1 版　2024 年 6 月第 1 次印刷
书　　号	ISBN 978-7-5109-4174-0
定　　价	65.00 元

版权所有　侵权必究

序

营商环境成熟度（B-READY）是世界银行集团开发的一个国际基准项目。营商环境成熟度旨在对私营部门发展所处的营商环境进行量化评估，每年发布一次报告，涵盖全球大多数经济体。营商环境成熟度的数据和总结报告旨在倡导政策改革，为具体政策建议提供信息，并为发展政策研究提供数据。通过关注私营部门的发展，营商环境成熟度为实现世界银行集团的双重目标（消除贫困和促进共同繁荣）作出了贡献。

营商环境成熟度评估经济体的营商环境，关注规则框架、向企业和市场提供的相关公共服务，以及规则框架与公共服务在实践中相结合的效率。营商环境成熟度在评估营商环境时寻求一种平衡的方法，力求在开展业务的便利度与实现更广泛的私营部门利益之间、规则框架与公共服务之间、法律法规与实际执行之间，以及数据代表性与数据可比性之间实现平衡。营商环境成熟度涵盖了现有指标范围内可提供最大价值的领域，即微观经济层面的规则框架和相关公共服务。

营商环境成熟度重点关注十个主题，这些主题按照企业的生命周期和企业在开办、经营（或扩张）以及关闭（或重组）时参与市场的情况进行组织。主题包括企业准入、经营场所、公用事业服务、劳动就业、金融服务、国际贸易、税费缴纳、纠纷解决、市场竞争和企业破产。卢颖法官是我的硕士生和博士生，一直和我进行营商环境指标的翻译及营商环境国评指标的设计工作，得知她将营商环境方面的研究与自己从事的民商事审判结合进行本书的写作，我感到非常欣喜。

2023年7月16日，记得是一个周日。上午11时，我在学生群里发了一份邀请参与翻译的邀约：……这是一个宝贵的学习过程，而且是一份公益事业。世界银行的每一个指标，都有诺贝尔奖获得者参与，他们的方法论，值得学习。

很快，有48位已经毕业或临近毕业的学生响应，他们拥有扎实的法律基础和娴熟的外语能力，其中就包括了卢颖。当天，我们用一个小时，交流讨论了翻译事宜，完成了分工。十项指标，十个小组；统一术语，先定后译；分头翻译，交叉互校；三审校验，统一审定。

2023年8月5日，一个周六，我们一块讨论了整整六个半小时，终于把世行BR体系十项指标的方法论及问卷的专有术语初步进行了统一。精疲力竭，酣畅淋漓，这是高强度的脑力与体力劳动后，获得的真切体验。

2023年8月20日，星期一，上午9时，我们举行第三次会议，通报了初译汇总情况，沟通了翻译中的问题，展开了充分的交流，最终议定终稿提交时间。

2023年9月10日教师节，星期日，我们进行了第四次全体会议，扫除翻译中遗留的最后问题，形成了世行原文错漏勘误表，准备通过官方渠道提供给世行，供其参考。这也算是译事的一份意外成果了。

2023年9月28日，长假前的最后一个工作日，营商环境国家评估指标课题研讨会举行。会上，我将世行营商环境评估BR体系译稿转给了政府部门。译稿共11章，110余万字。另外，还提交了翻译过程中发现的世行BR体系原文的32处错误。

2023年11月19日，在华东政法大学长宁校区交谊楼一楼第四会议室，我们召开了第五次全体会议。复旦大学、普华永道会计师事务所（他们负责世界银行的企业问卷调查，对数据收集很有经验）、北京培西科技有限公司、北京法意科技有限公司、厦门市营商环境研究中心均派员参会，对指标提出意见和建议。

做研究很苦、很累，但很值得，卢颖法官全程参与了世行指标体系的翻译等工作，并且最终选择与其法院工作有关的纠纷解决和企业破产进行研究，具有很强的实践意义。首先，本书在营商环境背景下，探索提升民商事诉讼质效的可能路径。通过分析现行民商事诉讼制度存在的诸如全流程网上办案机制不完善、"一网通办"的服务内容有待拓宽、简案快审效率提升存在瓶颈、小额诉讼的适用亟待增强、相关审判配套制度如审判团队制度以及审判权运行机制有待完善等问题，进而提出相关优化路径，具体包括加强法院数字化建设、优化民商事案件类型化审理、优化审判权运行机制、提升纠纷解决能力等。其次，本书探索完善营商环境场域中的民商事多元化纠纷解决机制。剖析了实践中民商事多元化纠纷解决机制中仲裁、调解以及"一站式"解决机制存在的问题，并针对性地提出了民商事仲裁、调解等制度的优化完善建议。最后，探索健全营商环境视角下的市场出清制度。通过检视实践中破产案件的审理现状，发现破产案件审理中存在的破产企业识别与破产案件受理难、破产管理人选择及管理难、优先债权人保护力度统一难、债务人财产管理及处置难、执行转破产程序衔接难等难点，进而提出全面提升我国破产司法能力的对策建议。

我非常欣慰，从学校走出去的这些学生，身处生活、工作的压力下仍不忘研究，胸怀法治梦想，坚守正义追求。

值本书告竣之际，欣然受托，聊作开篇。

是为序。

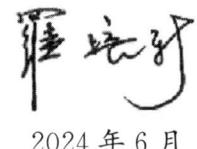

2024年6月

目 录

导言 起源与演进：优化营商环境的来路与去路 …… 1
  一、营商环境的内涵与表述 …… 1
  二、优化营商环境的路径与方式 …… 3
  三、人民法院在法治化营商环境中的定位与作用 …… 5
  四、本书的逻辑和结构 …… 8

第一章 优化营商环境视角下民商事审判的理论 …… 10
  第一节 营商环境法治化视域下我国民商事法律制度的现代化理念 …… 10
    一、我国优化法治化营商环境的总体要求和基本原则 …… 10
    二、民商事纠纷解决现代化理念概述 …… 18
  第二节 优化营商环境视域下的 BR 商事纠纷解决指标 …… 24
    一、BR 商事纠纷解决指标的价值理念及主要内容 …… 24
    二、BR 商事纠纷解决指标与原 DB 评价体系的差异 …… 32
    案例1 尊重市场主体意思自治，增强法律规则的可预期性
        ——A 公司与 B 公司买卖合同纠纷案 …… 34
    案例2 完善跨境争议制度框架，平等保护外国当事人权益
        ——保加利亚 A 公司与台州市 B 公司国际货物买卖合同
          纠纷案 …… 36
    案例3 引入第三方调解，促进纠纷解决资源的市场化
        ——A 公司与 B 公司等损害公司利益责任纠纷案 …… 37

第二章 改革与影响：优化营商环境与民商事审判的关系 …… 39
  第一节 优化营商环境下我国民商事审判实践分析 …… 40
    一、我国现阶段民商事审判对营商环境产生的影响 …… 42

二、营商环境与民商事审判之间的关系 ……………………… 45
　　三、世界银行指标与营商环境的辩证关系 …………………… 48
　第二节　营商环境指标下民商事审判活动的法经济学分析 ……… 50
　　一、世界银行指标下的法经济学逻辑演进 …………………… 50
　　二、诉讼效率的法经济学分析——以诉讼便利度为主要内容 … 55
　　三、企业破产的法经济学分析 ………………………………… 60
　第三节　法经济学视域下的民商事审判思路指引 ………………… 64
　　一、视角的转换：法经济学对公司裁判的启示 ……………… 64
　　二、范式的革新：新古典经济学框架下公司法的法经济学研究 … 71
　　三、交易费用视角下的经济分析进路 ………………………… 80
　第四节　有限责任公司股权转让的释义困境与法经济学方法探析 … 85
　　一、核心法律规范的释义与争议 ……………………………… 86
　　二、法经济学为司法裁判提供价值和方法补充的可能性 …… 92
　　三、以代理成本分析的方法处理股权转让纠纷的具体进路 … 95
　　案例1　发挥特别代表人诉讼程序优势，维护中小投资者利益
　　　　　　——中国证券集体诉讼和解首案 ……………………… 101
　　案例2　在线异步审理，实现跨境争议解决成本最小化
　　　　　　——陈女士与某平台买卖合同纠纷案 ……………… 102
　　案例3　尊重市场主体意思自治，增强法律规则的可预期性
　　　　　　——包某某与某教育科技公司教育培训合同纠纷案 … 103

第三章　优化民商事审判机制：以优化诉讼程序为经济目标 … 105
　第一节　民商事审判机制的法经济学分析 ………………………… 106
　　一、影响纠纷解决指标的主要问题：司法资源配置 ………… 106
　　二、交易成本视角下司法资源配置问题的法经济学分析 …… 107
　　三、民商事审判中交易成本的衡量标准 ……………………… 109
　第二节　我国民商事诉讼制度的实践现状 ………………………… 110
　　一、开展信息化数字化民商事办案 …………………………… 110
　　二、创新民商事诉讼服务模式 ………………………………… 112
　　三、提升民商事类案审理效率 ………………………………… 113
　第三节　现行民商事诉讼制度存在的问题 ………………………… 114
　　一、法院诉讼服务数字化建设亟待增强 ……………………… 114
　　二、案件分流、分类审理亟须优化 …………………………… 117
　　三、相关审判配套制度有待完善 ……………………………… 118

第四节　民商事诉讼质效提升的可能路径 ………………………… 122
一、持续加强法院数字化建设 …………………………………… 122
二、优化民商事案件类型化审理 ………………………………… 124
三、优化审判权运行机制 ………………………………………… 127
四、提升国际民商事纠纷解决能力 ……………………………… 128
案例1　诉讼"数字化"在区块链电子存证法律效力方面的体现
　　　　——A公司与B公司侵害作品信息网络传播权纠纷案 …… 130
案例2　扩展小额诉讼程序的适用，助力优化"精简法庭"指标
　　　　——A建设设备租赁站与B公司租赁合同纠纷案 ……… 132
案例3　对接公约适用，便利解决跨境纠纷索赔
　　　　——A公司与B公司等保险人代位求偿权纠纷案 ……… 133

第四章　营商环境场域中民商事多元化纠纷解决机制的现实思考 ……………………………………………………………… 136

第一节　营商环境视角下加强民商事仲裁的实践路径 …………… 136
一、我国民商事仲裁中的BR理念 ……………………………… 137
二、现行民商事仲裁制度的现状及问题 ………………………… 141
三、我国民商事仲裁制度优化完善建议 ………………………… 144

第二节　营商环境视域下完善民商事调解的现实举措 …………… 147
一、BR理念在我国民商事调解制度中的具体体现 …………… 147
二、我国民商事调解制度的实践现状和不足 …………………… 149
三、我国民商事调解制度优化建议 ……………………………… 151

第三节　营商环境场域中公共服务资源供给制度的完善 ………… 155
一、BR方法论引导下的公共服务资源供给理念 ……………… 155
二、我国公共服务资源供给的现状与存在的问题检析 ………… 157
三、涉外民商事纠纷"一站式"解决机制的完善建议 ………… 160
案例1　积极认定仲裁协议效力，构建"仲裁友好型"营商环境
　　　　——A公司申请承认和执行乌兹别克斯坦工商会国际商事
　　　　　　仲裁院仲裁裁决案 ………………………………… 165
案例2　依法承认与执行行业协会裁决，提升仲裁效率
　　　　——A公司与B公司申请承认和执行外国仲裁裁决案 … 166
案例3　聚焦仲裁"关键要素"，提升仲裁程序独立与公正性
　　　　——A公司与B公司申请撤销仲裁裁决案 ……………… 168

案例4　调诉无缝对接，强化非诉解纷优先性
　　——A公司与B、C公司等申请司法确认调解协议案 169

第五章　健全市场出清制度：以破产司法能力的全面提升为视角 171

第一节　法经济学视角下破产程序之应然性与必然性 171
一、破产程序之必然性论述 171
二、破产程序之应然性论述 174

第二节　破产司法能力评价标准 177
一、对标世界银行报告的普遍性衡量标准 177
二、对照我国经济发展现状的阶段性标准 182

第三节　我国破产司法能力的实证分析 185
一、破产案件的审理现状检视 185
二、破产案件的审理难点 193

第四节　全面提升我国破产司法能力的对策建议 198
一、提高破产司法实践的便利性 198
二、保障破产司法供给的充实性 201
三、加强破产法律制度的完备性 204

案例1　积极推进"执转破"，优化破产程序规则
　　——广东某旅游休闲服务有限公司执行转破产清算案 207

案例2　合理保障利益相关者权益，兼顾债权人代表机制成本效益
　　——杭州萧山某彩印包装有限公司重整案 208

案例3　整体处置压缩成本，最大化维护企业营运价值
　　——惠州市某有限公司破产清算案 209

案例4　综合采取股权调整及解冻措施，最大限度优化债务人资产
　　——上海某机器人有限公司重整计划执行案 211

案例5　企业通过"预重整"成功脱困，探索符合国情的重整制度
　　——A公司破产重整案 212

附录一　优化营商环境条例 214
附录二　北京市优化营商环境条例 225
附录三　世界银行BR指标体系（节录） 238

导言　起源与演进：优化营商环境的来路与去路

一、营商环境的内涵与表述

优质的营商环境是一个国家或地区经济软实力、核心竞争力、全球影响力的重要体现。随着我国区域协调发展、创新驱动发展、粤港澳大湾区建设等国家战略和"一带一路"倡议的深入实施，与营商环境建设和优化相关的议题愈发受到关注和重视。而厘清营商环境内涵与评价方式是开展营商环境优化研究的基础。

事实上，在迈入21世纪以前，我国的政策文件或研究论著鲜有使用"营商环境"概念，"投资环境"倒是颇为普遍的表述。这与改革开放之初吸引外商投资、促进经济增长的目标息息相关，在观察与评判特定地区增长环境的过程中，"优化投资环境"也是当时颇为流行的口号。

进入21世纪，由于招商引资经济增长模式显现诸多问题，在被动向主动、增长转发展、单一向多元的转型背景中，投资环境及其优化等相关概念表述也随之淘汰，更加科学、更加适应全球化发展的营商环境概念被引入，尤其是我国首次参与世界银行评估，使优化营商环境迅速成为理论研究、政策及制度实践共同的热点议题。

然而，何谓营商环境？总结既有理论研究，营商环境是一个内涵丰富、面向多样的概念。从广泛且一般的语境观察，营商环境概指企业等商事主体在特定区域所处的全部外在境况与条件，既包括硬环境（物质环境），也包括软环境（制度文化环境），"一个企业如同一棵植物，从萌芽出土到茁壮成长，需要适宜的温度、湿度、空气、水分、养分，这些外部环境及其涉及的因素，有些是市场层面的，有些是社会层面的，有些是政府层面的。广义上说，营商环境是一个大概念，内涵丰富，是这个外部环境的总称"。① 例如，L. A. Litvak 等认为营商环境应包含政治稳定、市场机会、经济发展、文化一元化、竞争等方面。不过，就狭义而言，营商环境应当指的是软环境，主要指向政府层面的环境及其因素。正如娄成武所言，考虑到物质环境在一定时期内的可更改性较低，因此一般将短期内可更改性较大的软环境视作营商环境。② 不过，即使将营商环境限缩定位于软环境，它的概念多面性仍然十分突出，因为软环境包括影响商事主体行为的政治要素、经济要素、文化要素等，是一个国家或地区有效开展交流、合作以及参与竞争的依托，体现了该国或地区的经济软实力。此外，宋林霖等人不仅准确意识到营商环境概念的综合多面性，更明确指出，各个面向或要素相互之间绝非机械式并列，而是有机融合，其明确指出"营商环境可理解为在一定时期内，某一经济体政府为改善国内经济以及拉动对外贸易，通过多领域的系统改革所营造的影响投资主体从事商业活动的政治环境、经济环境、法治环境以及国际化环境等各种环境的有机复合体"。③ 需要注意的是，从公共管理的视角看，"营商环境本质上是政府与社会、市场共同提供的一种具有制度特征的特殊公共产品。由此，政府是营商环境建设的首要和主要责任主体"。④

除了学科论著的理论表述，实际上，代表性国际组织以及政府机构经由各自的规范性文件也有相当明确的营商环境概念界定，例如，世界银行在早期《营商环境报告》（Doing Business）中将营商环境定义为企业从开办、运营到结束的各环节中各种周围情况和条件的总和，当时一级评价指标涵盖开办企业、获得施工许可、获得电力、财产登记、获得信贷、保护少数投资者、纳税、跨境贸易、执行合同、办理破产、劳动力市场监管、参与政府采购等维度。这一评估报告对全球产生了重大影响，多数研究以该定义为基准。2019 年 10 月 8 日，我国国务院第 66 次常务会议通过《优化营商环境条例》（国务院令第 722 号），明确规定"本条例所称营商环境，是指企业等市场主体在市场经济活动中所涉及的体制机制性因素和条件"。2020 年 4 月 10 日，

---

① 参见许德友、王梦菲：《处理好政府与市场的关系是营商环境的重中之重》，载《深圳特区报》2019 年 6 月 18 日，第 C02 版。
② 参见娄成武、张国勇：《基于市场主体主观感知的营商环境评估框架构建——兼评世界银行营商环境评估模式》，载《当代经济管理》2018 年第 6 期。
③ 宋林霖、何成祥：《优化营商环境视阈下放管服改革的逻辑与推进路径——基于世界银行营商环境指标体系的分析》，载《中国行政管理》2018 年第 4 期。
④ 郭燕芬、柏维春：《营商环境建设中的政府责任：历史逻辑、理论逻辑与实践逻辑》，载《重庆社会科学》2019 年第 2 期。

上海市第十五届人民代表大会常务委员会第二十次会议通过《上海市优化营商环境条例》，则沿用了《优化营商环境条例》所作的营商环境定义。在上述规范表述中，营商环境是指企业等市场主体在推进市场经济活动中所涉及的制度因素与社会条件，反映了国家治理能力、制度安排、社会环境、思想理念等方面的综合情况。

为在统一语境下讨论，本书采狭义的营商环境概念，将其界定为"市场主体在准入、生产经营、退出等过程中涉及的政务环境、市场环境、法治环境、人文环境等有关外部因素和条件的总和"。概言之，营商环境立足于市场主体视角，以区别于传统（外商）投资环境的政府视角，其涵盖影响市场主体经济活动的政治要素、经济要素、法律要素以及文化要素等各个方面。由此，对特定国家或地区营商环境的观察、评判以及优化必然是一项系统工程。

二、优化营商环境的路径与方式

在明确营商环境内涵的基础上，已有研究根据不同领域的发展要求，对优化营商环境的路径展开分析，主要包括两个方面：一方面从优化政府自身的改革与实践出发，比如强化公共政策供给以便从整体上为完善基础设施、规范市场行为以及降低制度性交易成本提供前提条件；或从行政审批制度改革入手，通过降低企业制度型交易成本，为企业开设与经营提供便利。另一方面立足于营造包容开放的市场环境，包括打造高质量的法治营商环境、创造公平竞争的市场环境、健全投融资体制以吸引企业不断进入本地市场。此外，在市场环境的塑造过程中，政府还应当为企业做好服务，与企业保持良好沟通与互动，并及时将企业尤其是中小企业的发展需求纳入政策制定中考虑，同时也应当充分发挥行业协会与商会作为沟通纽带的作用，从而营造高效便捷与开放包容的市场环境。

如前所述，营商环境包含市场主体开展经济活动的各种软性因素与条件，故优化营商环境必然具有系统性，近年来，各国优化营商环境的制度实践尤其例证了这类操作的综合性。

以俄罗斯为例，2012年，根据世界银行营商环境报告，该国排名第120位，同年5月经签发总统令，启动系列措施，提升排名位次。概览俄罗斯优化营商环境的系统操作，主要经历如下阶段：（1）政府自我优化阶段。2012年，俄罗斯首先采取了一系列措施（如引入电子案件备案系统）优化政府工作流程，以简化、优化与企业相关的行政审批程序，减少其开设与运营的经济成本和时间成本。（2）法律完善阶段。俄罗斯优化营商环境系统操作第二步指向相关法律的制定、修改与完善，进一步稳定市场预期，巩固已有成果。以企业注册为例，2013年、2014年俄罗斯联邦政府分别通过No317-r、No1429-r两个法令简化注册流程。①（3）社会监督评价阶段。为鼓励社会公众参与营商环境优化系统工程，俄罗斯联邦政府组织企业家一同制定了12个"国家企业家倡议路线图"，包括改善营商环境的具体措施和可衡量的效果评估指标，使其更能戳中营商环境优化的痛点。同时，俄罗斯还成立了"促进新项目战略倡议机构"专家委员会，牵头对联邦各组成实体的改革实施情况进行评比，并予以归纳总结。由此可见，俄罗斯优化营商环境是一个从政务环境到法治环境，由政府主导到社会参与的系统操作，截至2020年，其世行排名已进步至第28位，可谓收效显著。

再观我国，党的十八届三中全会通过《中共中央关于全面深化改革若干重大问题的决定》以来，营商环境概念正式写入党和政府的重要文件，并在党的十八大以后迅速开启我国营商环境建设新征程，以国际视野和国际理念推进我国营商环境发展改革。在体制性改革的大背景下，各级政府持续深化"放管服"，围绕市场化、便利化、国际化出台了一系列优化营商环境的政策措施，加快构建与国际通行规则相衔接的营商环境制度体系，更大程度激发市场活力，增强发展内生动力。

从政策工具类型上看，研究发现各地方政府在优化营商环境的过程中侧重使用环境型政策工具，为营商环境提供间接规范；供给型政策工具对于优化地方政府营商环境成效显著，而需求型政策工具使用频次较少。也有研究从"放管服"改革视角出发，将优化营商环境政策工具分为市场型、监管型与服务型三大类别；或基于命令型、激励型、能力建设型、系统变革型、劝告型政策工具分类，对"放管服"改革过程中的不动产登记进行了研究。此外，也有研究分析了与营商环境优化在内容上较为相近的促进民营企业技术创新、推动中小微企业创新发展，并认为应当以政策工具在不同领域的均衡配置和不同类型政策工具的合理配置提升企业获得感、助力中小企业面对疫情挑战尽快复工复产。

从政策效果看，根据世界银行的营商环境报告，党的十八大以来，我国的营商环境国际排名大幅提升，从综合指标（一级评价指标）来看，从DB2013（2012年数据）的第91位上升到DB2020（2019年数据）的第31

---

① 参见宋林霖、黄雅卓：《俄罗斯法治化营商环境治理绩效的生成逻辑》，载《江淮论坛》2021年第1期。

位、前沿水平得分77.9分，逼近经合组织（OECD）高收入国家平均水平的第30位、前沿水平得分78.4分，7年时间大幅提升了60位。

但是，在准确理解优化营商环境的系统性以及我国既有成绩的同时，我们还需清醒地认识到，在营商环境的打造上，部分地区还存在过于倚重减税让利措施（税收优惠、扶持政策、廉价土地供给等）的现象。在一定时期内虽然收效较为明显，但长远而言，这类措施却难以持续，优化营商环境必须回归系统性，除了便利化导向的政务环境优化、国际化导向的市场环境优化，尤其需要发挥法治环境优化的基础作用，换言之，法治化将是未来我国营商环境优化的原则与目标。

三、人民法院在法治化营商环境中的定位与作用

习近平总书记在主持中央全面依法治国委员会第二次会议时强调，"法治是最好的营商环境"。① 这一论断深刻阐明了法治和营商环境的关系，为营商环境的优化指明了方向。法治是衡量营商环境优劣的关键指标，是改善营商环境的重要手段，也是营商环境的重要内容和保障。法治化营商环境建设重在依托法治实现构建优质营商环境的目标追求。要以法治引导、推动营商环境优化，并将优质营商环境纳入法治化轨道，不断打造营商环境新高地，为增强市场活力和经济内生动力创造良好的软环境。

打造优质的营商环境离不开法治，法治既是优质营商环境的题中应有之义，也是推进优质营商环境建设的重要抓手。作为法治的重要组成部分，公正司法构成了法治化营商环境建设的重要支撑，形成公平正义的司法环境，是创建法治化营商环境的必然选择。公正司法在稳定预期、提振信心、激发活力、促进发展等方面具有不可替代的作用。因此，下文从应然和实然两个层面，分别剖析和观察公正司法在法治化营商环境中的定位和作用。

从应然层面剖析，公正司法是法治的重要组成部分。首先，优化营商环境的核心在于实现法治化，而法治化的关键在于法律的公信力和司法环境的公正高效。这种公信力源自市场主体对法律公平正义性的信任，以及对法律能够按照自身逻辑有效实施的信心。司法环境作为这一信任的基础，不仅涵盖了影响司法过程和结果的诸多要素，如司法的依据、主体、体制机制和价值理念，更直接体现了司法裁判的公正程度。因此，公正司法作为法治文明

---

① 习近平：《完善法治建设规划提高立法工作质量效率　为推进改革发展稳定工作营选良好法治环境》，载《人民日报》2019年2月26日，第1版。

对司法系统的基本要求，应展现出公正、高效、权威的现代司法系统运行的实际景象。在营造法治化营商环境的过程中，公正司法既是一种指导理念，也是对司法程序和结果的具体要求，它贯穿于整个司法环境优化的过程。其次，市场主体对司法环境的初步评价，往往基于他们对司法过程的直接体验。这种体验的核心在于司法程序是否公正、透明且高效。一个公正、透明的司法程序能够增强市场参与者对司法的信任，进而促进他们接受和遵守司法决策。司法公开是保障司法程序公正性的重要机制。随着公众和媒体对司法权监督的增强，司法公开成为市场主体感知司法程序法治化的重要途径。它不仅允许当事人和公众了解司法流程、案件背景和判决依据，还起到了普及法律知识、弘扬正义精神的作用。为了确保司法公正，司法公开至关重要。这要求我们在立案、审判、执行等各个环节确保信息的全面公开，同时不断创新公开方式、拓宽公开渠道，并确保公开内容的时效性。只有这样，市场主体才能及时、有效地监督司法权的运行，减少不当干预，从而维护司法公正，促进整个司法环境的优化。再次，司法结果的公正性是评判一个司法环境是否健康的核心指标。判决、调解、破产清算等司法行为直接体现了法律对公民权利和行政权力的处理效果。公正的司法结果不仅是对个体权利的保障，更是对公共权力运行的约束和校正。这种双重功能构成了司法公正的基石，并反映了司法体系在维护社会公正方面的实际成效。党的十八届四中全会明确指出，公正是法治的基石，司法公正对于维护社会公正具有至关重要的作用。若司法不公，将严重损害社会公正。市场主体对司法环境的认同，很大程度上取决于其对司法机关依法公正行使职权的信任。这种信任不仅关乎产权保护、契约履行、交易公平和市场统一等核心要素，还体现了市场主体对法治化营商环境的整体评价。因此，司法机关在审理案件时，必须严格遵循法律，确保各类市场主体的合法权益得到平等保护，从而发挥司法裁判在规范市场行为、引导市场预期方面的重要作用。

从实然层面观察，各地法院系统在优化营商环境一盘棋的大背景下，均在理念、程序、实体等方面发挥着有力的支撑作用。以上海市法院为例，围绕打造国际一流法治化营商环境目标，上海法院系统连续6年制定法治化营商环境建设专项行动计划，仅2023年就落实"提升商事审判质效"等28项改革举措，从上海法院系统的工作着力点中，可以清楚看到人民法院在优化营商环境方面发挥的实然作用。

一是保护公平诚信经营，发挥"解决商业纠纷"的作用。例如，上海法院系统在依法保障合同效力、促进交易诚信方面，审慎认定新型交易模式效力，严厉打击逃废债行为，一审商事案件平均审理期限缩短10.8%，解决商事纠纷的司法程序指数居于全球领先水平。又如，在依法保护企业合法权益方面，上海法院系统联合市工商联等部门推出"法律惠企"百余项举措，与全市9家金融机构建立"涉诉信息澄清机制"，帮助89家企业获得贷款2.1亿元，该机制被新修订的《上海市优化营商环境条例》吸纳。再如，在积极推进涉外法治工作方面，在全国首创涉外商事纠纷一站式解纷、仲裁保全在线办理等4项机制，为中外当事人提供专业高效的司法服务。推出全国首部涉外司法专题片《老外讲故事·法治化营商环境》，向国际社会展示上海法治化营商环境建设成果。

二是深化破产审判改革，发挥提升"办理破产"质效的作用。例如，上海法院系统在完善破产审判集中管辖机制方面，全年办结破产、重整案件2948件，化解债务3400亿余元，案件平均办理周期从2020年世行认定的1.7年缩短至1.2年。又如，在强化办理破产府院联动方面，会同上海市发展和改革委员会等17家单位联合推出管理人履职、重整企业信用修复等35项改革措施，让"僵尸企业"快速出清、危困企业脱困重生。

三是率先推进数字法院建设，发挥数字改革赋能营商环境的作用。例如，上海法院系统在全国率先提出并实质推进数字法院建设，建成营商环境"数助"平台等数字系统9个，研发营商环境数字模型100多个，自动预警提示法官9000余次，数字改革赋能营商环境的动力引擎作用持续显现。又如，在全国率先建立民商事案件裁判生效信息即时推送场景，为当事人平均节省20天，提升企业诉讼便利度。

但同时，我们也应当看到，当前，推进法治化营商环境建设面临新形势和新要求，也对司法提出了新要求。根据习近平总书记2024年1月31日在二十届中央政治局第十一次集体学习时的重要讲话精神以及上海市委书记陈吉宁在上海市2024年优化营商环境大会上的讲话精神，上海市高级人民法院指出，"良好的营商环境是促进高质量发展的重要基础，人民法院在持续推进市场化、法治化、国际化营商环境建设方面担当着重要的角色"，"要完整、准确、全面贯彻新发展理念，认真落实中央、市委关于优化营商环境的决策部署"。① 鼓舞人心的是，对标上海市新一轮优化营商环境任务清单，法院系统已经加快制定法治化营商环境建设专项行动计划7.0版，为上海营商环境

---

① 上海市高级人民法院：《强化司法支撑和服务　奋力打造国际一流法治化营商环境》，载微信公众号"上海高院"，2024年2月21日。

排名在全球城市中持续进位提供有力司法支撑。具体内涵包括：强法治稳预期，充分发挥司法裁判的规范引领功能，依法平等保护各类经营主体合法权益，夯实良好营商环境的法治基础。强改革增便利，聚焦短板弱项完善审判机制流程，让经营主体有更多获得感。强创新增动力，大力推进数字法院与法治化营商环境建设深度融合，助推营商环境提档升级。

四、本书的逻辑和结构

厘清优化营商环境的来路与去路，本书重点围绕"优化营商环境民商事审判路径探究"这一主题展开，希望探讨营商环境与民商事审判之间的关系及其相互影响的机理。本书整体上可以分为五大部分：

第一部分，营商环境与民商事审判理念的现代化。这一部分主要关注营商环境法治化背景下，我国民商事法律制度的现代化理念。首先，介绍了优化法治化营商环境的总体要求和基本原则，强调以习近平法治思想为根本遵循。其次，详细阐述了民商事纠纷解决现代化理念，包括纠纷解决形态的信息化、市场化、效益化、专业化和自治化等方面。最后，对BR商事纠纷解决指标的价值理念及主要内容进行了介绍，并比较了其与原DB评价体系的差异。

第二部分，营商环境与民商事审判的关系。这一部分主要分析了优化营商环境与民商事审判之间的相互影响和关系。首先，通过对我国现阶段民商事审判对营商环境产生的影响进行分析，揭示了民商事审判在维护营商环境公平、稳定、国际化和法治化方面的重要作用。其次，探讨了营商环境与民商事审判之间的辩证关系，强调了良好营商环境对规范民商事审判活动的促进作用，以及提高民商事审判质效对提升营商环境指数的贡献。最后，运用法经济学理论对营商环境指标下的民商事审判活动进行了深入分析，提出了民商事审判思路的指引。

第三部分，以提高诉讼程序为经济目标优化民商事审判机制。这一部分主要关注如何通过优化民商事审判机制来提高诉讼程序的经济效益。首先，运用法经济学理论对民商事审判机制进行了深入分析，指出了影响纠纷解决指标的主要问题——司法资源配置。其次，介绍了我国民商事诉讼制度的实践现状，并指出了现行制度存在的问题，如法院诉讼服务数字化建设不足、案件分流和分类审理需优化等。最后，提出了提升民商事诉讼质效的可能路径，包括持续加强法院数字化建设、优化全流程网上办案体系、拓宽"一网通办"服务内容等。

第四部分，营商环境场域中民商事多元化纠纷解决机制的现实思考。这部分探讨了民商事多元化纠纷解决机制的现实挑战与改进路径。首先，分析了民商事仲裁和调解制度的现状，指出存在的问题，并提出了加强信息化建设、优化人才队伍、完善监督管理制度等优化建议。其次，从公共服务资源供给的角度，讨论了信息公开与共享、成本合理配置等关键问题，并提出了完善多元化纠纷解决机制、优化涉外民商事纠纷解决方式的建议。整体上，该章旨在推动民商事纠纷解决机制的创新与完善，以适应营商环境的需求。

第五部分，以提升破产司法能力为视角探讨如何健全市场出清制度。首先，从法经济学角度阐述了破产程序的必然性与应然性，强调了其在经济发展中的重要作用。其次，提出了破产司法能力的评价标准，包括普遍性衡量标准和对照我国经济发展现状的阶段性标准。再次，通过实证分析，揭示了我国破产司法能力的现状，包括审理现状、审理难点等。最后，针对存在的问题，提出了全面提升我国破产司法能力的对策建议，包括提高破产司法实践的便利性、保障破产司法供给的充实性、加强破产法律制度的完备性等。这些对策旨在推动破产司法能力的提升，以更好地服务于市场出清和经济发展。

第一章 优化营商环境视角下民商事审判的理论

第一节 营商环境法治化视域下我国民商事法律制度的现代化理念

一、我国优化法治化营商环境的总体要求和基本原则

自党的十八大召开以来,党中央、国务院围绕构建"法治化营商环境"与"商事纠纷解决机制"开展了一系列重大战略部署,并积累形成了丰富且宝贵的实践经验(如图 1-1 所示)。2013 年 11 月,《中共中央关于全面深化改革若干重大问题的决定》首次开创性地提出"推进国内贸易流通体制改革,建设法治化营商环境"。① 该内容是归属于"加快完善现代市场体系"中"建立公平开放透明的市场规则"类别下的具体要求,此举为我国继续开展法治化营商环境的建设工作奠定了根本的走向。2014 年,商务部印发多项部门规章以规范市场秩序、促进商贸流通。② 2015 年,在国务院"以市场化改革为方向,以建设法治化营商环境为主线,以创新转型为引领,以转变政府职能为重点"的指导思想下,我国在上海等 9 个城市开展国内贸易流通体制改革发展综合试点。③ 在这一过程中,中国(上海)自由贸易试验区围绕加快政府职能转变,运用法治思维和法治方式,推动体制机制创新,进行国际化、市场化、法治化营商环境等的积极探索。2016 年,党中央、国务院注重"互

---

① 《中共中央关于全面深化改革若干重大问题的决定》,2013 年 11 月 12 日发布。
② 《商务部办公厅关于申报 2015 年流通行业标准项目的通知》,2014 年 12 月 30 日发布;《商务部关于促进中小商贸流通企业健康发展的指导意见》,2014 年 11 月 28 日发布。
③ 《国内贸易流通体制改革发展综合试点方案》(国办函〔2015〕88 号),2015 年 7 月 29 日发布。

联网+"在推动法治化营商环境中的作用,提出"互联网+流通"的行动计划,营造诚信、公平的竞争环境,保障法治化营商环境的建设与实施。① 2017年,最高人民法院印发《关于为改善营商环境提供司法保障的若干意见》,为推动形成平等有序、充满活力的法治化营商环境提供更加有力的司法服务和保障。② 2018 年 6 月,以"一带一路"国际商事争端解决机制构建为契机,中共中央办公厅、国务院办公厅提出通过建立"一带一路"国际商事争端解决机制和机构,营造稳定、公平、透明、可预期的法治化营商环境。③

2019 年 2 月 25 日,习近平总书记在中央全面依法治国委员会第二次会议上阐释了法治与营商环境的关系,强调"法治是最好的营商环境"④。与此同时,党中央、国务院开始重视法律公共服务对于构建法治化营商环境的重要性,提出积极为促进经济高质量发展提供法律服务,促进公共法律服务多元化专业化。⑤ 最高人民法院在其第五个五年改革纲要(2019—2023)中提出建设"一站式"国际商事纠纷解决平台。⑥

2020 年 1 月 1 日,我国首部关于营商环境的行政法规——《优化营商环境条例》正式施行,其从市场主体、市场环境、政务服务、监管执法、法治保障五个角度规范我国营商环境。⑦ 最高人民法院也将"发挥最高人民法院国际商事法庭作用,完善国际商事纠纷多元化解决机制"作为当年工作要点。⑧ 2021 年 8 月,中共中央、国务院在总结 2015—2020 年法治政府建设实践与成果后,提出"持续优化法治化营商环境,要紧紧围绕贯彻新发展理念、构建新发展格局,打造稳定公平透明、可预期的法治化营商环境"。⑨ 2022 年,探

---

① 《国务院办公厅关于深入实施"互联网+流通"行动计划的意见》(国办发〔2016〕24号),2016 年 4 月 15 日发布。
② 《最高人民法院印发〈关于为改善营商环境提供司法保障的若干意见〉的通知》(法发〔2017〕23 号),2017 年 8 月 7 日发布。
③ 《中共中央办公厅、国务院办公厅印发〈关于建立"一带一路"国际商事争端解决机制和机构的意见〉》,2018 年 6 月发布。
④ 习近平:《完善法治建设规划提高立法工作质量效率 为推进改革发展稳定工作营造良好法治环境》,载《人民日报》2019 年 2 月 26 日,第 1 版。
⑤ 《中共中央办公厅、国务院办公厅印发〈关于加快推进公共法律服务体系建设的意见〉》,2019 年 7 月 10 日发布。
⑥ 《最高人民法院关于深化人民法院司法体制综合配套改革的意见——人民法院第五个五年改革纲要(2019—2023)》(法发〔2019〕8 号),2019 年 2 月 27 日发布。
⑦ 《优化营商环境条例》(国务院令第 722 号),2019 年 10 月 22 日发布。
⑧ 《最高人民法院关于印发〈2020 年人民法院工作要点〉的通知》(法发〔2020〕5 号),2020 年 2 月 3 日发布。
⑨ 《中共中央、国务院印发〈法治政府建设实施纲要(2021—2025 年)〉》,2021 年 8 月 11 日发布。

索制定营商环境评价国家标准；建立损害营商环境案例归集通报制度成了改革的重点推进领域和关键环节。最高人民法院也将继续依法平等保护中外当事人合法权益，努力打造国际商事纠纷解决新高地。2022 年，党的二十大报告提出，"完善产权保护、市场准入、公平竞争、社会信用等市场经济基础制度，优化营商环境"。

图 1-1　我国法治化营商环境与民商事纠纷解决机制大事件对应图

回顾党的十八大以来党中央、国务院对于法治化营商环境的重要战略部署，梳理我国完善法治化营商环境的总体要求，有助于明确"法治化"与"营商环境"之间的关系，把握"法治化"对于"营商环境构建"的价值与意义，厘清"法治化营商环境"的基本思想与根本路径，为我国构建市场化、法治化、国际化的营商环境总结经验、提供思路。立足于我国法治环境、市场环境、社会环境，法治化营商环境的建设与发展始终以习近平法治思想为指引，坚持公正、高效、便利原则，尊重市场主体意思自治，注重营商环境的稳定、公平、透明和可预期。

（一）以习近平法治思想为根本遵循

1. 以坚持党的领导为根本要求

法治化营商环境的制度执行必须坚持中国共产党的领导，习近平总书记曾对制度执行与党的领导之间的关系作出论述，只有党中央有权威，才能把全党牢固凝聚起来,进而把全国各族人民紧密团结起来,形成万众一心、无坚不摧的磅礴力量……如果党中央没有权威……党就会变成一盘散沙。① 坚持党的领导,是社会主义法治的根本要求。党的领导是推动优质营商环境建设的根本保证,在营商环境建设中处于核心地位。② 完善法治化营商环境正是要加强党的领导,充分发挥中国共产党作为我国执政党的领导优势,把党的领导理论与最新的成果落实到法治化营商环境的各阶段、各领域,让法治化营商环境的构建有核心、有重心、有民心。坚持党的领导不仅表现在制度层面,同时表现在管理"人"的层面,党的领导理念要贯穿立德树人的全过程,法治化营商环境制度的制定、执行、管理、监督等环节最终将落实在个人责任上,在这一过程中应不断发挥党组织、党员的凝聚力、执行力和战斗力,将党的领导优势、政治优势、组织优势最大程度转化为法治化营商环境构建中的工作优势、执行优势。

2. 以中国特色社会主义道路为基本方向

习近平法治思想的一个显著特点即在于不是就法治论法治,而是把法治问题放置到建设中国特色社会主义事业的战略全局中来加以思考和把握。③ 党的十八大阐明了中国特色社会主义道路、制度与理论体系之间的相互联系,其中中国特色社会主义道路是实现途径,中国特色社会主义理论体系是行动指南,中国特色社会主义制度是根本保障。④ 坚持中国特色社会主义道路要求构建起适合我国国情的营商环境法治体系,从制度设计到制度执行,从治理模式到责任落实,均需要结合我国的市场、社会、经济状况作出本土化设计。对于域外营商环境规则的借鉴也应做到辩证地分析相关实践做法,而绝非全盘接纳、全面移植。没有选择地全面嫁接,并不能适应我国国情,无法起到针对性的促进作用。

3. 以人民群众根本利益为出发点

习近平总书记强调:"人民是历史的创造者,群众是真正的英雄。人民群众是我们力量的源泉。"⑤ 推进公正司法,必须坚持司法为民,回应人民群众

---

① 参见习近平总书记2017年2月13日在省部级主要领导干部学习贯彻十八届六中全会精神专题研讨班开班式上的讲话。
② 石佑启、陈可翔:《法治化营商环境建设的司法进路》,载《中外法学》2020年第3期。
③ 公丕祥:《习近平法治思想述要》,载《法律科学(西北政法大学学报)》2015年第5期。
④ 参见习近平:《习近平谈治国理政》(第一卷),外文出版社2018年版,第8页。
⑤ 习近平:《习近平谈治国理政》(第一卷),外文出版社2018年版,第5页。

对司法公正公开的关注和期待。① 立足于人民群众的权益，在法治化营商环境的构建中，所要遵循的是人民所需要的营商环境，能够保障人民群众权益的法治环境。人民群众的诉求需要倾听，更需要被保护，法治化营商环境不仅仅与经济环境相关，还与我国的国家安全、民生活动休戚相关，不能允许一味追求利益而不顾人民群众正常生产生活的诉求，更应该保护正常的、平等的市场秩序，防止垄断行为和不正当竞争行为对于人民群众生产生活的危害。

意思自治原则是民商事领域的基本原则，其强调当事人可以根据自身的内心真意来完成法律行为。保障当事人的意思表示是尊重当事人、体现法治人文关怀、民主法治的重要形式。法治化营商环境的背景下，商事活动充盈整个市场，追求盈利和效率是商事主体的行为初衷和主体特征，保障当事人的意思表示能够最大程度保障营商活动中当事人之间的权益追求，并且提供一个自由、平等的市场环境，这将成为吸引域外市场主体参与到我国营商环境中来进行经营、投资的优势内容。

4. 以法律规范构建为主要目标

法律是治国之重器，法治是治国理政的基本方式。② 法治化营商环境依赖于法律规范的构建，以形成社会治理、市场发展的长效机制。习近平总书记指出："国家治理体系是在党领导下管理国家的制度体系，包括经济、政治、文化、社会、生态文明和党的建设等各领域体制机制、法律法规安排……有了好的国家治理体系才能提高治理能力……"③ 法治化营商环境，即指有关营商的法律法规健全完备，并得到有效实施的一套制度性安排。④ 法治内嵌于世界银行评估的每一项指标，营商环境评估本质上是对制度体系的检验。⑤ 未来的工作重点要放在完善制度环境上，健全法规制度、标准体系，加强社会信用体系建设，依法保护企业家合法权益，加强产权和知识产权保护，形成长期稳定发展预期。⑥ 法律是以规则的形式将法治化营商环境的已有实践进行抽

---

① 中共中央宣传部、中央全面依法治国委员会办公室编：《习近平法治思想学习纲要》，人民出版社、学习出版社 2021 年版，第 33 页。

② 中共中央宣传部、中央全面依法治国委员会办公室编：《习近平法治思想学习纲要》，人民出版社、学习出版社 2021 年版，第 1 页。

③ 习近平：《习近平谈治国理政》（第一卷），外文出版社 2018 年版，第 91 页。

④ 卢纯昕：《粤港澳大湾区法治化营商环境建设中的知识产权协调机制》，载《学术研究》2018 年第 7 期。

⑤ 罗培新：《世界银行营商环境评估方法的规则与实践》，载《上海交通大学学报（哲学社会科学版）》2021 年第 6 期。

⑥ 参见中共中央宣传部、中央全面依法治国委员会办公室编：《习近平法治思想学习纲要》，人民出版社、学习出版社 2021 年版，第 84~85 页。

象，将法治化营商环境的应有原则、程序、权利义务分配固定下来，形成一种可遵循、可发展、可完善的规则制度。随着我国营商环境的变化与发展，不断修改、完善法律规范的内容，确保法律规范的科学性、民主性、合理性，更有助于我国法治化营商环境的进一步发展，并不断进阶为世界范围内高水平法治化营商环境国家。

5. 以体制机制创新为发展道路

习近平总书记在主持十八届中央政治局第一次集体学习时强调，我们要坚持以实践基础上的理论创新推动制度创新，坚持和完善现有制度，从实际出发，及时制定一些新的制度，构建系统完备、科学规范、运行有效的制度体系，使各方面制度更加成熟更加定型，为夺取中国特色社会主义新胜利提供更加有效的制度保障。① 体制机制创新的目的在于解决成文法律固有的滞后性问题。随着社会发展的变迁，法律规则需要跟随社会发展、环境改变进行调整，以实现对社会行为的规范和约束。营商环境随着国际经济格局、技术变迁而发展变化，为了实现与国际营商环境的对接，达到国际化营商环境大国的标准，保持体制机制的创新十分关键，这样才能让我国法治化营商环境保持先进性和时效性。

(二) 优化法治化营商环境的基本原则

1. 公正原则

实现公正的司法环境是法治化营商环境的题中应有之义，旨在以经济平等为出发点对各商事主体进行保护。② 司法公正是公正原则的一个方面，实现司法公正需要的是一个竞争中性、不偏不倚、依法办事、不贴所有制标签的法治化营商环境。③ 司法作为保障和推动法治化营商环境的重要手段，需要与立法、执法、司法、守法共同发挥公正作用，其中司法需要注重实体与程序上的公正，对待当事人应保持公正的立场，不偏不倚；立法的公正原则体现在通过制度条文将公正原则这一理念固定，并通过立法的执行将立法原则的内容进行具体化、可操作化，同时执法、司法也反向推动着立法的公正化发展。公正执法需要行政机关在执法过程中严格按照法律法规规定的程序进行，不对主体、事件作出有失公允的行为。公正原则的落实将有助于在人民群众

---

① 习近平：《习近平谈治国理政》（第一卷），外文出版社2018年版，第10页。
② 胡晓霞：《论法治化营商环境之司法方案》，载《中国应用法学》2021年第6期。
③ 钱玉文：《我国法治化营商环境构建路径探析——以江苏省经验为研究样本》，载《上海财经大学学报》2020年第3期。

心中树立起对于立法、执法、司法的公信力。

2. 高效原则

法治化营商环境的高效原则体现在两个方面。其中一个方面体现在对于现有营商环境以及营商环境变化的调整与适应，立法具有滞后性，但是地方出台的相关规范性文件却以营商环境的变动为基准，能够及时应对和满足营商环境变化的制度需求。另一方面，法治化营商环境的高效原则体现在执行层面，"一网通办"等高效化执行方式，将高效的体验带给当事人，更有助于推动营商环境中主体对于市场行为的适应。为构建高效营商环境，我国搭建起"全国一网通办"网页平台。以上海为例，在营商环境模块下设置了"涉外服务专窗""不动产登记全网通""一业一证"等16个模块，便于域内外主体办理相关业务，通过细化窗口模块，提升工作办理的效率。

3. 便利原则

法治化营商环境要求司法应当为市场主体提供一套更加完善、优质、便利的司法保障和服务体系。① 在自贸试验区建设方面，其核心正是建设起符合国际惯例的法治化、便利化国际营商环境……实现高水平贸易和投资自由化便利化政策，全面实行准入前国民待遇加负面清单管理制度。② 便利原则产生于营商环境构建中的"效率要求"，营商活动需要在便捷的制度环境下开展，并且能够缩减时间成本以实现盈利目标。营商环境，本质上是制度环境，Regulation作为世行评估中的重点内容，意指可以反复适用与普遍适用的规则，其中，降低制度性交易成本（经济体系的运行成本）应为核心、主线。③ 便利原则正是便利制度实施、制度执行的重要指导原则，便利原则不仅仅是对于市场主体的便利，同时也是对于执法者、司法者的便利，这种整体的系统的便利将促进整体效率的提升。

4. 稳定原则

最高人民法院强调，要平等保护中外当事人合法权益，促进营造稳定、公平、透明的法治化营商环境。④ 法治化营商环境的稳定与营商环境的日益变化之间并不矛盾，而是彼此依赖、彼此促进的关系，法治化营商环境并非一

---

① 王春蕾：《行政协议准用民法的逻辑证成》，载《行政法学研究》2021年第4期。
② 参见慎海雄：《习近平改革开放思想研究》，人民出版社2018年版，第50页。
③ 参见罗培新：《优化营商环境，就是优化制度规则》，载《中国市场监管报》2020年11月5日，第4版。
④ 《最高人民法院关于印发〈2018年人民法院工作要点〉的通知》（法发〔2018〕3号），2018年2月8日发布。

种朝令夕改的状态，它需要整个法律体系的稳定性，便于市场主体根据法律规定作出行为判断和成本分析，同时稳定的法治状态也为营商环境的稳定发展奠定了制度基础。营商环境的不断变化，需要稳定的法治环境来维护和保障当事人、机构等主体的相关权利，并且为法律行为提供可查询的程序和实体内容。而法治化营商环境对于制度稳定性的要求并不阻碍制度的更新，这种稳定是一种宏观视角的稳定性，允许微观层面规则的调整和改进。

5. 公平原则

立足于我国现阶段的法律体系，打造市场化、法治化、国际化营商环境，要实施好民法典和相关法律法规，依法平等保护国有、民营、外资等各种所有制企业产权和自主经营权，完善各类市场主体公平竞争的法治环境。[①] 公平对于创新也有着促进作用。在法治化营商环境构建的背景下，公平性要求还体现在对于域内外民商事主体的公平对待，司法、执法部门在解决和处理涉及域内外主体参与的事件时所应具有的一种公正性与中立性，在公平的制度环境下，才更有助于域外资本与市场主体参与到我国的经济环境中。

6. 透明原则

法律实施过程与结果的公开透明是法治化营商环境建设的内在要求和有效途径，要坚持以公开促公正，以透明保廉洁。[②] 透明性体现在立法、司法、执法等多个层面，在立法方面，透明性要求立法机关在正式颁布法律法规之前需要以征求意见的形式，听取社会公众对于该规定的建议和意见，并有相应的回应、反馈机制，对于社会公众关注的内容作出解释。司法的透明性表现在审判过程中、调解过程中能够明确相关的权利义务，清晰确定所引用的具体条文内容，所参照的法律依据，并作出清晰的法律推理和解释，给予当事人一个公正的司法判决结果。在执法方面，透明性要求执法人员在执法前向社会公开执法所依据的规则，不可将规则藏在暗箱之中，并且执法的过程应该是公开透明的，这种公开透明可以表现为对于执法过程的记录和可追溯，最大程度保障被执法人对于执法过程的监督，最终相应的处罚也应该告知被执行人，除了相关的决定，还应该包含执法所参照的依据，以及当事人申诉的程序和方式。

---

① 参见习近平：《习近平重要讲话单行本（2020年合订本）》，人民出版社2021年版，第65页。

② 石佑启、陈可翔：《法治化营商环境建设的司法进路》，载《中外法学》2020年第3期。

7. 可预期原则

最高人民法院强调要统一法律适用标准的意义和应当坚持的原则，牢牢把握统一法律适用标准应当坚持的原则。① 其亦指出，不断提高司法质量、效率和公信力，更好发挥法治固根本、稳预期、利长远的保障作用，努力营造稳定公平透明、可预期的法治化营商环境。② 统一法律适用标准，公开裁判所适用的规范内容，正是可预期要求下的表现，明确的规则可以让市场主体约束自身行为，并且对于行为的后果作出预期。一方面，对于违法违规行为将造成的严重后果进行避免；另一方面，对于维护自身受损利益作出维权的预判。构建法治化营商环境的过程中，这种可预期不仅适用于国内市场主体，同时也适用于域外的市场主体，这需要对相关规范内容进行多种语言的宣传并制作译本，从而最大限度保障各国主体在我国的营商环境中能够合法、合规地进行营商活动，在保障自身经济权益的同时，保护我国市场的竞争秩序和稳定运行。

二、民商事纠纷解决现代化理念概述

(一) 纠纷解决形态的信息化理念

1. 推行纠纷在线解决

在线诉讼旨在保障民众"接近正义"（Access to Justice）的权利诉求，缓解案件增量所导致的"诉讼爆炸"，解决司法资源供给与案件增长所形成的"人案矛盾"。③ 20 世纪 70 年代，电子诉讼形式开始在美国应用；20 世纪 90 年代初，电子证据在美国的民事诉讼中更为普及；目前，美国联邦和各州法院均使用电子诉讼进行民事诉讼。④ 德国于 2013 年先后颁布实施了《电子司法法》《加强法院程序和检察署程序中使用视频技术的法律》和《改革强制执行中的财产查明法》三部法律，构建了德国电子司法的整体框架。⑤ 新加坡设置并运用电子诉讼网（E-Litigation）并已设计手机软件形式辅助当事人、

---

① 参见《最高人民法院关于完善统一法律适用标准工作机制的意见》（法发〔2020〕35 号），2020 年 9 月 14 日发布。
② 《最高人民法院关于为推动经济高质量发展提供司法服务和保障的意见》（法发〔2019〕26 号），2019 年 10 月 24 日发布。
③ 参见左卫民：《中国在线诉讼：实证研究与发展展望》，载《比较法研究》2020 年第 4 期。
④ 参见刘敏：《电子诉讼潮流与我国民事诉讼法的应对》，载《当代法学》2016 年第 5 期。
⑤ 参见周翠：《德国司法的电子应用方式改革》，载《环球法律评论》2016 年第 1 期。

法院开展线上诉讼查询、登记、公告等服务。① 2011年开始，我国就逐步实施线上诉讼的探索，互联网法院按照"网上案件网上审理"的基本理念，采取起诉、立案、调解、庭审、宣判、送达、执行、上诉等诉讼环节均在线完成，以达到高效、便捷地解决网络纠纷之目的，探索网络空间治理的新思路、新模式。② 在线纠纷解决模式主要体现了三大优势：首先是快捷便利，线上纠纷机制打破了空间上的桎梏，为异地产生纠纷的当事人及法院提供了便利化的纠纷解决平台；其次是灵活性，线上纠纷解决机制为当事人、为案件提供了个性化的功能与服务，不再拘泥于固化的线下场所的限制；最后是科技化，线上诉讼借助科技的发展，利用大数据分析和人工智能的辅助，帮助当事人开展诉讼活动。

2. 构建跨国纠纷"云"方案

跨国纠纷"云"方案是指针对跨国性案件或当事双方身处异国状态下的纠纷解决。部分省市地区开发微信小程序，利用"移动微法院"实现立案、与法官在线沟通、异地参与视频庭审等，最大限度方便了存在跨国纠纷的、相关跨国案件的审理。"云"方案不仅便利诉讼，对于调解也起到了重要作用。2022年3月，上海市疫情防控升级使得线下庭审工作受到影响，在此背景下上海法院通过使用"上海法院在线庭审"系统进行操作，法官们征得原、被告双方同意后采取在线庭审方式审理案件，在庭前准备充分、技术保障到位的情况下，庭审规范有序，有效提高了庭审效率。③ 近年来，随着智慧法院建设的逐步完善，科技力量给法官审判工作带来高质效，给跨国诉讼当事人带来方便快捷。

（二）纠纷解决资源的市场化理念

1. 综合运用市场化手段

我国民商事争议解决体系的完善，在很大程度上取决于商事争议非讼解决服务的市场化，商事仲裁的国际化在相当意义上保证了商事仲裁服务的市场化，引进境外商事调解机构是促进市场竞争机制形成的好方式。④ 市场化是指改革或转轨国家资源由计划配置向市场配置的经济体制转变过程，即在开

---

① 新加坡电子诉讼网，https://www.elitigation.sg/_layouts/IELS/HomePage/Pages/Home.aspx，最后访问时间：2023年5月9日。
② 自正法：《互联网法院的审理模式与庭审实质化路径》，载《法学论坛》2021年第3期。
③ 参见翟梦丽、孙亚楠、魏小欣：《疫情期间如何审理跨国纠纷？法官居家发起跨越太平洋的连线》，载《上海法治报》2022年3月23日。
④ 参见黄忠顺：《论商事调解的市场化》，载《人大法律评论》2020年第1期。

放的市场中,以市场需求为导向,以竞争的优胜劣汰为手段,实现资源充分合理配置。效率最大化目标机制,也被视为市场经济条件下对市场发育程度的测度。具体到非诉讼纠纷解决机制的建设中,市场化运行就是指第三方专业调解机构在进行司法调解时,通过业务收费或社会募捐等形式筹集资金维持运营,达到收支平衡、自给自足的合理状态。其中法院扮演"引导者"和"把关人"的身份,筛选引导合适的案件至第三方专业调解机构,并通过完善司法确认的方式保障第三方专业调解机构工作效率,从而有效推进纠纷解决中诉与非诉的有序衔接。

2. 发挥第三方优势

发挥第三方优势主要集中于第三方机构对于相关领域的专业和技术支持。以金融纠纷调解与仲裁为例,目前我国银行业金融纠纷已经采取了一种多元化纠纷解决机制,仲裁、诉讼、调解均是日常纠纷解决的主要途径。在这一过程之中,我国还引入第三方机构,借助第三方的专业性、高效性解决相关纠纷。借助第三方优势开展纠纷解决在域外也有相应的实践,英国的金融督察体系中就邀请独立的第三方开展金融纠纷调解,以保障调解的高效和专业。引入第三方参与民商事纠纷解决将体现三个方面的优势。首先,保障纠纷解决的中立性,第三方机构或第三方个体的引入,基于其无利害关系的身份,其可以保持一种中立的立场,确保纠纷解决的公平与公正;其次,第三方引入也是发挥市场竞争机制,筛选出更具有竞争力、专业能力更强的机构和个人参与到纠纷解决之中;最后,优势体现在效率更高,第三方在某一纠纷领域具有专业性,具备较高的技术能力,这种基础也决定了第三方更能快速发现问题症结,及时高效解决民商事纠纷。

(三) 纠纷解决成本的效益化理念

1. 降低制度性交易成本

制度性交易成本,是指与个人无关的、规则本身带来的交易成本。[①] 制度性交易成本也可以指体制性成本,是企业在设立、运营、退出市场这一过程中所需要遵守的各种制度所付出的成本。诉讼成本同时也是企业所面临的制度性交易成本,纠纷的处理过程需要遵循现有的法律法规,其中程序和实体的流程与消耗均成为企业在商事交易过程中所面临的经济和时间成本。党的十八大以来,民商事制度改革不断深入,其中关于民商事纠纷解决机制的改

---

① 罗培新:《世界银行营商环境评估方法的规则与实践》,载《上海交通大学学报(哲学社会科学版)》2021年第6期。

变也集中于降低诉讼成本,提高诉讼效率。无论是电子平台纠纷解决方案,抑或智慧法院线上庭审的不断开发和完善,均体现着为市场主体降低制度性交易成本的现代化商事纠纷解决机制的理念。增加纠纷快速处理机制,提高交易效率,从而降低交易成本,鼓励和帮助民商事主体借助线上电子方式维权、起诉、索赔等,其最终将落脚于对于民商事主体权益的最大化保护。

2. 注重解纷效益最大化

商行为本质为市场行为,根本目标在于实现利润最大化,该营利性决定了商事纠纷解决应该以效率为其主要目标。[①] 商事诉讼当事人大多是逐利的商事主体,当事人之间通常不存在人身关系而仅存在经济利益关系,习惯于对纠纷进行专业的和理性的利益衡量,以谋求诉讼效益的最大化,以最小的时间和经济成本取得最好的诉讼结果。[②] 诉讼效益不仅仅是诉讼结束后对于争议结果的裁判,也包含着商事诉讼过程中所蕴含的诉讼程序、时效捷性,该内容也成为决定诉讼效益是否能够最大化的关键环节。商法上的短期时效主义旨在推动商业交易纠纷的迅速解决,它以牺牲债权人的时效利益为代价,换取了交易迅捷的社会效益,由此体现了现代商事法的价值取向。[③] 因此时效利益的保障,也体现为在程序、实体内容的设置上注重商事诉讼效益最大化。同时,将诉讼效益最大化也体现在诉讼替代模式的成熟化,给予商事主体更多的纠纷解决模式的选择,如商事调解和商事仲裁为商事主体提供更为多元化的、可替代的纠纷解决模式,是提升商事主体的商事效率的一种途径,同时也可以间接视为诉讼替代模式所带来的诉讼效益更大化。

(四) 纠纷解决体系的专业化理念

1. 提升商事审判专业性

基于商事诉讼标的的复合性,程序规则的特殊性,商事专业、价值的考量,对于商事案件进行专门化审理更符合司法专门化、法官专业化发展趋势,有助于确保商事案件审理的历史性与公正性。[④] 商事主体进行商事行为时所要追求的一个重要目标就是在效率中实现利益,高效的商事活动将有助于商事交易的推进,从而形成在短时间内创造收益的效果。对于效率的注重同样体现在解决商事纠纷的时间长短上,商事纠纷的解决同样属于商事活动中重要

---

① 参见冯果主编:《商事仲裁与商事思维》,湖北人民出版社 2016 年版,第 21 页。
② 参见王艳:《法国商事诉讼程序研究》,人民出版社 2020 年版,第 65 页。
③ 赵中孚主编:《商法总论》,中国人民大学出版社 2003 年版,第 37 页。
④ 参见王艳:《法国商事诉讼程序研究》,人民出版社 2020 年版,第 79 页。

的组成部分,商事争议的产生已经成为影响商事活动追求高效的一个阻碍,因此快捷化、便利化地解决商事纠纷也将成为商事效率要求下的重要内容。基于商事活动的特殊性,商事审判的专业性能够为商事纠纷高效地化解起到重要的作用。

2. 加强专门审判机构设置

专门法院的设置是我国司法体制改革进程中的一大亮点,同时也是保障司法质量的重要举措。我国早期的专门法院有铁路运输法院、军事法院等。2014年北京、上海、广东三地知识产权法院的设置开启了中国新一轮专门法院改革的潮流。2017年8月,杭州成立了首家互联网法院;2018年9月,北京与广州的互联网法院也相继成立。2018年8月,上海金融法院揭牌成立。同时,为了便利高效处理国际性商事纠纷,2018年6月29日,最高人民法院分别在深圳与西安成立了第一和第二国际商事法庭。2018年7月1日,最高人民法院颁行了《关于设立国际商事法庭若干问题的规定》。专门法院的中心优势首先表现为有助于提升特定领域案件的审判质量与效率,专门法院也将遵循司法规律,着重发挥程序的作用,保障司法裁判的形式理性的同时又保障实质正当性。[1]

3. 维护交易安全

商事审判要依法鼓励和保护商事主体通过正当交易手段和合法途径去获取经济利益,同时商事审判要严格把握商主体法定、公示主义、外观主义和严格责任主义的要求,正确适用法律,强化对交易相对方的利益维护。[2] 对于交易双方利益的维护与维护交易安全并不冲突,此处维护交易双方的利益更加强调的是对于正当的、合法的利益的一种保护。商事活动纠纷的处理往往会影响该商事活动相关范围内市场活动的开展,以及市场环境的波动。商事纠纷的产生更会对于平稳的环境造成冲击,妥善处理商事纠纷、化解商事争议有助于维护商事交易安全,更有助于我国经济环境的稳定和高质量发展。

(五)纠纷解决方式的自治化理念

1. 尊重商事领域习惯

商人通过长期商事实践总结创立的商事习惯和惯例具有社会性,如由买卖双方经常性交易而形成的较为固定的国际商事关系团体之间,为了实现共

---

[1] 参见吴英姿:《治理能力现代化视阈下的专门法院建设》,载《法治现代化研究》2021年第3期。

[2] 参见江必新:《商事审判与非商事民事审判之比较研究》,载《法律适用》2019年第15期。

同的交易目的和商业利益能够根据国际交易习惯特征设置自治规则。① 商事纠纷解决中应尊重商事自治规则，结合商事领域的相关习惯对于具体的商事行为进行判断。一方面，商事习惯是商事主体经过长期反复实践积累的一种经验做法，具有技术性、特定性和固定性，习惯规则的设定符合商事活动的主要规律；另一方面，商事习惯背后蕴含着商事领域主体对于该行为规则的认同性，该种认同实则表达出了商事主体的一种自主选择。明确商事习惯的内涵对改善营商环境尤其是营商立法环境有重要指引作用。②

2. 审慎介入当事人自治

基于商法的本质特征，商法最基本的原则为意思自治原则，表现为交易的方式及交易相对人的选择等由当事人决定，任何人无权干涉。③ 商事纠纷的解决需要限制司法权力的介入，该种限制的前提是明确好自治的内涵，从而划清司法权力介入的边界。以公司自治与司法介入为例，公司是否分配利润、何时分配利润、以什么形式分配利润是公司自治的范畴，司法不宜介入，但是要分清自治与非自治的边界，不能仅以争议属于公司自治范畴而不予受理。④ 因此，审慎介入商事主体自治，一方面需要明确商事自治属性的范畴，司法是审慎的、谦和的，不能强行以司法权力强制改变自治；另一方面，也需要商事主体对于商事自治加强认识，不能仅讲商事自治，而以商事自治为由阻碍商事争议的司法权参与。同时，商事纠纷解决要发挥调解和仲裁的作用。商事仲裁是基于公信力而发生效果的商事纠纷解决机制，其公信力源于当事双方对于仲裁员专业与权威的信任，商事仲裁成了诉讼的替代方式；商事调解则是在最大限度尊重双方意思自治的情况下平衡双方利益冲突，最终实现争议的解决。

3. 规范自由裁量权

司法自由裁量权是给予法官对于案件裁判的一种自行判断、自行裁决的权力，该权力设置的目的在于为裁判者提供应有的裁判空间，以应对涉及程度不确定、规则不明确事项的裁判。规范自由裁量权并不是完全限制自由裁量权，规范强调的是自由裁量权行使时有法可依，并符合案件情况、立法目的、当事人需求等多方面要素的考量。在商事纠纷解决过程中，规范自由裁

---

① 参见王艳：《法国商事诉讼程序研究》，人民出版社 2020 年版，第 74 页。
② 郝磊、谢飞：《推进营商环境法治化中的商事法律现代化——中国法学会商法学研究会 2021 年年会综述》，载《天津师范大学学报（社会科学版）》2022 年第 1 期。
③ 参见赵中孚主编：《商法总论》，中国人民大学出版社 2003 年版，第 29 页。
④ 参见刘兰芳主编：《商事审判指导规范与适用》，法律出版社 2009 年版，第 76 页。

量权的目的在于对商事纠纷背后商事主体自由意志的尊重,不过分干预商事主体对于交易过程的选择,形成一种"谦抑的"自由裁量权行使。在商事纠纷解决过程中,"弱自由裁量权"也有助于类案同判的进一步实现。

第二节 优化营商环境视域下的 BR 商事纠纷解决指标

一、BR 商事纠纷解决指标的价值理念及主要内容

2021 年 9 月 16 日,世界银行集团(World Bank Group,简称 WBG)高级管理层决定停止更新和采用 Doing Business(简称 DB)报告和数据,并于 2023 年 5 月正式发布了新的 Business Ready(简称 BR)体系文件。BR 的推行无疑会给我国营商环境法治化和商事法律制度现代化带来新的挑战,对于法治化营商环境的提升工作需要从营商环境评估体系(或规则)着眼,其中最重要的切入点则为对于世行评估方法论的把握。世行评估方法论发挥着构建评估规则、解释评估分歧、填补评估空白的作用。[①] BR 在争议解决领域使用了三套指标:(1)纠纷解决规则框架(规则支柱);(2)纠纷解决的公共服务(公共服务支柱);(3)实际中解决商事纠纷的便利程度(效率支柱)。

(一)纠纷解决规则框架[②]

纠纷解决规则框架评估与诉讼程序和替代性纠纷解决机制方式有关的立法是否充分,是否涵盖高效处理案件、便利解决跨境索赔、创建纠纷解决的替代方法以及确保相关机构可信度所需的法律特征。该框架共 31 项指标,主要针对两个方面进行评估:一是诉讼程序,主要考察与诉讼程序效率和质量有关的规定,具体评价内容包括时间标准、程序确定性、司法诚信、外国判决、性别平等和环境可持续性;二是替代性争端解决机制(ADR),主要考察非诉讼纠纷解决机制(仲裁和调解)的法规质量,具体评价内容包括接受仲裁、仲裁关键要素、投资者与国家间仲裁、仲裁裁决的承认与执行和调解。

[①] 参见罗培新:《世界银行营商环境评估方法论:以"开办企业"指标为视角》,载《东方法学》2018 年第 6 期。

[②] 该部分内容参见笔者参与翻译的《世界银行营商环境成熟度方法论手册》,译林出版社 2023 年版。

第一章　优化营商环境视角下民商事审判的理论

1. 诉讼程序

这个指标有五个子类别，分别是时间标准、程序确定性、司法诚信、外国判决，以及性别平等和环境可持续性，而每项指标又可由若干部分组成。

第一，时间标准。在商事纠纷解决中，时间标准有助于确保清晰度和可预测性。具体关键程序的时间标准可以解决诉讼中一些最常见的低效问题。重点考察一般时间标准与特定时间标准。一般时间标准有助于使有关各方大致了解纠纷解决所需时长。① 特定时间标准着力于解决诉讼中一些最常见的低效问题，例如与准予采取临时措施或编写专家意见有关的问题。② 基于对时间标准的深刻认识，即法律法规中的时间标准应当推动而不是限制法官处理案件，诉讼程序指标只着眼于最重要的时间标准，其效用已在研究和实践中得到广泛支持。

第二，程序确定性。提高纠纷解决程序的确定性往往有助于诉讼的进行并防止陷入僵局。例如，在诉讼中规定一个期限，在此期限之后不得提交新的证据，这可能会加快案件的审理。重点考察提供新证据的时限、开庭的次数上限、举行庭前会议、缺席判决的可适用性和执行人员扣押其他类型资产的权力。执行人员扣押其他类型资产的权力细化为三个部分，分别为执行人员扣押债务人对第三方的金钱债权的权力、执行人员扣押债务人的金融票据（如债券和股票）的权力、执行人员扣押债务人的数字资产（如加密货币）的权力。③

第三，司法诚信。司法诚信是确保公众信任纠纷解决机制的关键。如果企业认为法院不可靠、存在偏见或腐败，企业可能会全面回避法院。将加强法院独立行使审判权和法官公正性的良好做法纳入法律中对于司法诚信至关重要。重点考察法院独立行使审判权和法官公正性、法官披露资产、法官道德守则、执行人员道德守则。其中法院独立行使审判权和法官公正性又细分为法官回避规则以及当事人质疑法院独立行使审判权和法官公正性的权利。

第四，外国判决。为促进国际纠纷的解决，对外国判决的承认和执行程序制定明确、简化的规则十分重要。即使在作出判决的国家与债务人所在国之间没有互惠协议的情况下，这种规则也允许执行外国判决。该种规则还取消了对外国判决合法化的要求，也不需要外国判决债权人提供担保。重点考

---

① Gramckow（2012）；Gramckow et al.（2016,37-41）.
② Gramckow et al.（2016,37-61）；Jean and Gurbanov（2015,125-28）.CEPEJ（2021a）.
③ CECL and UIHJ（2021,33-39）.

察承认和执行外国判决无任何限制和拒绝承认和执行外国判决的理由。其中承认和执行外国判决无任何限制又细分为承认和执行外国判决，而不考虑互惠协议、不要求外国判决合法化、不要求外国判决的债权人提供担保。

第五，性别平等和环境可持续性。商事纠纷解决可以加强私营部门的包容性。例如，通过废除对女性担任法官或与男性平等参与诉讼的限制，世界各经济体可以丰富其纠纷解决程序，改善诉诸司法的途径，并促进创业活动。有效且可靠的纠纷解决也有助于环境的可持续发展。重点考察性别平等、环境纠纷的展开、环境纠纷中的证据与救济。性别平等分为考察女性成为法官、仲裁员或调解员无任何限制以及商事诉讼中男女权利平等两个部分；环境纠纷的展开分为提高环境纠纷的法律地位和使污染环境的企业对在国外造成的环境破坏负责两个部分；环境纠纷中的证据与救济分为收集和公开发布有关企业环境影响的信息、扩大环境纠纷的救济范围。

2. 替代性争端解决机制（ADR）

替代性争端解决机制（ADR）有五个子类别，分别是接受仲裁、仲裁的关键要素、投资者与国家间仲裁、仲裁裁决的承认与执行，以及调解。每个子类别都包含多个指标，每个指标可能又包含多个组成部分。在强有力的法律框架的支持下，当事人可以利用这些机制更高效、更灵活地解决纠纷。运作良好的 ADR 机制有助于减少法院积压案件，并通过分享知识和专业知识提高解决纠纷的质量。

第一，接受仲裁。为充分受益于仲裁，应考虑取消其适用限制。其中一类限制涉及纠纷的标的，这就是必须确保不同类型的相关商事案件（尤其是涉及不动产、公司事务和知识产权的案件）可以提交仲裁的原因。例如，法律可能会禁止国有企业和公共机构采用仲裁来解决商事纠纷。其他限制也可能会制约当事人的自主权，即限制他们在仲裁中可以选择什么（仲裁员、仲裁机构、法律顾问等）。重点考察不同类型商事纠纷的可仲裁性、与国有企业和公共机构纠纷的仲裁和当事人在仲裁中的自主权。不同类型商事纠纷的可仲裁性包括不动产纠纷的可仲裁性、公司纠纷的可仲裁性、知识产权纠纷的可仲裁性。当事人在仲裁中的自主权包括仲裁员的选择、仲裁机构或临时仲裁的选择、法律顾问的选择。

第二，仲裁的关键要素。当法律框架保证仲裁的关键要素时，仲裁将更加有效和可靠。与其他类型的纠纷解决方式一样，保障仲裁的独立性和公正性至关重要。重点考察仲裁员的独立性和公正性、纳入"仲裁庭管辖权自治原则"、法院对仲裁的支持和仲裁中没有上诉。仲裁员的独立性和公正性包括仲裁员披露利益冲突、当事人质疑仲裁员独立性和公正性的权利。法院对仲裁的支持包括法院支持仲裁中下令采取临时措施和仲裁中取证。

第三，投资者与国家间仲裁。投资者与国家间仲裁并不是最常见的纠纷解决方式。然而，考虑到其高昂的费用和对外国投资的重要性，投资者与国家间仲裁的监管可能会对私营部门的发展产生重大影响。由于投资者与国家间的仲裁案往往费用高昂，而且往往导致投资者与政府之间的关系紧张，因此，必须建立能够预防和及早解决这些案件的机制。重点考察预防并及早解决投资者与国家间纠纷的机制和在投资者与国家间仲裁中提供第三方资金。①

第四，仲裁裁决的承认与执行。有吸引力的仲裁的另一个关键因素是建立一个简单明了、与时俱进和可预测的承认和执行仲裁裁决的制度。具体而言，这种制度允许承认和执行临时裁决（待后期最终确定的裁决）和部分裁决（仅以最终方式确定部分索赔的裁决）。它还确保法院不得以法律错误或事实错误为由废止或撤销国内仲裁裁决。同样，法院也不得援引这些理由拒绝承认和执行外国仲裁裁决。重点考察临时裁决和部分裁决的承认与执行、拒绝承认和执行最终裁决的理由。临时裁决和部分裁决的承认与执行包括临时裁决的承认和执行、部分裁决的承认和执行。拒绝承认和执行最终裁决的理由包括废止或撤销国内仲裁裁决的理由、拒绝承认和执行外国仲裁裁决的理由。

第五，调解。调解为各方当事人提供了一个独特的机制，以富于建设性和相互同意的方式解决纠纷。事实证明，一些良好的做法有助调解程序的进行。规定商事调解是自愿的，有助于确保只有对友好解决感兴趣的当事人才会诉诸商事调解。重点考察商事调解的自愿性、调解员的独立性和公正性、为调解目的而披露的证据不可用于其他诉讼程序、承认和执行调解协议。调解员的独立性和公正性包括调解员披露利益冲突和限制调解员在同一或相关纠纷中担任仲裁员。承认和执行调解协议包括简化调解协议的执行机制及承认和执行国际调解协议。

（二）公共服务：纠纷解决的公共服务

商业纠纷解决的效率和质量依赖于充足的公共服务。私营企业之间的大量纠纷最终需要法院介入，从而强调了建立健全制度框架的重要性。最近的研究强调，经济增长不仅需要坚实的法律规则，还需要强大的事实司法机构。这套指标将评估为解决商业纠纷而提供的公共服务是否充分。即使一个经济

---

① Johnson, Sachs, and Merrill（2021）；UNCTAD（2010, 65-96）；World Bank Group（2019, 41-45）.

体制定了健全的法律框架，其实际应用也可能因现有的制度安排及信息和通信技术（ICT）基础设施而发生巨大变化。更具体地说，纠纷解决的有效性和公平性可能会受到法官专业知识、法院独立行使审判权、法院透明度和电子服务可用性等因素的影响。这是一套事实上的指标，将侧重于法律框架之外公共服务的实际可用性和质量。数据将通过专家咨询收集。纠纷解决的公共服务共30项指标，主要分为四大类，包括制度框架、数字化、透明度和替代性争端解决机制（ADR）相关服务。

1. 制度框架

制度的质量在争端的解决中起着关键作用。例如商业纠纷的解决可能会受到诸如法官专业化、形式主义程度和司法公正性等制度安排的影响。制度框架有两个子类别，分别为法庭组织与运作的精细化和特别投诉机制，每个子类别都包含多个指标，每个指标可能又包含多个组成部分。

第一，法庭组织和运作的精细化。有效和可靠的纠纷解决程序取决于健全的体制框架。在这种框架内，法院的专业化和诚信发挥着重要作用。确保商事案件在一审阶段由专门法院或商会处理，可对纠纷解决的效率和质量产生积极影响。规定案件的自动随机分配对于维护司法诚信至关重要。此外，设立小额诉讼法院或程序，并允许自我辩护，有利于当事人更好地诉诸司法途径和提高效率。重点考察设有商事法庭或分庭、自动随机分配案件和存在小额诉讼法庭或程序。存在小额诉讼法庭或程序包括设立小额诉讼法庭或程序和在小额诉讼法庭或程序中进行自我辩护。

第二，特别投诉机制。在司法实践中，经常出现对纠纷解决机制的组织方式和实际案件处理方式的投诉。如果不加以解决，这些投诉可能会导致机构公信度下降，并导致程序效率低下。因此，建立一个独立的审查机制至关重要。重点考察对法官遴选（和晋升，如适用）决定提出投诉的审查机制、对法官不当行为提出投诉的审查机制和对执行人员不当行为提出投诉的审查机制。

2. 数字化

数字化侧重于不同司法级别的商业诉讼数字化。解决争端的ICT基础设施仍然是一个相对较新的领域，然而，2019年新型冠状病毒引发疾病流行的严重性已证明其有效和包容性地解决争端的重要性。数字化有两个子类别，分别是网上立案及送达和诉讼程序的数字化。每个子类别都包含多个指标，每个指标可能又包含多个组成部分。

第一，网上立案及送达。重点考察诉讼程序开始时的电子立案和送达、诉讼期间的电子交换以及与法院和执行人员的线上交流。诉讼程序开始时的电子立案和送达包括一审电子立案和一审电子送达程序。

第二，诉讼程序的数字化。纠纷解决的数字化表明，诉讼程序可以全部或部分以电子方式进行。此类诉讼程序的一个重要因素是电子证据的可采性。可通过虚拟听证进一步促进数字化诉讼。诉讼程序数字化的其他重要方面包括以电子方式支付诉讼费用、以电子方式跟踪案件和以电子方式查阅庭审排期表。在执行程序方面，可以通过在线拍卖的方式支持其数字化。重点考察电子证据的可采性、虚拟听证会、辅助电子服务功能和在线拍卖。

3. 透明度

透明度有两个子类别，分别是庭审公开程度和编制主要统计数据。每个子类别都包含多个指标，每个指标可能又包含多个组成部分。

第一，庭审公开程度。透明度是建立司法公信力的基础。重点考察公众获取国内法律的框架、公众旁听法院庭审、二审法院判决书的公布、一审法院判决书的公布和公布法官遴选（和晋升，如适用）的信息。公众旁听法院庭审包括公众可线下旁听庭审和线上旁听庭审。

第二，编制主要统计数据。如果纠纷解决机制表明将提供有关其组织和实效的信息，那么司法机构的可信度可能会进一步提高。在这方面，收集和公布关键统计数据至关重要。重点考察编制法院效率的关键统计数据、编制法院组成的关键统计数据和编制执行程序效率的关键统计数据。编制法院效率的关键统计数据包括报告处理时间和审核批准率报告。编制法院组成的关键统计数据包括按个别法院和法院级别的法官人数统计数据、按性别分列的法官人数统计数据。编制执行程序效率的关键统计数据包括关于执行程序平均时长的统计数据、关于执行程序平均费用的统计数据及已结案数量和未结案数量的统计数据（更替率）。

4. 替代性争端解决机制（ADR）相关服务

替代性争端解决机制（ADR）相关服务包括两个子类别，分别是仲裁和调解，每个子类别都包含多个指标，每个指标可能又包含多个组成部分。

第一，仲裁。在商事纠纷解决中，必须确保企业能够利用其他机制，无论这些机制是由政府直接提供的，还是通过私营部门代理提供的。替代性争端解决机制（ADR）机制，如仲裁和调解，通常比法院更灵活，因此可能更适合当事人的具体需求。重点考察提供商事仲裁服务、建立仲裁员名册、仲裁数字化和仲裁透明度。仲裁数字化包括在线仲裁平台、在仲裁过程中举行的虚拟会议和听证会，以及仲裁裁决的电子签名。仲裁透明度包括通过仲裁解决案件数量的统计数据、通过仲裁解决案件的时间统计数据、公布仲裁裁决概要，以及按性别分列的仲裁员人数统计数据。

第二，调解。调解是另一种常见的替代性争端解决机制（ADR）类型。提供调解服务意味着存在一个可运作的调解机制，对于帮助当事人以友好方式解决纠纷至关重要。重点考察可提供的商事调解服务、建立调解员名册、使用财务激励措施来鼓励采用调解方式、调解数字化和调解的透明度。调解数字化包括以电子方式提交调解请求、调解中的虚拟会议和以电子方式签署调解协议。调解的透明度包括通过调解解决案件数量的统计数据和按性别分列的调解员人数的统计数据。

（三）实际中解决商事纠纷的便利程度

实际中解决商事纠纷的便利程度共有13项指标，主要针对三个方面进行评估。一是纠纷解决的可信度，主要考察法院和替代性纠纷解决机制（ADR）的可信度。二是纠纷解决的时间和费用，主要考察诉讼程序的时间和费用及仲裁的时间和费用。三是承认与执行，主要考察承认和执行外国判决和仲裁的时间和费用、执行国内终审判决的时间和费用。

1. 纠纷解决的可信度

这个指标有两个子类别，分别是法院的可信度和替代性纠纷解决机制（ADR）的可信度，每个子类别都包含多个指标，每个指标可能又包含多个组成部分。

第一，法院的可信度。要运用纠纷解决机制，企业应该了解该机制是可靠的，并且能够预见它们的案件能够得到适当审慎的处理。倘若企业对法院及其审判机制缺乏信任，无法预见案件能够获得审慎的处理，企业可能会考虑放弃使用诉讼解决纠纷，对企业经营造成损害。在这种背景下，确保法院独立且公正地解决商事纠纷至关重要。[①]

第二，替代性纠纷解决机制（ADR）的可信度。在仲裁和调解等替代性争端解决机制（ADR）方式中，可信度同样重要。当企业对替代性纠纷解决机制（ADR）充满信心之时，其更可能倾向于寻求替代性纠纷解决机制（ADR）解决纠纷。

---

① Council of Europe（2020）；Voigt, Gutmann, and Feld（2015）．

2. 纠纷解决的时间和费用

这个指标有两个子类别，分别是诉讼程序的时间和费用及仲裁的时间和费用，每个子类别都包含多个指标，每个指标可能又包含多个组成部分。

第一，诉讼程序的时间和费用。效率在纠纷解决中起着至关重要的作用。该领域的核心法律准则之一认为，迟来的正义非正义。同样，费用过高的纠纷解决机制可能会妨碍司法公正。重点考察诉讼程序的时间和诉讼程序的费用。诉讼程序的时间包括一审法院判决商事纠纷的时间、进行强制调解的时间（如适用），以及二审法院完成案件审查的时间。诉讼程序的费用包括原告在一审法院产生的律师费和诉讼费、强制调解的相关费用（如适用），以及原告在二审法院产生的律师费和诉讼费。

第二，仲裁的时间和费用。鉴于仲裁是对当事各方作出具有约束力的裁决的另一种纠纷解决方式，因此，确保仲裁程序的及时性和成本效益同样重要。重点考察仲裁时间和仲裁费用。仲裁时间包括在国内仲裁机构解决商事纠纷的时间，以及在适用情况下，在相关法院或行政机构完成案件审查的时间。仲裁费用包括申请人在国内仲裁机构支付的律师费、仲裁员费和行政管理费，以及在适用情况下，申请人在相关法院或行政机构支付的律师费和其他费用。

3. 承认和执行

这个指标有两个子类别，分别是外国裁判和国内终审判决，每个子类别都包含多个指标，每个指标可能又包含多个组成部分。

第一，外国裁判。通常情况下，纠纷解决并不会随着判决的公布而结束。例如，外国判决和仲裁裁决须经过国内法院的承认和执行。为确保企业不被剥夺正义，相关程序应有效进行。具体而言，承认和执行外国判决的程序的效率可能取决于当地法院审议此类请求所需的时间及相关的律师费和诉讼费。同样，承认和执行外国仲裁裁决程序的效率可能取决于当地法院审议承认和执行外国仲裁裁决的请求所需的时间及相关的律师费和诉讼费用。重点考察承认和执行外国判决的时间、承认和执行外国判决的费用、承认和执行外国仲裁裁决的时间，以及承认和执行外国仲裁裁决的费用。承认和执行外国判决的时间包括当地法院考虑承认和执行外国判决请求的时间。承认和执行外国判决的费用包括原告在承认和执行外国判决过程中产生的律师费和诉讼费。承认和执行外国仲裁裁决的时间包括地方法院审议承认和执行外国仲裁裁决请求的时间。承认和执行外国仲裁裁决的费用包括申请人在承认和执行外国仲裁裁决过程中产生的律师费和诉讼费。

第二，国内终审判决。如果败诉方拒绝履行终审判决，则可能需要启动强制执行程序。当判决债权人面临这种情况时，最符合债权人利益的做法是以最低的额外费用迅速执行这一程序。重点考察执行终审判决的时间和执行终审判决的费用。执行终审判决的时间包括相关机构搜查债务人资产、扣押并完成向债权人转让的时间。执行终审判决的费用包括债权人产生的律师费和机构费（如适用）。

二、BR 商事纠纷解决指标与原 DB 评价体系的差异

BR 的纠纷解决指标，是在 BEE "解决商业纠纷"指标的基础上由 DB 体系"执行合同"演变而来。与 DB 相比，BR 更着重于对影响整个私营部门发展的商业法规和公共服务进行基准评估，而不是对影响单个中小企业的商业环境进行基准评估。这也意味着，BR 更平衡地关注监管框架和公共服务的提供，因为这是市场运作的关键。所有主题都将在三组指标下统一安排：（1）规则框架；（2）公共服务；（3）效率指标。此外，没有狭义案例研究的限制，这些指标可以揭示更能代表经济的信息。而以往 DB 是将指标分为（1）商业法规的效率和（2）商业法规的质量，且并不是所有的主题都是在这些分组下统一组织的，指标也是由案例研究方法的假设驱动，限制了其代表性。为此，BR 将争端解决指标调整为商业纠纷解决条例的质量、商业诉讼中公共服务的充分性、解决商业纠纷的便利性等内容。

（一）评价范围更广

相对于 DB 的评价体系，BR 的评价范围涵盖了诉讼到仲裁与调解，形成了一种全方位、多元化的纠纷考察体系。BR 将"替代纠纷解决机制"作为"纠纷解决的规则框架"项下的一个重要子类别，调解和仲裁是商业诉讼之外的一种替代纠纷解决机制。具体而言，BR 新增了 6 项测评点：（1）仲裁效率。该部分测评点主要关注仲裁程序的开展难度，以及仲裁裁决的确认、承认和执行，这些内容决定了商业仲裁效率与便捷度。（2）仲裁质量。具体可以从仲裁协议的形式、商业纠纷的可仲裁性、当事人的自主权以及仲裁的司法支持，包括对仲裁条款或协议有效性的裁决，以及对仲裁程序的一般协助方面来进行测评。（3）仲裁员的独立性和公正性。该测评点强调的是在商业仲裁中，商业仲裁员是否可以处于一种中立地位，平等对待仲裁双方，并且保障仲裁的公平公正。（4）针对公共实体的诉讼、快速诉讼、多方诉讼。这里强调的是一种诉讼的公共性，以及诉讼形式的简易化、便捷化发展。

(5) 调解或和解的必要性。该指标一方面强调提供调解作为一种争议替代解决模式的重要性，另一方面则表示应该注重是否具有调解的必要性。但是应该给予当事人调解这一替代性选择。(6) 和解协议的执行制度。执行问题关系到争议解决调和后的损失恢复，高效的执行程序与公共服务将有助于提升和解协议的最终落实，更便于商事主体从纠纷中恢复。

(二) 评价维度更宽

BR 在商业争议纠纷解决问题上的评价维度从关注司法效率到关注司法公正、公信及司法专业性、公开透明度等要素，这种更宽领域的评价维度为商事争议纠纷解决的提升，以及制度设定提供了更为全面的参照依据。具体而言，在评价替代纠纷解决机制中，仲裁员的公正性与独立性成为其中的重要测评点，该测评点也是 BR 相对于 DB 所新增的测评内容。除此之外，司法专业知识、公正性和透明度，也成为评价商业诉讼中公共服务充分性的指标之一。评价维度的拓宽，目的在于能够对于商业纠纷的解决形成一种更为全方位、体系化、多角度的评价，但是评价并非最终目的。BR 对于商业争议纠纷评分的最终目的将在于为该国内相关规则、制度设计提供指导，明确目前相关领域的短板，实现对于短板的改进和发展。最终服务于商业争议纠纷解决，为私营部门的发展、国家经济的繁荣、国际商事交易提供一个更加完善的法治环境与市场秩序。

(三) 评价模式更多元

BR 的评价模式更加关注市场主体的体验感和获得感，不仅仅将视角集中于专家咨询的结果。检验营商环境法律政策的唯一标准，不是个别人的判断，而是民众与市场的口碑，是千千万万的市场主体的感受和获得感。[①] 营商法治环境建设旨在运用法治思维规范政府和市场行为，为各类市场主体营造公平、安全、高效、规范、透明的投资创业环境，核心在于如何规范处理好政府与市场的关系，以提高企业"获得感"和群众"安全感"。[②] 商事争议纠纷解决的评估，其应注重的是商事主体作为商事争议纠纷的参与者其对于现有的商事争议纠纷解决制度、程序、便捷度等多方面的体验感。参与和体验后，商事主体较非参与方更具有评价的发言权。同时，对于商事纠纷体系的评价目

---

① 罗培新：《世界银行营商环境评估方法的规则与实践》，载《上海交通大学学报（哲学社会科学版）》2021 年第 6 期。
② 郑方辉、王正、魏红征：《营商法治环境指数：评价体系与广东实证》，载《广东社会科学》2019 年第 5 期。

的在于提升一国解决商业争议的能力和水平，最终是为了提升市场环境，促进商业发展，因此对于营商环境进行评价的目的是通过改进与提升来让营商参与者感受到更为便利、有保障、公平的制度环境、经济环境、社会环境。

（四）评价体系更丰富

从基于假设的研究体系到基于规则的制度体系，BR的评价体系更为丰富。目前，各国对于营商环境的竞争不仅仅停留在经济环境的竞争，更集中于保障经济环境背后的制度竞争。在商事争议解决方面，BR关注到体制框架作为一种公共服务的重要性，成为公共服务是否充分的重要指标。"最新版本的法律是否免费公开"也是BR在评价体制框架下新增的一项指标测评点，该测评点关注到法律的公开性以及公开的无偿性。其中法律的公开性反映了一国制度体系的普及化，公开的制度能够实现社会的监督，并指导和规范市场主体的日常交易活动。公开的无偿性则注重了法律的可阅读、可获得性，为实现对于社会秩序最大限度的保障与规范，法律应该是可以供区域内个体无偿查阅、浏览的。纠纷解决的公开性首先应确保所有的法律文书（法律、法规、指令、命令等）都是免费公布的。[①] 除法律之外，BR也关注法院判决书的公布。从假设的研究体系发展到规则的制度体系，将更注重营商环境背后的法治环境，强调着制度对于交易的保障作用。

案例1

尊重市场主体意思自治，增强法律规则的可预期性

——A公司与B公司买卖合同纠纷案[②]

基本案情

2016年3月，A公司因与B公司买卖合同纠纷向北京市丰台区人民法院（以下简称北京丰台法院）提起民事诉讼。北京丰台法院一审判决B公司给付A公司货款528万余元及相应利息。一审判决作出后，B公司提起上诉。在上诉期间，B公司与A公司达成和解协议。该协议约定，B公司于和解协议达成后向A公司支付人民币300万元，剩余的本金、利息及诉讼费于2016年12月31日前支付完毕。相应地，A公司应申请解除对B公司名下财产的保全措

---

① CEPEJ（2008）；Gramckow et al.（2016,73-96）.
② 参见最高人民法院2021年11月发布的指导性案例第166号。

施。如B公司未按照协议约定的时间向A公司支付款项，应向A公司支付违约金80万元。

双方达成协议后，B公司申请撤回上诉，并按约定给付A公司首期款项300万元，A公司依约申请解除了对B公司账户的冻结。然而，B公司未按照协议书的约定支付剩余款项。后A公司向法院申请执行一审判决所确定的债权，并向本案一审法院起诉B公司支付违约金80万元。诉讼过程中，B公司提出和解协议约定违约金过高，要求法院予以调整。北京丰台法院一审判决B公司应向A公司支付违约金80万元。B公司不服，向北京市第二中级人民法院（以下简称北京二中院）提起上诉。最终，北京二中院终审判决B公司败诉，应向A公司支付80万元违约金。

法院裁判

北京二中院认为，B公司违反和解协议的约定未能如期向A公司支付剩余的款项给A公司造成的损失主要是，未支付之剩余款项产生的财务成本，确实不足80万元，但和解协议项下约定的80万元违约金除填补损失外亦具有惩罚作用。本案中B公司作为商事主体，自愿和A公司达成和解协议并承诺支付额外违约金，但A公司依约解除账户冻结后，B公司却拒绝依约履行后续给付义务，具有一定主观恶意，有悖诚信，有损诉讼秩序，因此二审法院支持判令B公司依和解协议约定支付80万元违约金。

案例评析

意思自治原则是民商事领域的基本原则，也是最大限度保障营商活动中当事人之间权益追求的必由之路。法治化营商环境要求司法机关在案件裁判中也要贯彻尊重市场主体意思自治的理念，增强司法程序和法律规则的稳定性、公平性及透明度，并借此实现司法裁判结果的可预期性，为商事主体提供清晰的行为指引。

通常而言，和解协议是当事人为实现解决纠纷目的而达成的妥协，高额违约金是确保当事双方履行和解安排的重要保障。本案中，即使认定双方在和解协议中约定的违约金确实远高于守约方所遭受损失，法院依然坚持判令违约方支付约定违约金。主要原因在于，B公司的行为主观恶意明显，严重违反诚信原则，如法院对该和解协议中违约金进行调减将有可能助长"假和解、真逃债"的非诚信做法，而此种情况对当事人约定违约金的下调也将构成对商事主体意思自治的不当干预。本案考虑到涉案主体的主观过错程度，合理确定违约赔偿金额，公正裁决，有利于敦促各商事主体诚信经营，也有助于打造公平公正的法治化营商环境。

案例 2

完善跨境争议制度框架，平等保护外国当事人权益
——保加利亚 A 公司与台州市 B 公司国际货物买卖合同纠纷案①

基本案情

原告：保加利亚 A 公司

被告：台州市 B 公司

2020 年 5 月至 6 月，A 公司与地处中国台州市的 B 公司经协商后达成买卖合同，约定 A 公司向 B 公司购买口罩机及配件。后 A 公司主张 B 公司交付的货物并非全新设备，不符合合同约定。经协商无果后，A 公司起诉至我国法院，请求宣告合同无效、返还货款并赔偿预期利润损失。

法院裁判

法院经审理认为，本案当事人营业地分别位于中国和保加利亚，两国均是《联合国国际货物销售合同公约》缔约国，双方在合同中并未明确排除适用公约，故本案应适用该公约解决争议。

B 公司交付的口罩机存在多处磨损、腐蚀、刮痕、锈迹等情况，导致 A 公司利用设备生产疫情期间紧缺口罩的合同目的无法实现，构成《联合国国际货物销售合同公约》第 25 条项下的根本违约，A 公司有权宣告合同无效并要求 B 公司支付已交付货款的利息。B 公司在订立合同时应当能够预见 A 公司的运输费、保险费等损失，故酌情由 B 公司赔偿。据此，改判案涉买卖合同无效，B 公司返还 A 公司货款人民币 740 117 元及利息损失，赔偿货运费用、保险费用人民币 5 万元。

案例评析

国际货物贸易对调节各国市场供求关系、促进世界经济发展具有重要作用。为国际贸易双方提供完善、平等的公共法律服务，是国际货物贸易顺利进行的重要保障，也是 BR 指标关于纠纷解决的公共服务的重要考量因素。但

---

① 参见浙江省台州市中级人民法院（2021）浙 10 民初 37 号民事判决书；浙江省高级人民法院（2022）浙民终 811 号民事判决书。

在国际贸易中，当事方因交易方式等原因存在大量的未协商约定合同准据法的情形。因此，在纠纷发生时，如何确定争议解决应当依据的法律规范，成为前置性问题，也体现了相关国家法律规则供给的充分程度。

《联合国国际货物销售合同公约》作为国际上统一的货物销售条约，是跨境贸易中重要的法规，本案判决通过对条约内容进行合理解释并结合案情进行合理判决，对我国理解和适用公约起到了很好的示范作用。该公约规定的宣告合同无效制度实质等同于我国法律规定的合同解除制度，其特别规定根本违约的条款，以债权人的履行利益是否受到严重影响作为根本违约的判断标准，限制合同当事人因为履行的细微瑕疵而宣告合同无效。本案判决"目的不能实现"，判决严格遵循该公约的合同无效制度，维护买卖双方利益平衡。通过"目的不能实现"，认定守约方可以因违约方构成根本违约而宣告整个合同无效并主张损失，同时合理运用该公约第74条规定的可预见性规则，将违约方对运费、保险费的赔偿责任限定在其订立合同时可以预见的范围之内，避免对违约方产生不公平的结果。本案充分展现了人民法院依法维护国际货物买卖秩序、完善争议双方可适用的法律规则、平等保护中外当事人合法权益的职能作用。

案例3

引入第三方调解，促进纠纷解决资源的市场化

——A公司与B公司等损害公司利益责任纠纷案①

基本案情

原告：A公司

被告：B公司、C自然人、D自然人等

A公司与B公司、C自然人、D自然人等损害公司利益责任纠纷一案，A公司不服一审判决，上诉至上海市第二中级人民法院（以下简称上海二中院）。上海二中院立案审查中发现涉案当事人就股权权属及划转款项、财务章及银行U盾保管等问题存在较多矛盾。该案审理期间，各当事人还利用不同案由发起多个诉讼，涉及上海市虹口区人民法院、上海市杨浦区人民法院等多家辖区法院，对双方当事人的日常经营均造成负面影响。

---

① 参见上海市第二中级人民法院（2020）沪02民终2761号民事调解书。

经初步审查，上海二中院认为该案争议的核心问题为股东间的纷争，在征得当事人同意后，将本案以及在杨浦、虹口等法院审理的关联案件一并委托上海经贸商事调解中心进行诉中调解，并指导该中心委派熟悉公司法律事务的专业律师主持调解。同时由于本案当事人涉及我国台湾地区居民和常住美国居民，上海二中院积极采用线上调解的方式为境外当事人参与调解提供了充分便利，并最终促使各方一揽子解决多起纠纷。

案例评析

商事交易固有的特征对于商事纠纷调处的能力提出了较高要求，将纠纷分流至有解决商事争端专业能力的第三方社会调解组织，在保障纠纷解决的中立性的同时，可以激活并推动商事调解组织的专业化建设与市场化探索。本案中，法院充分发挥主导作用，积极推动构建全领域、全覆盖、全流程的矛盾纠纷源头预防和多元化解机制，在充分了解案情后，主动引入专业调解机构在诉中参与调解，进一步强化了调解的针对性和专业性。

上海经贸商事调解中心是一家独立第三方调解机构，也是全国第一家专业从事商事纠纷调解的机构，引入该机构突出了商事调解的专业化。BR 在考察调解这一维度时十分注重"商事调解服务的可用性"，存在专业、高效、可运作的调解机构对于帮助当事人以友好的方式解决纠纷至关重要，有助于进一步提高我国在"商事调解服务的可用性"这一维度的评价，有效满足当事人多元化的争议解决需求，助力营造一流营商环境。

第二章　改革与影响：优化营商环境与民商事审判的关系

　　熊秉元教授在其著作《正义的成本》一书中提出："对于公平正义的追求，不能无视代价"。① 相较于传统部门法之间就普通平等主体之间日常行为生活权利义务的调整，商事判决对商主体之间行为的调整，不仅影响着双方当事人，更对市场之发展以及未知的第三人产生影响——交易的外部属性。具体可分为负外部性（negative externality）和正外部性（positive externality）。正外部性是某个经济行为个体的活动使他人或社会受益，而受益者无须花费代价；负外部性是某个经济行为个体的活动使他人或社会受损，而造成外部不经济的人却没有为此承担成本。② 基于此，在处理民商事纠纷案件时要求民商事法官在兼顾公平与效益的基础上，更注重于对社会总体效益最优化的追求。例如，非适格的合同订立主体不必然导致合同的无效认定；不轻易对公司形成僵局进行认定并判决公司解散；坚持司法裁量的谦抑性，充分尊重双方当事人真实的意思表示行为，不轻易干涉实体性公司运作决策。

　　民商事审判效率的优化率，一定程度上决定了市场经济运行的顺畅，有助于进一步激发市场活力。而构建体系化的民商事审判模式，则需要审判理念和审判方法论的相互结合。民商事审判理念的形成和发展，对促进民商事审判规范化、科学化起到了积极的促进作用。以社会总体效益最优化为追求的民商事审判理念已初步形成，而其审判方法仍旧受到传统教义法学分析范式的束缚，以学术理论的"三段论"推理模式来追求实际应用中的公平效益。为解决这个问题，本书引入法经济学审判方法论，思考在优化营商环境的大背景下，如何以法律经济原则为基础，以营商环境指标为导向，创新民商事审判方法，营造市场化、法治化、国际化一流营商环境。

---

①　熊秉元：《正义的成本：当法律遇上经济学》，东方出版社2014年版，第176页。
②　罗培新：《抑制股权转让代理成本的法律构造》，载《中国社会科学》2013年第7期。

第一节　优化营商环境下我国民商事
　　　　审判实践分析

　　良好营商环境的构建，是市场经济发展的必然要求，也是激发市场主体活力的切实方法。在以经济循环、生态循环发展为目标的双循环经济发展大背景下，新常态经济发展概念的提出，要求中国加快推动更深层次改革和实行更高水平开放。降低市场运行成本，提高经济运行效益，促进生产要素自由流动，通过强化市场对资源配置的关键作用，助力我国营商环境的法治化、规范化、透明化构建。2021年9月，世界银行宣布终止《全球营商环境评估报告》（Doing Business Report，简称DB）及其数据，应用评估业务和投资环境的新方法（Business Enabling Environment，简称BEE），并于2023年5月正式发布了新的营商环境成熟度（Business Ready，简称BR）体系文件。BR是世界银行基于一定原则和指标对各成员营商环境进行测评、打分、排位及该属性论述的权威报告。BR的基准评估工作为私营部门发展所处的营商环境提供了量化评估标准，相较于DB，BR的数据收集和报告程序遵循最高标准，包括健全的数据收集程序、强有力的数据保障、明晰的批准文本、透明且公开的细化数据。BR作为目前最为权威、客观的评价体系，在一定程度上影响着各经济体吸引资本投资的能力，在国际和各成员内部具有一定的影响力。根据安排，全球近200个经济体分三轮参与BR项目新评估。中国香港特别行政区参与第一轮评估，自2023年1月启动，于2024年4月前发布第一份评价报告；中国大陆和中国台湾地区参与第二轮评估，自2023年6月启动，于2025年4月前发布第二份评价报告；第三轮评估于2024年6月启动，于2026年4月前发布所有评价报告。

　　2019年10月，《2020年营商环境报告》的发布，是对我国供给侧结构性改革政策意义的认可，是对我国市场经济法治化、制度化道路建设实践成果的认可，亦是对我国市场经济发展之"硬"实力的认同。在该报告中，我国营商环境总体评价在世界经济体中排名第31位，继2019年从第78位上升至第47位后，又一次被世界银行评选为全球改善幅度最大的经济体之一。这两年世界银行没有继续这一排名，但在2023年2月27日，华南美国商会发布的《2023年中国营商环境白皮书》显示，中国依旧是企业投资最青睐的热土，超九成受访企业将中国视为最重要的投资目的地之一。①

通过对2006年至2020年我国营商环境的分析可见,从2006年的位列第108,到2020年跻身世界前30位,我国经济体总量发展是惊人的,制度规范构建迅速。从图2-1中可见,自2018年开始,我国加快了营商环境改革的步伐,以市场化、法治化、国际化为改革的方向,以"一带一路"经济体之构建激发外资投资活力。

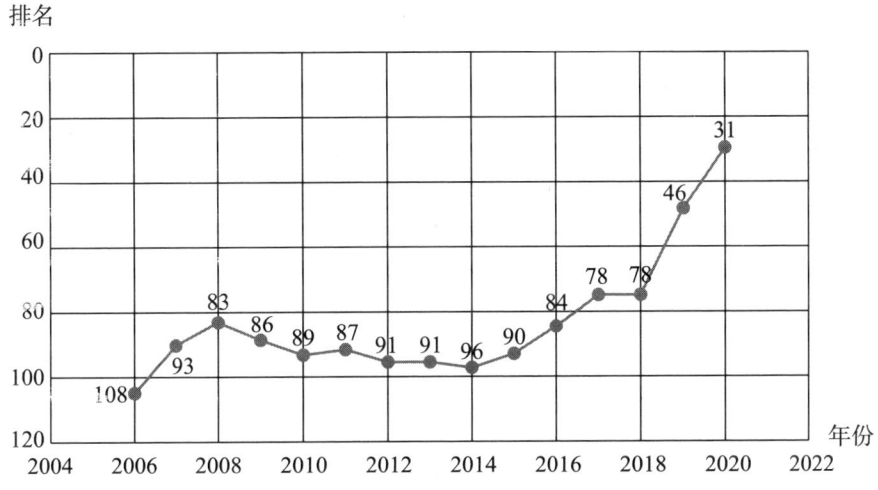

图2-1　2006—2020年中国营商环境排名

对营商环境的重视,主要是因为营商环境的量化评估关系到各国和地区内经济的发展和国际经济往来。对当前国内营商环境的现状进行评估,找出其不足,并加以改正,无论是通过政治手段抑或经济手段,目的都是使其进一步优化,以更好发挥其作用。在这个意义上,优化营商环境的目标是显而易见的:第一,要能为经济的良性发展提供更强有力的支撑;第二,要能真正为优化营商环境提供方向;第三,要能为国际经济援助机构提供更明确的援助标准;第四,要能检验当前经济政策与经济发展之间的关系,推动理论研究。优化营商环境的最终目标是使市场主体能够获得充分的政府支持,实现更优化的发展,从而形成经济发展的良性循环。

法治化是建立公正合理的营商环境的基本保障。法治化的营商环境要求

---

① 华南美国商会官网,http://www.amcham-southchina.com/amcham/static/publications/publications.jsp,最后访问时间:2023年11月9日。

每一个市场主体都能最大限度地受到秩序规则的保护，同样，每一个市场主体的行为都必须受到市场规则的制约。在政府层面上，要实行依法行政，只有依法行政，才能使政府真正担当起"守夜人"和"服务人"的角色，使商业环境的发展更加平衡、公平，各种违法行为都能及时得到规范。在这一意义上，法律秩序精神的倡导，对营商环境的持续优化具有重要的推动作用。

一、我国现阶段民商事审判对营商环境产生的影响

（一）民商事案件总量多，对营商环境的公平性产生影响

就司法实践层面而言，一个区域民商事纠纷解决成本之大小，能够体现该区域制度构建的完善性、规范性、法治性，并将直接影响投资者的积极性。随着我国改革开放的不断深入，市场经济的蓬勃发展，以民事诉讼法为基本制度的诉讼程序逐渐完善，我国民商事领域诉讼案件亦逐年增加。而行为主体多元化、经济行为复杂化、矛盾冲突国际化等特点，也造成了目前诉讼案件审理时间难以管控，纠纷解决过程中时间、人力及物力成本降低困难。

从上海市高级人民法院 2023 年公布的《2022 年度上海法院金融商事审判情况通报》中的数据看，2022 年上海法院总计受理一审金融商事案件 199 270 件，相较 2021 年同期上升了 0.9%；审结案件 200 617 件，一审案件同期结案率提升至 100.6%。（见图 2-2）

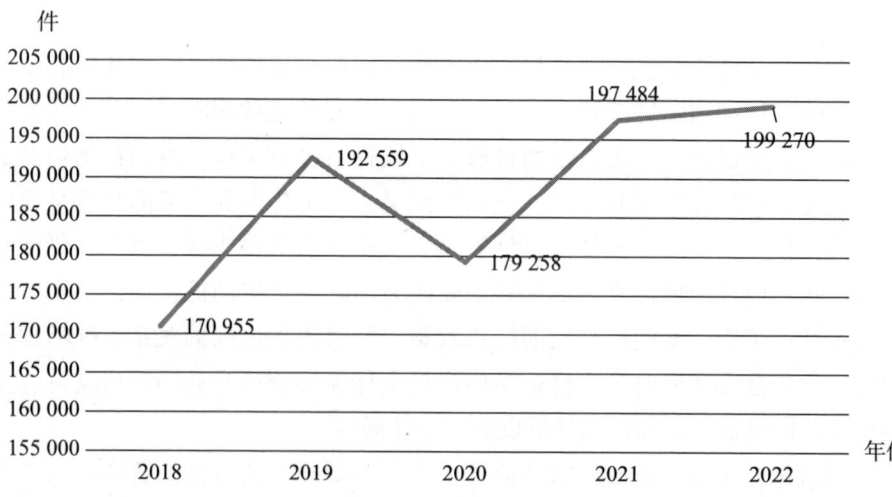

图 2-2　五年来上海法院一审金融商事案件数量变化

从图 2-2 中数据可见，自 2018 年以来，上海法院一审金融商事案件数量虽偶有波动，但整体呈逐年上升之态势。在五年内，总审理案件数量从 2018 的 170 955 件上升至 2021 年的 199 270 件，增长率高达 117%。

此外，就上海市二审金融商事案件审理数量来看，其 2022 年全年共计审理案件 1992 件，较 2021 年的 3348 件下降 40.5%（见图 2-3）。进一步对比 2018 年和 2019 年的数据，其二审案件审理数量的增长显著高于一审案件数量的增长。二审案件数量的增多，一定程度上提升了诉讼过程中的可能成本；而纠纷未能及时解决则将进一步造成司法资源的消耗，不利于构建高效、便利的营商环境。受案件数量大幅上涨和司法改革的双重影响，人案矛盾日益突出，法院审判压力不断增长，影响了经济活动的效率，影响营商环境的公平性。

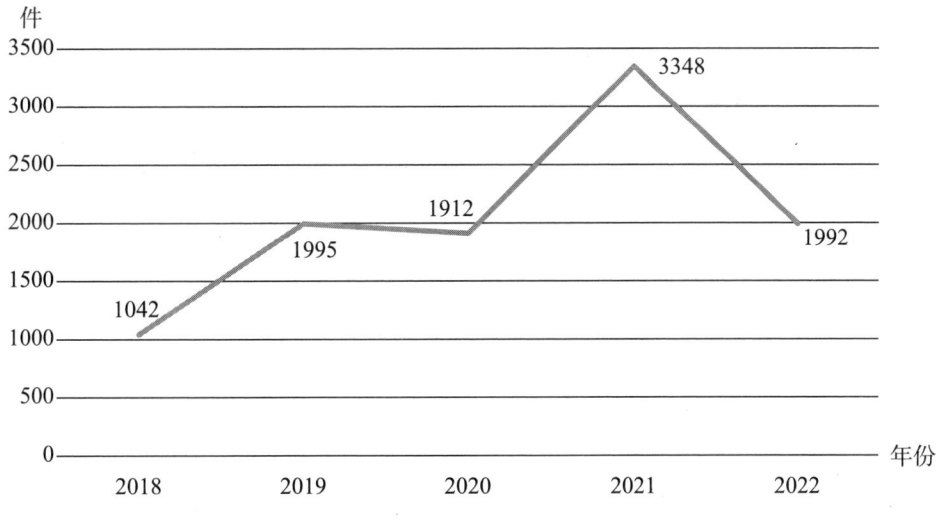

图 2-3　五年来上海二审金融商事案件数量变化

（二）涉众民商事案件多，对营商环境的稳定性产生影响

自 2016 年以来，E 租宝、大宝、快鹿、中晋等投资理财平台相继因非法吸收公众存款等违法犯罪行为被查处，P2P 网贷平台"跑路"事件亦不断发生，而在这些平台尚未进入刑事侦查程序的情况下，投资者也纷纷提起民商事诉讼。这类案件涉案标的总金额巨大，维权人数众多，异地诉讼的情况也较为普遍。另外，部分投资者由于担心平台"跑路"，往往会要求提前兑付，极易造成原本仍在运营的平台发生巨大的挤兑风险。综合以上因素，这类维

权案件的数量或将进一步增加，对营商环境的稳定性也会产生影响。

（三）涉外、涉港澳台商事案件多，对营商环境的国际性产生影响

根据上海市高级人民法院2022年公布的《上海市高级人民法院涉外、涉港澳台商事审判白皮书（2017—2021）》，2017—2021年，上海法院共受理一、二审涉外、涉港澳台商事案件4202件，审结4294件。总体而言，案件收、结量均保持稳中有升、总体均衡的趋势。2017—2021年，上海法院受理的涉外商事案件共计2989件，当事人涉及76个国家和地区，其中超过半数涉及美国、日本、加拿大等传统贸易伙伴国，收案数量为1503件，占比50.28%。涉"一带一路"共建国家案件收案数量464件，占涉外国当事人案件收案比例15.52%。

除此之外，涉外、涉港澳台商事案件的数量及类型也与国内、国际经济发展形势密切相关，呈现"三多"之现象。第一，市场主体参与度广，案件类型全面多样，涉外、涉港澳台市场主体对上海投资、金融、贸易等领域全面参与，反映出上海经济环境的国际化程度高，市场主体参与投资领域广，投资贸易纠纷类型多样，显示市场主体在更广领域、更深层次参与投资、贸易活动。第二，经济形态新颖性高，交易模式日益精细，涉及行业领域广、种类多，国内商事交易的主要类型在其中均有体现，涉及高新技术、网络科技、投资咨询、医疗科技、文化传媒、餐饮服务等多个产业，也涵盖了货物贸易、服务贸易、加工贸易等不同贸易类型，贸易业态更多地趋向于多样化、精细化。第三，投资者保护需求强，公司治理问题凸显，涉及公司权益及股东权益纷争的新类型投资案件及因投资企业内部治理问题而引发的纠纷日益增多，如股东、高管损害公司利益责任纠纷、股东资格确认纠纷、公司决议纠纷等案件数量较五年前大幅增加。

这些涉外、涉港澳台案件大多标的额较大，案件事实和法律查明难度较高，当事人沟通较为困难，极大地考验着我国法院和法官对涉外、涉港澳台纠纷的处理能力和域外法的查明能力等，对我国营商环境的国际性也产生重大影响。

（四）新型民商事案件多，对营商环境的法治化产生影响

随着商业环境的不断优化，新型民商事纠纷逐年增加，如中国第一例自然人诉证券资管公司定向资产管理业务引发的股票交易纠纷、中国第一例由中证中小投资者服务中心代理的证券支持（公益）诉讼、中国第一例涉自贸区外商独资企业间申请承认和执行外国仲裁裁决的案件等，这些新型案件对

法院处理民商事纠纷提出了更高的能力要求,在符合我国法律规定的前提下,法院还需查明或引用国际惯例、条约等。对每一种新类型的案件,都要认真研究,因为任何一种新类型案件的审判结果,都会在一定程度上影响金融市场新交易规则的形成,也会对营商环境法治化产生重大影响。

(五)司法改革举措多,对营商环境的优化效果待验证

面临纷繁复杂的民商事审判纠纷,上海、北京等地积极完善和创新民商事审判机制,进一步加强对民商事审判质量和效率的控制,推进民商事审判精细化战略,探索出一系列司法改革措施。通过与专业院校合作,上海地区率先建立了长期、专业化的域外法律查明平台,利用信息化平台建设和各种智能化手段,逐步完善了涉外民商事审判机制,提高了司法服务水平。但与此同时,我们也应该看到,目前的一些司法改革举措还没有充分发挥作用。当事人对这些便民化措施难以完全掌握,仍然遵循传统的权利救济模式,造成了一些司改举措效果不明显。在对中国营商环境进行考察的过程中,法院必须继续深化司法体制改革,创新民商事审判运行机制,以更好地履行人民法院的司法职能,为市场主体提供更好的法律服务和司法保障。

二、营商环境与民商事审判之间的关系

(一)营造良好营商环境,有助于规范民商事审判活动

营商环境是滋养企业发展、推动创业创新的丰厚土壤,直接影响国家或地区经济发展的质量和速度。[①] 据《经济学人》报道,目前全球有超过 50 种商业报告以经济发展为主题,而世行发布的《营商环境报告》无疑是影响最大的报告之一。中国在优化营商环境中尊重和借鉴世行指标,结合自身国情,构建具有中国特色的评价体系。

建立法治化的营商环境至关重要。首先,建立法治化的营商环境,是加快转变经济发展方式,把经济发展推向更高水平的有效途径。商业活动的质量决定生产要素的流动方向,也是一国能否在国际经济竞争中获得优势的关键因素。其次,加强民商事审判能力建设是法治化营商环境建设的需要。构建法治化营商环境,需要创新民商事审判方式,减少公权力对法律的干预,并通过高质量、高效率的民商事审判活动,促进营商环境法治化。再次,营商环境法治化建设是我国法治建设的重要内容。法治化营商环境建设的目标,

---

① 参见李国强、马晓白:《优化营商环境是促进高质量发展的重要基础》,载《中国经济时报》2018 年 5 月 7 日,第 5 版。

就是要确保市场主体依法依规完成开办企业的各项手续,政府依法行政,法院依法公正审判,法治是其基石。

作为法治化营商环境评估的重点,也作为人民法院日常司法工作的关键部分,民商事审判逐渐成为我国政府调整市场经济关系的有力武器,民商事审判工作和我国优化法治化营商环境的联系非常密切。虽然我国已经建立起破产法庭、金融法院、民商事审判专业团队等,但目前还存在民商事纠纷诉讼周期长、执行力度弱、程序不完善、救济通道单一等问题,高效公正的民商事审判机制亟须完善,多元化的民商事纠纷解决机制也应加快构建速度。民商事审判机制的构建应以化解民商事纠纷,便利市场主体为导向,注重调解,善用简易程序。注重诉讼与非诉解决机制的衔接,加强与行业协会、仲裁机构的配合,引导律师在诉前向当事人说明诉讼风险,使纠纷可以通过更多的渠道得到解决,减少诉讼的压力。[①] 在可供全球参考的中国特色评估体系尚未形成之前,我们的最佳选择就是参考世行评估报告,找到目前中国营商环境的不足,填补缺陷,以求进一步优化我国营商环境的建设,而在这一发展过程中人民法院的作用不容忽视,尤其是在加强民商事纠纷解决、强化营商法律文化、提高民商事审判质效等方面,人民法院必须冲在第一线,结合我国实践,为营商环境的良好发展作出贡献。

(二)提高民商事审判质效,有助于提升营商环境指数

在世界银行《2020年营商环境报告》[②]的主要指标中,我们选取"执行合同""保护少数投资者""破产"等与民商事审判密切相关的指标予以研究,需要说明的是,"执行合同"指标对应BR中的纠纷解决指标,"破产"指标在BR中予以保留,而"保护少数投资者"指标在BR中已经被删除。

1. 市场交易——提升法院合同纠纷处理能力

根据世界银行《2020年营商环境报告》,我国"执行合同"一项获得90.9分,相较于《2019年营商环境报告》的88.97分,增加了1.93分,从原来的第6位,上升至世界第5。该项指标是我国在世界银行营商环境评价标准下10个一级指标中排名最为靠前的指标,自2016年起一直位列世界前10位。

---

① 参见王婉怡:《优化营商环境的法治保障》,载《商场现代化》2018年第17期。
② 2019年10月23日,世界银行发布了《2020年营商环境报告》,中国的总体排名较2019年上升15位,名列第31位,其中"执行合同""保护少数投资者""办理破产"等多项指标在全球的排名均有显著提升。

"执行合同"指标,其主要以司法制度运行之高效性、诉讼程序对纠纷问题解决之妥善性为主要考核方向,反映出司法制度对可能出现的民商事纠纷的解决力。执行合同指标的上升及持续保持,主要归因于法律系统对市场交易活动的重视。《最高人民法院关于为改善营商环境提供司法保障的若干意见》要求,"依法审理各类合同案件,尊重契约自由,维护契约正义"。依法公正审理各类合同纠纷案件、保护企业的合法权益,能够在一定程度上加强市场主体间的合同意识、规则意识和责任意识,维护市场秩序、降低交易成本、加强市场经济的活力。[①] 上海地区借助深化司法体制改革,修改相关法规,简化和加快一些诉讼程序,使合同执行效率进一步提升。

从广义上讲,民商事审判还包括民商事纠纷的非诉解决机制,如谈判、调解、民商事仲裁等。中国一直致力于培育多元化的纠纷解决机制,努力促使矛盾双方通过非诉解决机制来解决民商事纠纷,提高民商事纠纷处理效率,并在全国各地设立专门的商事法庭,加快处理小额民商事纠纷,依法公正审理合同纠纷,提高合同履行效率,优化营商环境。

2. 公司治理——加强保护中小股东方面的立法

"保护少数投资者"又称"保护中小投资者",世行公布的《2020年营商环境报告》显示,我国在该指标上的排名大幅提升36位,从2019年的第64位上升至第28位。作为一级指标,"保护中小投资者"项下有两个二级指标,分别是"纠纷调解指数"与"股东治理指数"。具体而言,"纠纷调解指数"用以衡量在利益冲突的情况下,持有较少股份的股东受到的保护,分别从公司自身信息披露程度、对董监高具体执行力加以量化的董事责任程度,以及最后用诉讼解决的诉讼便利程度几方面入手;而"股东治理指数"用以衡量在公司正常运行状况下,股东在公司治理中权利的大小。

"保护中小投资者"指数的大幅提升,是对该时期内我国以《最高人民法院关于适用〈中华人民共和国公司法〉若干问题的规定(四)》为内容的公司法制度规范构建的肯定,是我国中小投资者保护理念的具体成果。然而,应认识到,对中小投资者保护的力度和范围仍是我国营商环境建设中的较为薄弱的环节。现阶段我国中小股东权益保护机制还不够完善,公司控股股东和少数股东权利风险不对等,公司治理模式不够健全,使得中小股东权益难

[①] 参见谢红星:《营商法治环境评价的中国思路与体系——基于法治化视角》,载《湖北社会科学》2019年第3期。

以得到有效保障。①

3. 市场退出——探索破产案件处理新方法

优胜劣汰是市场经济竞争发展之必然结果，而顺利出清则是经济体得以参与竞争之先前保障。近年来，我国在"办理破产"指标上整体无明显变化，虽然在《2020年营商环境报告》中，我国在该指标上的排名相较2018年上升了10位，排名世界第51位，但依旧稳定在第50至60位之间。

市场退出制度是衡量市场经济成熟与否的标志。随着供给侧结构性改革的深入，我国应充分发挥破产制度的清算作用，依法合理处置"僵尸企业"，对于那些有价值的困境企业要采取一定的拯救措施，实现市场经济良性运行，这已成为法律界的共识。② 现阶段，人民法院有效破除破产案件受理环节障碍，加强破产审判制度建设，在北京、上海、深圳等地设立破产法庭和破产审判专业团队，持续推进破产审判专业化建设，强化破产审判信息化应用，实施执行转破产等工作机制，在破产审判领域不断发力，实现了中国破产制度历史性突破的同时，"办理破产"指标排名也一直在稳步上升。

通过将破产指标纳入法治化轨道建设，建立健全破产制度，通过市场主体的有序退出，在进一步释放市场活力的基础上，打消了民商事主体在准入前期的顾虑。以完善法律制度为核心要义，以"府院联动"促进程序构建之完善，以法治降成本、促效率、利转型，进一步优化我国营商环境之构建。

三、世界银行指标与营商环境的辩证关系

（一）世界银行指标是营商环境的重要评价要素

一些学者在对我国30个城市内部的营商环境进行细致的研究和分析之后都表示发展要依赖制度的力量。③ 从政府角度分析，其对于自然资源以及地理位置等因素的作用力是极其有限的，可是其能够在市场监管和产权保护以及税收政策等方面发挥巨大影响力，同时还能够对经济治理等领域进行管理，这些方面可以在很大程度上改善营商环境。这也是世界银行BR"营商环境成熟度"设计选取指标的重要理由之一，经过改革能够切实改善的指标才能够

---

① 参见潘闻闻：《对标世界银行指标体系，改善上海营商环境》，载《科学发展》2018年第4期。

② 参见高原平：《努力营造更加稳定公平透明可预期的法治化营商环境》，载《人民法院报》2019年4月15日，第1版。

③ 参见董志强、魏下海、汤灿晴：《制度软环境与经济发展——基于30个大城市营商环境的经验研究》，载《管理世界》2012年第4期。

入选世行考察指标,而那些成本过高、难以改善的指标则被世行排除在外。

具体而言,在评价某一国营商环境时具体量化指标可以起到的作用体现在以下三方面:(1)对于企业而言,企业准入等指标关系着一国监管以及审批制度环境的状况,能够在很大程度上减少企业对于将来预测的不确定性,稳定企业预期,将企业自身的经营和生产成本减少到最低,以促进企业的发展。(2)对于普通社会公众来说,指标排名是了解本国法律法规完善度、办事流程流畅度、监管机制透明度的重要窗口,易于理解和量化的指标排名可以帮助创业者降低经营不确定性,增强信心,激励越来越多的人加入创业行列中,以极大地促进市场经济发展及市场主体的活跃度。(3)任何国家或地区,当其自身具备较好的营商环境时,它就可以更好地将外资吸引过来,为企业的扩大生产及存续打下良好的基础,从而在激烈的国际竞争中脱颖而出。[①]

(二)现行指标评价体系不足以完整评价营商环境

相较于 DB 指标,BR 指标带来了不少新变化,评估范围有所增加,绝大多数指标都包含数字技术运用、促进环境可持续、性别等三个维度,相比一味追求便利,更注重价值的整体性,综合考量企业的灵活性和社会效益。[②] 但是 BR 指标尽量满足科学性和可比性的目标下,也存在一些问题亟待解决。其不足主要有:第一,许多重要的政策领域并未被涵盖,即使在涵盖领域内,其研究范围也比较有限。例如报告中未涵盖宏观经济稳定性、金融体系发展潜力、贿赂腐败发生概率和市场规模等对营商环境发展十分重要的因素。第二,BR 的排名和指标选取通常偏向自由经济政策,重视营商自由、效率等价值,而忽视营商安全、秩序价值。第三,世行进行评估的时候,通常会将关注的重点放到国家的监管效率上,但是忽略对营商环境进行监管的质量效果。

(三)世界银行指标完善论证

在不断优化营商环境的同时,我国一直致力于制定具有中国特色的可复制、可推广的营商环境评价体系。就我国当前的情况看,还没有一个完善的官方营商环境评价体系,但一些地区的政府以及学术界在经过多次的实践后逐步形成了一定的成果和理论。早在 2007 年,一部分学者就曾经表示过,应

[①] 参见娄成武、张国勇:《基于市场主体主观感知的营商环境评估框架构建——兼评世界银行营商环境评估模式》,载《当代经济管理》2018 年第 6 期。

[②] 参见罗培新:《世界银行新旧营商环境评估规则及方法比较——兼论优化营商环境的道与术》,载《东方法学》2023 年第 4 期。

该在我国创建省级投资环境评价指标体系以及动态分析。① 杨涛等学者基于对鲁、苏、浙、粤四省的比较分析,认为当前中国的营商环境评价应当着重围绕三个层面开展,即政策政务、市场发展以及科技创新环境。② 这些成果都在很大程度上对我国自行设计营商环境评估指标的理论进行了完善,但我们更应当将关注点放到实践层面。我国地域辽阔,地区之间基础设施和区域优势都有一定的区别,同时地方政府行政习惯和地域文化也具有较大的差异性,少数民族地区政府在制定地方性法规以及执行中央法律的时候,具有一定的自主权,由此造成不同省份自身的营商环境存在区别。截至目前,北京、上海两大城市作为我国的世界银行考察城市,出台多项促进营商环境发展的举措,多管齐下,其他省市也在加快制定具有区域特色的促进营商环境发展的办法举措,可谓中国处处皆营商。在制度自信基础上,中国正逐步形成一个系统完备、内容完整、本土性兼具国际化的营商环境评估体系。

第二节 营商环境指标下民商事审判活动的法经济学分析

法经济学的基本逻辑是特定的法律制度可以提升商业活动的效率,降低成本,甚至会刺激创新。制度上的安排可以减少行为人的机会主义倾向,降低政府腐败,从而有利于经济发展。营商环境的指标体系是根据大量国家经济实践总结出来的最优经验。指标体系可以降低商业运行的成本,减少政府的过度干预,正是法经济学的逻辑所在。

一、世界银行指标下的法经济学逻辑演进

从第一份营商环境报告面世开始,经过多年的发展,世界银行逐渐认识到,没有细节层面的法律技术变革,而直接进行宏观架构的司法改革,是无法通过法律制度改革来推进全球市场经济发展的。因此,营商环境评估的范围也逐步微观化,从全要素评估到制度要素评估,再到法治要素评估的发展

---

① 参见邓宏兵、李俊杰、李家成:《中国省域投资环境竞争力动态分析与评估》,载《生产力研究》2007年第16期。

② 参见杨涛:《营商环境评价指标体系构建研究——基于鲁苏浙粤四省的比较分析》,载《商业经济研究》2015年第13期。

历程，是世行不断深入研究的结果。① 在深入理解经济发展的过程中，评估工作较少关注宏观制度框架，而更多关注制度实施中的微观技术问题。营商环境评估实质上是一种以经济发展为核心目标的"法治技术"评估，从曾经的 DB 评估到现在的 BR 评估，其评估指标整体也向着更微观的层面发展。

（一）指标体系的考察要素

世界银行根据市场主体从开办到退出的完整周期，按照"动机—行为—效果"的市场主体经营动机模式来设置评估指标要素。世界银行与其他国际组织不同，其最为关注的是一国对市场主体具体的监督管理流程以及法律文本的详尽程度，而不是宏观的制度架构。世行认为微观经济运行、法律法规中的具体内容不可能通过宏观制度观察推理出来，所以其采用新古典经济学理论作为分析工具，依据企业的生命周期以及企业在开办、经营（或扩张）以及关闭（或重组）时参与市场的情况进行组织。主要主题包括企业准入、经营场所、公用事业服务、劳动就业、金融服务、国际贸易、税费缴纳、纠纷解决、市场竞争和办理破产。每个主题亦包括与采用数字技术、环境可持续性和性别平等有关的营商环境等考量因素。根据收集到的数据，BR 为每个主题领域生成分数，并汇总出总分。经由世行的评估测量，每一个国家的薄弱环节都可以快速地查出，通过对其他国家成功经验的借鉴可以对本国的营商环境进行不断的优化（见表 2-1）。

表 2-1 营商环境（DB）与营商环境成熟度（BR）主要特征比较

	DB	BR
概述	对影响个别中小企业的商业环境进行基准评估	对影响整个私营部门发展的商业规则和公共服务进行基准评估
范围	侧重于企业面临的商业监管负担，对公共服务有一定涉及	均衡关注。不仅着眼于企业的监管负担，还要关注规则质量以及为企业提供相关公共服务的情况

---

① 张志铭、王美舒：《中国语境下的营商环境评估》，载《中国应用法学》2018 年第 5 期。

续表

	DB	BR
数据收集	一些指标只涵盖法律规定，而另一些指标只涉及实际情况；通过专家咨询收集数据；广泛使用具备严格假设的案例研究，以增强数据的可比性	指标均衡覆盖规则框架和公共服务两者的法律规定和实际情况；通过将专家咨询和公司调查相结合收集实际数据；使用假设相对不太严格的案例场景，以增强相关性
主题	按照企业的生命周期选择主题，但在相对重要性方面存在不均衡；在某些情况下，例如，"保护少数投资者"理由不充分，而排除"雇佣劳工"则明显是一个遗漏	主题也是按照企业的生命周期选择的，包括其在市场中的参与；涵盖所有重要主题
指标	指标分为两类：（1）商业监管的效率，（2）商业监管的质量；并非所有的主题都一致地按此分类；指标与案例研究假设联系紧密，限制了其代表性	所有主题均由以下三个支柱的指标组成：（1）规则框架，（2）公共服务，（3）效率；随着案例研究限制的放宽，指标将揭示更能代表经济的信息
得分	根据排名和分数评估经济体的表现；高度重视综合排名，以使公共利益最大化并推动改革	根据可量化的指标评估经济表现；将在企业灵活度和社会效益方面按最细分的指标水平打分；BR将分数汇总成主题分数，并可能形成一组更高水平的综合分数；旨在推动改革，但避免在整个经济体引起"排名潮"
覆盖范围	191个经济体中的主要商业城市；11个经济体的前两大商业城市	覆盖尽量多的经济体，并在每个经济体内部覆盖尽量多的城市；经济体内部的覆盖范围可能会因为监管是国家性的还是地方性的而有所不同
更新	以年度为周期	基于专家咨询的指标以年度为周期更新；基于企业层面调查的指标以三年为周期更新

（二）评估数据的生成过程

为实现评估目标，世界银行不断改进其评估方法，与DB相比，BR的数据采集方式更为丰富，除了 DB 采取的问卷调查专业机构的方式之外，还包括法律法规梳理、专业机构调查、企业感受度调查、政府数据核验等多种途径，同时更加注重政策的实际落地成效。BR 不仅收集纸面法律法规的信息，同时也更加注重收集反映法律实际施行的信息。专家咨询则通过使用广泛的参数而不是狭隘的案例研究，以衡量大多数企业所处的营商环境；企业层面的调查广泛选取具有全国代表性的注册企业样本。因此，BR 涵摄的信息，覆盖了不同规模的企业，不同地理位置的企业，不同经济行业的企业，以及内资企业与外资企业。在特殊情况下，BR 还从公共部门专家那里收集关于公共服务特点的信息，这些专家参与每个专题所涉具体进程的政府机构或部委工作，因为只有他们才知道某些问题的答案（如信贷登记）。从专家或企业获得的所有数据都将以原始形式收集，然后转换为可与其他分数组合的分数，从而为每个指标生成一个得分。对于几乎所有的指标，规则框架支柱将关注规则层面的信息，而公共服务和效率支柱则关注事实层面的信息，世界银行这种评估数据的方法提供了法律条文层面和实际施行层面之间的互补性。

（三）中国提升营商环境指数的实践

我国"营商环境便利度"的名次自 2004 年世行首次发布《营商环境报告》以来一直在不断提升，然而随着我国经济领域的法律法规不断完善，单纯地通过修订法律来增加得分的方法已不再适用于我国。2012 年以后我国的营商环境排名处于停滞不前的状态，再加上受到世界范围内优化营商环境热潮的影响，我国开始推行营商环境优化工作。2016 年起，优化营商环境成为全国"放管服"改革的重要内容，地方和部门对标世行营商环境指标减环节、优流程、压时间、提效率，积极推动"极简审批""不见面审批""最多跑一次"等行政审批改革。以 2018 年 2 月党的十九届三中全会提出转变政府职能，优化政府机构设置和职能配置，坚决破除制约使市场在资源配置中起决定性作用、更好发挥政府作用的体制机制弊端为起点，各地政府成立了行政审批（政务服务）和市场监管的综合部门，政府改革更加聚焦市场主体和营商环境建设，更加关注审管全流程运行制度综合改革，出台了《优化营商环境条例》，固化"放管服"改革成果，行政审批制度改革进入新阶段。2019年，国务院办公厅、财政部、司法部会同京沪两地及有关部门对照世界银行营商环境评估标准，一共梳理出 137 项具体改革措施进行改进和落实。①

---

① 张定安、彭云、武俊伟：《深化行政审批制度改革　推进政府治理现代化》，载《中国行政管理》2022 年第 7 期。

2023年12月20日上午,国务院以"打造市场化法治化国际化一流营商环境,持续激发市场活力和社会创造力"为主题,进行专题学习。华东政法大学教授罗培新作了讲解,国务院总理李强指出"优化营商环境是培育和激发市场活力、增强发展内生动力的关键之举。要深入学习贯彻习近平总书记关于优化营商环境的重要论述和重要指示精神,始终坚持问题导向、需求导向,加快推进重点领域和关键环节改革,在建设市场化法治化国际化一流营商环境上持续用力、久久为功,为推动高质量发展提供有力支撑"。① 李强总理于2023年3月27日在北京会见出席中国发展高层论坛2023年年会的境外代表并同他们座谈时说:"无论国际形势如何变化,中国都将坚定不移扩大对外开放。我们将对接高标准国际经贸规则,深入实施准入前国民待遇加负面清单管理制度,继续提升贸易投资自由化便利化水平,稳步扩大制度型开放,着力打造市场化、法治化、国际化一流营商环境。"② 习近平总书记在博鳌亚洲论坛、中央财经领导小组第十六次会议等场合曾一再强调优化营商环境的重要性,"要改善投资和市场环境,加快对外开放步伐,降低市场运行成本,营造稳定公平透明、可预期的营商环境"。③ 中央全面深化改革委员会第二次会议指出,当前,我国发展面临复杂严峻的国际形势。要完善开放型经济新体制的顶层设计,深化贸易投资领域体制机制改革,扩大市场准入,全面优化营商环境,完善服务保障体系,充分发挥我国综合优势,以国内大循环吸引全球资源要素,提升贸易投资合作质量和水平。④ 党的十八大以来,行政审批制度改革遵循全面依法治国决策部署,坚持法治理念,用法治思维和法治方式推进行政审批改革和规范行政审批行为,建立从权力到边界、从行为到程序、从内容到形式、从审批到运行的全流程法治治理格局,聚焦市场主体和营商环境建设,让行政审批权力在法律框架内运行,大大提升政府依法治理的水平。⑤ 在优化营商环境方面,我国取得了许多进步,但我国政府没有满

---

　　① 《李强主持国务院第五次专题学习》,载中华人民共和国中央人民政府网2023年12月20日,www.gov.cn/yaowen/liebiao/202312/content_6921487.htm。
　　② 《李强会见出席中国发展高层论坛2023年年会的境外代表》,载中华人民共和国中央人民政府网2023年3月27日,www.gov.cn/xinwen/2023-03/27/content_5748528.htm。
　　③ 《习近平主持召开中央财经领导小组第十六次会议》,载中华人民共和国中央人民政府网2017年7月17日,www.gov.cn/xinwen/2017-07/17/content_5211349.htm。
　　④ 《习近平主持召开中央全面深化改革委员会第二次会议强调:建设更高水平开放型经济新体制 推动能耗双控逐步转向碳排放双控》,载中华人民共和国中央人民政府网2023年7月11日,www.gov.cn/yaowen/liebiao/202307/content_6891167.htm。
　　⑤ 张定安、彭云、武俊伟:《深化行政审批制度改革 推进政府治理现代化》,载《中国行政管理》2022年第7期。

足于短时的收益,而是进一步加入改革步伐,不断推陈出新,国务院推出多项税收优惠政策,不断改善税收市场环境,减税降费为经营主体减轻税费负担,充分体现出我国打造良好营商环境的决心和力量。

二、诉讼效率的法经济学分析——以诉讼便利度为主要内容

无论是在发达经济体还是在发展中经济体,商事纠纷难免会发生。如果这些纠纷不能得到充分解决,就会对私营部门造成不利的经济后果,包括创业活动受阻,投资下滑,宏观经济波动。① 因此,运作良好的纠纷解决机制对于健康的商业环境至关重要。这样的机制对于效率和质量都提出了要求。下文将从程序形式主义理论出发,从外部数据总结不同国家纠纷解决的差异,从而阐明诉讼效率的法经济学。

(一)程序形式主义理论

1. 法院功能运作有效性的法经济学理论梳理

法经济学的一个基本命题认为产权保护与合同执行对投资、贸易以及最终的经济增长至关重要。许多制度有助于产权保护与合同执行。其中一些制度是完全私人的,不依赖于政府的。另外一些保护产权与合同执行的制度是政府性的,比如监管者和法院。监管机构限制那些可能对他人造成不利影响的私人行为,法院则解决与财产和合同有关的争议。

法经济学理论并没有解释何种产权保护与合同执行的机制是最佳的,在现实中它们都不尽如人意。私人的保护与执行虽然在某些情形下能够发挥很好的作用,但是经常恶化为暴力。虽然公共监管在一些时候是有效的,但是经常滋生腐败并被特定的需要受其约束的侵犯者"俘获"。经济学家通常对法院作为保护产权和合同执行的机制持乐观态度,只有少数异议认为对(法院)的局限性的分析过少。从评估替代性的制度安排角度,理解影响法院功能运作有效性的因素是至关重要的。

有三个关键性的理论可以解释这种差异。"发展"(development)理论认为同其他许多制度一样,在有更多富裕和受教育人口的国家,法院发挥更好的作用。根据这一理论,制度的建立有其固定成本。当对制度的需求——很大程度上取决于经济发展的水平——变得足够多时,建立制度付出的成本对社会来说才是值得的。"激励"(incentive)理论认为法院的效率是由争议解决中各参与方的激励决定的。这些参与者包括法官、律师以及诉讼当事人。

---

① Esposito,Lanau,and Pompe(2014).

根据这一理论，当参与者的激励不足或者不当时法院表现不佳。第三个理论更为新颖，它认为法院的表现取决于法律是如何规制其运作的——这就是程序形式主义或简称为"形式主义"，在理论上解释并在经验上衡量了程序形式主义的决定因素，同时评估了其对法院处理争议解决质量的影响。

在理想法院的理论模型中，邻人之间的争议能由第三方在公正的基础上解决，而无须知识或运用法律，无须律师、书面的意见、关于证据、证人、论据提交的程序性限制以及上诉。然而现实是所有法律体系都对争议解决程序进行大量规制：法律依靠律师和职业法官，严格规定争议方必须遵循的步骤，规定证据收集与出示，原告主张和法官的决定都需要法律证成，重视书面文书等。这些形式主义要求会对简易的争议解决的质量产生影响吗？

为了检验这一理论，曾有学者分析了国际上最大律师事务所联合会 Lex Mundi 的相关数据，针对109个国家中两种特定的纠纷解决对应的程序，即驱逐拖欠租金的房客以及催收空头支票，利用这些数据建构形式主义的标准。这一标准能够反映规制在多大程度上使纠纷解决偏离邻人模型。①

2. 程序形式主义理论的解读

一个理想法院的本质是受常识与习俗指引，处理邻里双方之间争议的第三方。这种解决机制不依赖于正式的法律而且不限制邻人采用不同的程序解决争议。然而世界各地的法院都偏离了这一理想状态。他们利用职业法官和律师去解决争议。他们严格地控制程序，限制主张与相反主张的提出方式，证据的解释以及各方沟通的方式。很多法院会对程序进行书面记录，允许争议方对法官的决定提出上诉而不是开展一个非正式的会议。简而言之，大多数司法辖区严格规制其民事程序。

规制争议解决的原因大体上是相似的：当权者可能希望对某些行为惩以比邻人法官更严厉的处罚，建立先例，或者为了相比非正式裁判减少错误。当权者可能同样希望纠纷的解决在他关系的区域内保持一致性，以便促进贸易或者政治上的统一。

基于上述理由，以及其他可能的理由，世界大多数司法辖区对法律程序进行高度形式化。另外，正如法律史学家清晰地认识到，这种规制路径与民法法系与普通法系的分野密切相关。这些法律家族分别起源于罗马法与英国法，并通过征服与殖民被移植到许多国家（法国、德国、西班牙对应民法法

---

① 参见罗培新：《世界银行营商环境评估：方法·规则·案例》，译林出版社2020年版，第375~378页。

系，英格兰对应普通法系）。虽然自殖民时代，大多数国家的法律体系不断演进，但是法系的核心特征历经数个世纪仍被保留下来。

世界大多数国家继受了它们法律程序的重要部分——通常是不由自主地——这一事实对本书的分析是重要的。在经济层面，这意味着法律渊源能够被用作衡量法律程序的形式主义程度的工具。在更加实质的层面，移植的本质使本书能够区分两类假说。如果国家是自愿选择它们的法律程序，那么可以认为更高程度的形式主义能更有效地适应更加孱弱的法律和秩序环境。然而，如果法律程序是通过殖民移植的，有效率的适应模型不再适用。相反，本书能够将法律形式主义的后果归因于法律程序外部的决定性特征，同时在这方面考察替代规则的有效性。

（二）数据的来源与纠纷解决的差异总结

1. 评估形式主义

比较法的教科书与民事程序的指南指出了不同国家法律在规制纠纷解决上的一些不同点。威科国际法出版的威科民事程序法国际百科全书包含了来自不同法系的17个国家，并且讨论了民事程序的许多方面，例如司法组织、管辖、起诉与主张、程序的性质诉讼费用、证据、判决的执行与仲裁。百科全书包含的一些方面与本书考虑的简易纠纷不相关。对于其余方面，虽然本书的研究聚焦于法院，但是如替代性纠纷解决机制（ADR）也被简要地包含在本书的报告中。

该百科全书聚焦于形式主义的七个方面，并从邻人模型的视角汇编 Lex Mundi 律师事务所联盟提供的答案，简要描述组织这些数据的方法，大致有七个方面。

第一个方面包含对司法程序的主要参与者，也就是法官与律师，在职业主义的程度上的要求。这其中又包含三个特定方面。第一，最基本的司法差异是普通和特别法庭。对于简单案件，特别法庭通常拥有简化的程序以便进行"规模生产"（接近于美国的交通法庭）。因此该书认为特别法庭比普通法庭更加接近于邻人模型。第二，该书区分了那些经过完整专业训练的法官与仲裁员、行政官员、执业律师、商人或者其他被授权或者去审理案件的非业内人士。在一些国家（例如，新西兰、阿拉伯联合酋长国）关于出租人与承租人之间的所有纠纷均由邻人组成的住房法庭或者由出租人与承租人联合会选举的代表解决。这种非职业裁判者更加接近于邻人模型。第三，一些国家强制性地要求律师与法官会见，然而另一些国家对此是完全遵循自愿甚至是禁止。很明显，法律代理人的缺席更加接近于邻人模型。事实上，在欠缺代表的情况下，裁判者会引导双方达成和解。利用律所提供的数据，该书用这些信息建构了关于每个国家的"职业性与非业内"指数。

第二个方面是在程序的每个阶段书面及口头表达的内容。这些阶段包括：提交诉状、送达、被告的反对意见、证据、最后陈述、判决、判决通知以及判决的执行。该文认为口头表达更接近于邻人模型，并且对每个国家的每个案件信息进行加总，统计进"书面与口头"指数中。

第三个方面是在原告诉讼和判决中法律证成的必要性（意味着原因、法律理由与法律条款）。在许多国家，判决必须由法律条文或者先例证成。在一些国家，司法决定不需要法律证成。由于邻人模型不需要像这样的法律证成，该书将这些信息编入"法律证成"指数。

第四个方面是对证据的法定规制。证据规则有时被认为是区分国家间法律程序整体效率的关键因素。第一，在一些国家，法官不能要求提交那些双方没有提交的证据，这也是对邻人模型的一个制约。第二，一些国家的法官不能拒绝收集或者承认双方提交的证据，即便法官认为这些证据与案件无关。这同样构成对邻人模型中法官自由裁量的限制。第三，在一些国家传闻证据是不被采信的。第四，在一些司法辖区，法官必须预先筛选针对证人的问题。然而，在其他国家，双方可能在无须筛选的情况下向证人提问。第五，在一些司法辖区，只有原始文件和经认证的复印件能够被采信，在其他司法辖区没有这一限制。邻人模型也不会有此类限制。第六，在一些国家，真实性和证据的证明力是由法律规定的。另一些国家并不是这样。在邻人模型中，对于证据的可采性与证明力方面不会有严格的限制。第七，在一些国家，为了加强上级权威对法官的控制，强制性地要求记录证据。笔者不认为这一记录要求符合邻人模型。如前所述，该书将这七个维度纳入"对证据的法定规制"指数。

第五个方面是上级法院对一审判决的审查。上诉审查的范围决定了当权者对法院诉讼程序的控制水平。大体上，该文认为通过上级法院对法官的控制不符合邻人模型的假设，同时本文考虑了不同机制的上级审查。第一，在一些国家，在上诉前判决是无法自动执行的，这在很大程度上削弱了一审判决的重要性。在其他国家，执行的中止并非自动甚至是不被允许的。该文认为自动中止是不符合邻人模型的。第二，在一些国家，对司法决定的审查与上诉是很宽泛的。其他国家则更符合邻人模型，仅在有新的证据或者法律问题时能够启动上诉审查,或者完全不允许上诉。第三,另一些国家允许中间上诉①,与邻人模型不相容。该书将上述关于审查的三个方面纳入"上级审查的控制指数"。

第六个方面是一些在受到法院程序法律约束前必须遵循的参与式的形式要求。在一些国家,在双方启动诉讼前需尝试审前调解。通知程序的国别差异也非常明显。在一些地方,原告自身或者他的律师能够将起诉状通知给被告,或者仅仅通过邮寄通知。另一些国家,除非被告被法院聘任的法庭职员送达文书,否则就没有理由被归责。最后,在一些国家,在法庭公开宣读判决就被视为通知。在另一些国家,必须由聘任的法庭职员单独地通知诉讼双方。笔者认为完全自愿的审前调解程序和灵活的判决通知程序更加符合邻人模型。这三个方面被编入"参与形式主义要求"指数。

第七个方面是在处理请求过程中法院独立的程序性行动,包括提交与送达诉状,审判与判决以及执行。一个独立的程序性行动是指程序中法律或者法庭规则规定的每个步骤,包括诉讼双方的关系或者他们与法官或者法庭官员的关系,例如提交动议或者出席听证。该书同样把司法或者行政令状或者决议视为独立的程序性行动,这些行动在法律上能够加速判决的执行。行动,如果可能的话,有时是同时发生的,因此程序性事项有可能在同一天或者同一地点完成,因而被视为同一个行动。② 在一个理想的邻人模型中,仅存在三个程序性行动:(1)请求人要求法官介入;(2)法官和请求人一同会见被告并且法官将在讨论之后公布决定;(3)判决的执行。正如下述证据显示,在一些国家,支票的收款和驱逐承租人只有仅仅 8 个或 9 个步骤,然后在另一些国家需要 40 到 50 个步骤——这与邻人模型相去甚远。该书将这些因素纳入"独立程序性行动"指标并且根据国家间最小与最大的步骤量,将指标范围设置在 0 到 1 之间。

在处理完数据之后,该书将 7 个子指标纳入形式主义指标中,该书在 0 到 1 的范围内衡量每个子指标,因此形式主义指标将在 0 和 7 之间。这意味着根据该书的概念预设,7 代表在最大程度上偏离邻人模型。建构形式主义指标的准确方法并不重要,因为不同的子指标通常都指向那些对裁判活动规制更

---

① 是指在初审法院对整个案件作出终局裁决之前发生的上诉,它通常不是对案件争议的解决具有决定意义的事项,而是对为决定案件的是非真相所必要的事项提出的。

② 本文仅仅考虑结案所需要的最低限度的独立程序性行动。因此,唯有强制要求法律代理人时,才将聘请律师列为一大步骤。不要求双方进一步与法官或者法庭人员发生联系的中间性决定(interlocutory decision)并不被视为一个独立的步骤,因为其从属于这个决定。

为严格的国家。①

2. 其他变量

该书的数据也包括纠纷解决质量的信息。衡量质量的一个方面是由完成问卷的律师估算纠纷解决的时长。时长是指由原告向法院提起诉讼起至真实收回房屋（驱逐）或者账款（支票）所用的公历日。这一衡量包括行动发生的时间以及行动间的等待阶段。

除了来自问卷的数据外，该书利用了来自商业人士对法律体系质量报告的数据。这包括了对合同的执行、腐败以及"法律与秩序"的评价。另外，该书使用了来自世界营商环境报告中，规模较小律所涉及法律体系质量方方面面的评价，包括连贯性、诚实以及公正性。这些数据将用于阐明一个关键问题：形式主义能否守护司法？

最后，该书收集了一些用于检验关于司法质量决定因素假说的数据。该书从 Lex Mundi 成员律所那里得到了关于是否为法官设置强制性的时间限制，律师是否被允许按时收费，以及败诉方是否必须支付胜诉方的诉讼费用。该书同样通过获得某一年度各国人均收入的数据、各国民众受教育的平均年数，以及民族分化度来进行研究。后一变量作为控制因素，因为研究表明这一分化度对制度的表现具有负面影响。

三、企业破产的法经济学分析

一个高效破产框架的目的在于确保无生存能力的企业得以迅速清算，而有生存能力的企业则可通过可持续的方式得到有效重组。研究表明，高效的破产制度在促进新公司设立、扩大私营部门规模和鼓励增强创业活动方面发挥着作用。② 该作用的实现需要能够激发破产程序周期性作用的适当法律机制：使公司避免财务困境的预先预警工具；包括债务人、债权人和其他当事人在内的所有有关方的积极参与；在破产程序中给予债权人的充分保护；以及对债务人资产的有效管理。③ 尽管高效的破产制度发挥着至关重要的作用，但世界各地关于破产制度运行情况的大规模、最新可比较的数据却很稀缺。唯一可用的数据（针对 2010 年和 2016 年）是经济合作与发展组织（OECD）

---

① 该部分内容参见罗培新：《世界银行营商环境评估：方法·规则·案例》，译林出版社 2020 年版，第 379~382 页。

② Carcea et al. (2015); Cirmizi, Klapper, and Uttamchandani (2012); El Ghoul, Fu, and Guedhami (2021).

③ UNCITRAL Legislative Guide (UNCITRAL 2005), p. 9.

针对 36 个高收入经济体编制的,且其涉及的实质范围有限,最新的 BR 评估便旨在填补这一空白。

回顾 DB 时代,办理破产就是评估的重要指标,当时的方法论,来源于《世界各地的债务执行》(Debt Enforcement around the World)[①] 一文,该文作者指出,债务是每个经济体中最有用的合同之一,因为它使企业能够为投资活动顺利融资,个人能够顺利消费。但是,像其他任何合同一样,债务需要被执行。为执行债务合同,社会创建各种法律机制或机构,使得债权人可索取违约债务人的收入和资产,而不必诉诸暴力。一些债务执行制度并不需要法院,如丧失抵押物赎回权程序(止赎程序)。然而,就拥有多个债权人的公司而言,通常依靠法院通过破产诉讼来执行债务合同。尽管债务执行非常重要,但通常而言,破产机构表现欠佳,即便是在先进的市场经济体也如此,而发展中国家尤甚。这引出了几个问题:这些机构的功能有多差?为何它们功能不佳?有没有办法改进它们?这些改革策略是否与一国的其他机构和能力相一致?

针对这些问题,该文的评估中为受访者设计的标准化案例是一家名为 Mirage 的破产公司。Mirage 是一家营运酒店业务的有限责任公司,拥有 201 位雇员和 50 位供货商,并因上次交易而对每家供货商都负有债务。五年前,Mirage 向一家银行 BizBank 借款购买了房地产(酒店大楼),并将之作为 BizBank 贷款的担保。贷款为 10 年期。迄今为止,Mirage 遵守了还款计划和所有其他贷款条件。

Mirage 为其拥有 51% 股份的创始人道格拉斯先生所有,道格拉斯先生同时兼任监事会主席。没有其他股东拥有超过 5% 的投票权。有一个专业的总经理,没有特殊的人力资本。未偿还债务总额为 136 单位(units)。无担保债权人(包括供应商、税务机关和雇员)作为一个整体持有 36 单位(26%),或每组 12 单位。总债务余额由 Bizbank 持有(74%),相当于 100 单位。只有一个大的担保债权人,Mirage 的破产是一个相对简单的案例(虽然在一些国家,这个债权人没有绝对优先权)。

过去,Mirage 一直盈利,能覆盖所有成本,并定期向 Bizbank 还款。该公司预计未来将继续这一业绩。然而,由于行业条件恶化,近期 Mirage 发生了意想不到的经营亏损。管理层预计,在未来两年内,Mirage 的预计收入足够

[①] See Simeon Djankov, Oliver Hart, Caralee McLiesh, Andrei Shleifer, *Debt Enforcement around the World*, Journal of Political Economy, Vol. 2008 (116), pp. 1105-1149.

覆盖经营费用（因此不需要额外的现金用于运营），但不够偿还 Bizbank 贷款。因此，Mirage 即将违约。Bizbank 尚未看到这一新预测。

该文规定 Mirage 作为持续经营公司的价值高于零售。具体而言，Mirage 持续经营的价值为 100 单位（相当于对 Bizbank 欠款的价值），如果零售（建筑物，家具等）则价值 70 单位。由于 Mirage 正经历短暂的下滑，因此经济效益较高的选择是持续经营。根据这些假设，Bizbank 在获得对 Mirage 的控制权时具有社会正确激励，因为它拥有公司的最大潜在价值。对于案例事实，有效策略非常明确：将 Mirage 转移给 Bizbank，由 Bizbank 运营或将其作为持续经营资产出售。

和 Bizbank 一样，其他当事人各方也倾向于保持 Mirage 持续经营，避免零售（尽管他们有望获得部分收益）。道格拉斯先生想保持其对继续运营的公司的控制权，而不在意目前的管理层的去留。小股东也希望这样做，因为一旦零售他们什么也得不到。Mirage 的管理层希望公司继续运营并保住工作。供应商也希望 Mirage 继续运营，因为这使他们更有可能追回已到期的贸易信贷，并且他们希望与 Mirage 保持业务往来。在一些国家，工资债权并不优先于有担保债权人，雇员们希望 Mirage 继续运营，因为如果零售，他们可能得不到全额报酬。即使在工资债权优先的国家，只要雇员看重他们的工作，他们仍然希望 Mirage 继续运营。税务部门将遵循能最大化其预期回收率的程序。其他方面则相同，税务部门也希望 Mirage 继续运营，因为如果零售，将会损失未来的税收。

因为 Mirage 的管理层充分了解上述公司情况，所以具有先行优势。Bizbank 将在明天知悉 Mirage 还款违约。但是，银行不清楚 Mirage 这一糟糕处境是否是长期的。这些信息只能在 3 个月内公布的年度报告中获得。股东、供应商、税务部门和雇员在获得年度报告时都会意识到该情况。

根据访问发现，在被访者国家可能被用于解决破产问题的有各种程序，只有三种基本程序：（1）优先债权人丧失抵押物赎回权，这可能涉及也可能不涉及法院；（2）清算；（3）重组，这往往导致后续的清算（这种程序被称为"先行重组"）。纵观世界范围内的均值，所有程序都非常耗时，成本高，且效率低。

正如描述所说明的，评估所用的案例相对简单，并且是从近年来破产研究所关注的一些问题中提取出来。第一，该文关注正式的破产程序，忽视非正式的和解。Claessens 和 Klapper（2005）发现，在银行关系密切的国家，和解十分常见；Franks 和 Loranth（2005）对匈牙利也有类似发现，其破产效率非常低。然而，如果有多个无担保债权人，（和 Bizbank 这样的担保债权人的）和解往往会失败，并且更有可能失败。

第二，Mirage 的违约债券是直接债务；通过假定，该文不允许能使 Mirage 规避正式破产的复杂的金融结构。例如可转换债务，虽然这种债务不能解决无担保债权人带来的困难，并且因此无助于案例的核心问题，但是该文讨论的一些问题确实可通过可转换债务进行规避。最近的研究表明，金融合同确实适应法律环境，但贫穷国家的法官往往无法执行这些合同。

第三，参照发展中国家破产专家的建议，只有一位优先担保债权人（雇员、供应商和政府是无担保的）。而被建议的更复杂的资本结构在中型公司中并不常见，这一结构将带来更多难题。

第四，该文假设债权人从一开始就知道对 Mirage 而言持续经营是有效的。在法院监督下实施破产程序的一个论据是，这种知识是无法获得的，而破产则有助于发现有效的处置。

第五，Mirage 酒店不需要任何额外的融资来继续经营；其问题只是无力支付未偿还的债务。因为实行破产保护的原因之一是允许公司筹集额外的资金，有时在案例中并不需要这样做，所以这种假定可能会使结果偏向于丧失抵押物赎回权。

第六，酒店规模小，对政客或法官而言，尚未重要到需要使其继续运营以"保护公共利益"。

第七，该文的案件事实明确排除了债务执行期间酒店资产的利益输送。特别是在发展中国家，控股股东操纵的利益输送可能给债权人带来重大问题，给快速零售带来压力。这意味着一些制度安排，比如在破产程序期间自动关闭该公司，在无利益输送的假定下会表现得非常糟糕，但如果让公司继续运营会鼓励资产转移，那这一制度无疑是有意义的。另一方面，与存在利益输送相对比，无利益输送情况下，复杂的破产程序可能更有效。

如今，更新后的 BR 评估的破产指标改变了案例式询问，也改变了评估指标体系，目前共有三个支柱，规则框架支柱主要进行法律上（de jure）的评估，公共服务支柱和办事便利度支柱则主要是进行在事实上（de facto）的评估。并且，BR 评估的发布恰逢《中华人民共和国企业破产法》修订。在此契机下，为了实践我国制度型开放的决定，对接国际破产体系标准，该法修订工作也需要结合 BR 的规则和具体的指标内容。

第三节　法经济学视域下的民商事审判思路指引

一、视角的转换：法经济学对公司裁判的启示

法律经济学（Law and Economics，Economics of Law，Economic Analysis of Law 或 Lexeconics）是一门运用经济学的方法和理论，对法律和法律制度的形成、结构、过程、影响、效率和未来发展进行考察和研究的学科。经济学是研究资源配置的效率的学科，而法经济学的目标就是要实现社会财富的最大化和实现高效率。通过可量化的经济指标来研究法律制度，让正义的行使更有效率，让经济运行得到更好保障。

在法律经济学的视角中，法律制度是对社会稀缺资源的市场配置进行重新调整的重大制度设计和安排，为社会经济提供安全的保障，但如若在立法过程中忽视在"成本—效益"机制下，对各主体可能受到的影响加以量化评估，就会导致理论上的薄弱以及实践上的困难，为解决这些矛盾，就需要建立更多的配套设施，这无疑会导致社会资源成本的大幅度提升。

对于法律问题，法律经济学提出了不同的分析方法，运用经济学原理，将法律规则类比成市场价格，将两方当事人类比为市场的参与者，"经济人"在参与市场活动中总是追求效用最大化，并受到价格体系的约束，通过数学模型的构建，以此类比在法律规则下商行为主体的选择规律。

罗纳德·科斯（Ronald Coase）通常被视为法律经济学的创始人。1960年，罗纳德·科斯发表了《社会成本问题》一文，通过对外部性问题的独特分析，创立了著名的"科斯定理"，它将法律制度安排和资源分配结果有机地结合起来，为用经济学的理论和方法研究法律问题奠定了基础。而其所使用的重要概念"交易成本"[①]（transaction costs）的发现重写了经济学的发展史，也为法律经济学的诞生和法学研究范式的创新开辟了道路。

（一）法律经济学产生之背景及其意义

按人类历史的发展规律来说，经济现象及其本质应当是人类社会问题的决定性因素。自古典经济学诞生时起，学者就未曾停止对法律与经济学关系的研究。而随着研究的不断深入、一些新概念的提出及市场运行模式的更新，

[①] 交易费用，也有译为交易成本的，本书中两种翻译均有使用，不做区分。

对二者之间关系的认定也一直处于一种动态的变化过程中。

20世纪30年代，在社会经济大萧条的情况下，以新古典经济学为研究主导的经济学以最大激发市场活力的释放，深化市场经济体对资源配置的优化作用为其研究之核心。在新古典经济学的视角下，市场经济活动的运行和发展以"理性经济人"为活动之主体，基于"成本—效益"机制，以追求自身利益最大化为行动的准则。资源的流通、交换和基于所有权转移为基础的交易是市场经济发展之根本动力。此时，以法律为代表的社会制度被视作资源配置之前提，作为市场经济发展的外部环境，用以规范、维护经济发展之秩序。将法律与经济学作为两个独立的研究主体而鲜少研究其之间的相互作用。法律与经济学的关系是割裂的。

1958年，美国《法（和）经济学杂志》正式创刊。其主编阿伦·迪雷科特教授以经济学之思维、方法对反托拉斯法①的研究，首次将研究之视角引入经济学对司法审判的帮助与影响之上。《法（和）经济学杂志》的创办，为法律和经济的学科交叉研究和学科创立、发展提供了重要平台，此后，经济效益对法律制度的形成和适用的影响程度为法学研究打开了新的研究视角。

1960年，经济学家罗纳德·科斯教授在《法经济学杂志》上发表的《联邦通讯委员会》中提出权利的界定与市场交易的关系；1961年，吉多·卡拉布雷西（Guido Calabresi）教授发表《关于风险分析和侵权法的若干思考》②，运用资源配置理论重塑侵权责任理论；詹姆斯·布坎南（James Buchanan）教授将理性选择理论应用到政治学或公法的领域。

进入20世纪70年代，随着以法律为代表的社会制度的不断制定与完善，渗透入社会发展之方方面面；加之市场经济之偶有失灵，给以"市场自发、自主优化资源配置"为核心理论的新古典经济学带来了质疑与挑战。也正是在这个阶段理查德·波斯纳（Richard Posner）、奥利弗·威廉姆森（Oliver Williamson）、斯蒂文·萨维尔（Steven Shavell）等法学家，致力于使用经济学的方法，量化法律规章制度的构建对市场主体、市场收益及其成本的影响，来阐述法律领域中的争议问题。波斯纳教授发表《法律的经济分析》③，融

---

① 反托拉斯法，又称反垄断法，法经济学芝加哥学派认为，反托拉斯法律的核心在于最大化消费者福利。

② 《对于风险分配与侵权法的若干思考》一书中指出，侵权法中的核心问题在于法律责任认定的标准是基于个人过错还是基于风险和损失分配。该观点构成了法律经济学交易成本理论的基础性原则之一，也标志着经济分析进入了传统上由法学家研究的普通领域。

③ 《法律的经济分析》强调经济学与法律相辅相成之关系，即经济学概念可以用来讨论法律领域问题；经济学效益可以用来解释法律之结构。

"新制度经济学""公共选择理论"以及"交易成本经济学"理论思想,将人们从相互自愿的交易中可以获得的经济利益和市场经济所依赖的经济效率应用于对法律制度和法学理论的研究。至此,法学的研究手段不再局限于狭义的文本理解,而是通过经济学视角,重新审视以法律为代表的社会制度在公平正义价值以外的经济效益,完成了对法律经济学的初步构建,也为其日后形成独立的学派奠定了基础。

(二) 科斯定理及其意义

"交易成本"概念的提出,是为了解决一个疑问:企业主体的存在与市场之间的关系。若依照新古典经济学理论之思路,在价格机制的调控下,理性经纪人在追求效益最大化的过程中自主地进行市场交易活动,实现资源的配置与整合,那么又为何会产生以企业为代表的一体化组织?其存在之于市场经济发展的作用是什么?在给出自己的答案之前,科斯驳斥了另外两种企业存在的理由,即企业的出现是市场高度分化的结果,以及企业的出现是为了应对风险和不确定性。

为了进一步阐释企业产生的原因,基于"是否存在交易成本"角度之考量,科斯提出了科斯定理一[1]和科斯定理二[2]。经整理和拆分,笔者将其分为三个小命题:

命题1:如果市场交易费用为零,则不管权利的初始安排如何,当事人之间的谈判都会导致社会财富的最大化,即市场机制会自动驱使人们谈判,使资源配置实现帕累托最优。

命题2:在交易费用大于零的世界中,不同的权利初始界定,会带来不同效率的资源配置。交易是有成本的,在不同的产权制度下,交易成本不同,对资源配置的效率会有不同影响。所以为了优化资源配置,法律制度对产权的初始化安排,以及其作为保障制度,后续对产权进行重新划分是非常重要的。

命题3:制度本身的产生和运行不是无代价的,因此制度的不同将导致效率的不同,但是可以确定的是,合理清晰的产权界定有助于降低交易成本,

---

[1] 科斯第一定理,或称实证的科斯定理,指若交易成本为零,无论权利如何界定,都可以通过市场达到最佳配置,而与法律规定无关。即在一个零交易成本世界里,不论如何选择法律、配置资源,只要交易自由,总会产生高效率的结果。

[2] 科斯第二定理,或称规范的科斯定理,指在交易成本大于零的现实世界中,由于交易成本的存在,产权初始分配状态不可能通过无成本的交易向最优状态优化。基于此定理的内在含义,科斯提出了或者以企业组织,或者以政府管制来代替市场交易的两种同样有成本的权利调整方式。

因而界定产权和制定清晰、可预测的产权交易规则，有助于社会整体财富的增加。

基于科斯定理视角下进行分析，因交易成本要素的存在，加之市场机制运行的自有成本，企业组织的存在一定程度上节省了交易的成本。市场通过契约的签订，在主体之间建立交易关系。以要素整合为结果的企业作为交易过程中的生产者，不同主体之间需要签订的一系列契约被以企业为代表签订的一个契约所取代；若不存在这样的整合形式，则生产要素的整合需通过多份契约的订立以完成交易。当契约数量减少、契约期限延长，此时企业的内部行政指令将取代市场作为交易的平台。以更低的成本在企业内部进行交易，以整体性契约整合对外从事上市活动，有助于节约交易过程中的重复性、不确定性成本。

交易成本的存在，冲击了以"成本—效益"机制分析框架下，新古典经济学理论中将理性人的支付意愿作为决定资源配置效率之核心的理论。买卖双方的交易成本，既决定了交易可以达成的程度，又决定了实际消耗的资源。

企业的性质和规模问题同样可以在"交易成本"概念下被解释。基于"有限理性"的存在，故在契约订立之初无法就可能的全部交易成本进行计算和预估；而由于"机会主义"可能的存在，交易成本在契约履行的过程中呈现动态的变化可能。为了契约的长续与稳定，则需要诉诸一个能够为契约"提供秩序、转移矛盾、实现共赢"的治理结构。故在威廉姆森看来，企业的本质就是一种治理结构——"为了在有限理性的基础上实现节约而组织交易，同时保障讨论中的交易免受机会主义风险的影响。"[1]

(三) 交易成本理论

"交易成本"的概念最早由罗纳德·科斯在其著作《企业的成本》中提出，并应用于经济分析。科斯对交易费用的界定是"利用价格机制的成本"，发现相关价格、搜寻交易对象、确定交易途径、缔结契约以及契约的监督和执行等工作，都需要成本。科斯认为，市场交易成本绝非为零，至少存在以下几方面成本：发现价格的成本、谈判和签约成本、契约执行成本、频繁短期契约相对于长期契约增加的成本。[2]

---

[1] [美] 奥利弗·E. 威廉姆森：《资本主义经济制度：论企业签约与市场签约》，段毅才、王伟译，商务印书馆2002年版，第409页。

[2] 不过当时，"交易成本"概念并没有受到学术界的重视。造成这种现象部分是因为这个观点本身的超前性，但更多的是因为科斯对"交易成本"定义的模糊。

根据主流经济学即新古典经济学的价格理论，稀缺资源在价格机制的作用下实现有效配置。在新古典经济学的眼里，"市场有着非凡的功能，仅靠各种价格就能把一切问题摆平"。① 但是，新古典经济学并没有认识到，价格机制（市场机制）本身就存在着成本。"资源并不是由一个全权的独裁者来配置，而是通过千百万家庭和企业的共同行动来配置的。"② 只有在众多分散的市场主体进行无数次交易时，价格机制才能发挥作用。

　　交易成本的发现使得对分工、专业化以及经济组织问题的研究重新成为可能。随着时间推移，以交易成本为核心概念的新制度经济学也取得蓬勃发展。在科斯创造性地提出交易成本这一概念之后，众多经济学家对这一概念进行了深入研究，并对其进行了概括。

　　阿罗认为交易费用是经济系统运行的成本，它既包括既定制度框架中市场运行偏离帕累托最优引起的损失，也包括制度本身创设、维持和实施的成本。张五常教授认为交易费用是制度运行的成本，它包括所有那些鲁滨逊·克鲁索经济中不可能存在的成本。③ 信息成本、谈判成本、起草和实施合约的成本、界定和实施产权的成本都属于交易成本。④ 道格拉斯·诺思（Douglass C. North）将交易费用界定为通过交换获取分工与专业化收益所花费的成本，其中的关键是信息的高昂成本，包括衡量成本、保护权利的成本以及监管和实施契约的成本。约拉姆·巴泽尔（Yoram Barzel）把交易费用定义为与转让、获取和保护产权相关的成本，商品的多重属性及其测量的困难，是交易成本高昂的原因；约翰·威廉姆森（John Williamson）形象地将交易费用表述为经济系统中的摩擦⑤。威廉姆森着重于分析具体交易过程中的交易费用，区分了合同签订前的交易费用和合同签订后的交易费用，认为经济组织的问题就是合同签订的问题，交易费用的比较决定了契约安排和治理结构的选择。

　　以上对交易费用概念的界定，代表着交易费用研究的不同层次和不同进路。威廉姆森把社会分析划分为"社会嵌入""制度环境""治理制度""资源配置和使用"四个层次。社会嵌入包括社会规范、社会习惯、传统习俗和

---

①　[美]奥利弗·E. 威廉姆森：《资本主义经济制度：论企业签约与市场签约》，段毅才、王伟译，商务印书馆2010年版，第29页。

②　[美]曼昆：《经济学原理》，梁小民、梁砾译，北京大学出版社2009年版，第3页。

③　张五常：《经济解释：张五常经济论文选》，易宪容、张卫东译，商务印书馆2000年版，第340页。

④　简言之，交易费用包括一切不直接发生于物质生产过程中的费用。

⑤　[美]奥利弗·E. 威廉姆森：《资本主义经济制度：论企业签约与市场签约》，段毅才、王伟译，商务印书馆2010年版，第33页。

宗教等非正式制度，制度环境包括政治、法律、产权等正式制度，治理制度包括契约和组织的选择，资源配置和使用包括新古典经济学和代理理论。可以发现，阿罗、张五常对交易费用的界定最为广泛；诺思对制度和制度变迁的研究，着重于第一层次和第二层次；巴泽尔对交易费用的产权解释，隶属于第二层次；威廉姆森对交易费用的研究位于第三层次。追溯至科斯对交易费用的论述，虽然科斯将其描述为"利用价格机制的成本"，但科斯利用交易费用思想所做的经济分析，却涵盖了生产结构、经济组织、契约安排、产权等范围。

对于"交易成本"范畴内涵界定的最大意义，就是赋予"交易"一词以稀缺性的含义。在经济学研究发展之历史上，"交易"一词并非全新概念，例如在新古典经济学价格价值及"成本—效益"分析方法的研究之视角下，亦采取了"交易"的概念来阐述理性经济人激发市场以配置资源的进程。但因新古典经济学对"交易成本"情况存在的忽视，使其将市场中的一切交易视作基于"成本—效益"机制下自然而然的自发行为。也因其对"零成本"的交易的假设，其在研究资源配置效率时，未能认识到交易本身的稀缺性而将其排除在"影响因素"之外。

简言之，交易成本的存在及其相较于交易收益的对比，是决定交易能否成就的根本因素。而市场对资源的配置亦是通过交易本身，即物品所有权之流转而实现，且在资源配置的过程中仍需要消耗资源。因此，交易成本一定程度上决定了资源配置的效率，影响着市场经济发展活跃的程度。

交易成本为企业产生之内在逻辑提供了一种新的思考方式。基于降低交易成本的目的，当某些生产要素的交易能够整合在一个组织中以集中形式对外进行活动，可以有效降低经济行为过程中重复性行为所产生的交易成本，例如寻找合同缔约主体的成本；价格调整的成本；履行合同的成本等。通过"企业"这一集中形象，以行政指挥代替市场交易来完成资源配置，在一定程度上有助于交易成本的降低。而企业组织的存续和发展亦存在成本，故当企业组织生产的成本低于通过市场交易的成本时，企业才能够存在。由此可以推导出，企业管理的核心目标，就是提高内部效率以降低内部组织成本。

此外，交易成本对重构经济学理论具有深远意义且最为关键的一个论点是，倘若交易是有成本的，那么制度就是重要的。[1]

---

[1] ［美］道格拉斯·C. 诺思：《制度、制度变迁与经济绩效》，杭行译，韦森译审，格致出版社、上海三联书店、上海人民出版社2014年版，第13页。

基于交易费用的存在，交易达成的考量因素变得更为复杂。当交易成本小于交易收益时，交易得以继续，反之则不然。故在此情况之下，法律等制度的介入对维护交易的顺畅进行，以及提升交易效率起着关键的作用。可以这样理解，当构成交易成本之因素处于动态变化的过程中，价格机制难以运作时，资源的有效配置就有赖于法律的制定及司法判决对权利义务的调整。法律对权利义务的划分构成了明确的交易成本之上限。继而法律制度、司法判决应当通过明确的权利义务划分，以最小化交易成本为目标，最大程度促进交易成就，以实现资源配置的最大效益。

与此同时，法律对权利初始边界的划分也具有十分重要的意义。权利初始边界的划分，是对交易成本法定范围的界定，也是该法律对经济发展效益之衡量标准。在此基础之上，若双方之间的交易成本明确且小于法律划分的法定交易成本，双方更倾向于选择以意思自治的方式替代法律规范界定的权利义务，反之则更愿意接受法律规范所制定的权利边界。故在制定之初，尽可能地实现交易成本的最小化，扩大其应用范围；而对于无法确定交易成本的交易关系而言，法律权利所划分的即为其交易的最小成本，在此情况之下，权利界定成本的最小化有助于直接决定交易的成就与否。

（四）法经济学对现实审判的指导意义

科斯认为，法律经济学是一门既运用经济学分析法律，又探讨法律系统的运行对经济系统运行之影响的学问；吉多·卡拉布雷西则认为，法律经济学注重研究法律的效率，同时又顾及了公平的价值；波斯纳认为，法律经济学是将经济学的理论和经验主义方法，全面运用于对法律制度的分析；我国学者蒋兆康总结说，法律经济学是用经济学的方法和理论来考察和研究法律和法律制度的形成、结构以及未来发展的学科。

如果说法律制度是兼顾公平效益的工具，那么法律经济学所强调从资源、效益、效率等经济学观点分析法律，及其对经济学模式框架的引入则量化了对"效率"和"公平"的意象概念，弥补了法教义学传统上片面关注生产关系与法律关系的局限，也弥补了传统习惯上定性分析的不足，为司法研究提供一个中立的规范分析框架，从效益角度来看正义。

传统法律问题分析中有关平等、正义等元素的运用虽然很重要，但却带有天然的主观性和不确定性。而运用经济学中的供求、效率、效益等分析概念，则会增加分析中的中立和客观因素。我们应当承认，生命或物质并不是生来就有客观价格的，而是通过经济活动直接或间接地被赋予了某种价格，实践当中，是无法忽略掉这种后天的隐形价格的，而且承认它，就一定会出现差别情况。当传统的朴素正义理念仅能解决道德需求上的满足时，法经济学视角一方面有助于提升司法审判之效率以减少法律制度运行中产生的成本；另一方面，有利于司法权威和公正性的构建，具有对现实审判行为的指导意义。法经济学为法学的研究和发展提供了一种新的思路。而其以效率为导向的分析方法，与公司法的财富与效率最大化目标契合，一诞生便迅速为公司法所吸收，改变了公司法的研究范式，也为民商事审判提供了全新的方法论基础。

二、范式的革新：新古典经济学框架下公司法的法经济学研究

虽然在发展过程中出现了众多的学派和丰富的理论体系，但归根到底还是要用经济学理论来研究法律问题。所以，公司裁判的法经济学分析进路，同样离不开基本的经济分析框架。吸收了新古典经济学的基本理论，公司裁判的法经济学分析方法的基本框架可归纳为以下几点。

（一）研究之基础——新古典经济学与公司法

1. 研究的背景——新古典经济学

新古典经济学，是经济学家们试图用自然科学的运算逻辑，来呈现市场经济的运作模型。其从两个方面回到了古典主义传统："代表性行为人"是理性人，追求利益最大化；市场是完全竞争的，所有市场都是出清的。此外，新古典宏观经济学还将理性预期概念置入其体系之中，从而丰富了古典主义思想。吸收了数学和计量经济学领域的最新成果，以其为分析工具和表述手段，给古典理论换上了现代包装。

具体来说，新古典经济学派的经济学家们将经济分析分为四个层次：第一层是以数学函数对人们作决策前的经济环境的变量进行分析；第二层是将环境因素与个人影响因素行为一一对应，以数学中的最优决策理论分析个体的自利行为从而反映出环境的变化对人们决策的影响；第三层是以均衡概念分析不同个体自利行为交互作用产生的结果；而第四个层次的分析则是对上述三层的结果作出相关的价值判断，即改变经济活动的结果。

新古典经济学的代表人是阿尔弗雷德·马歇尔（Alfred Marshall），其在先前边际效用分析①的思想上，引入"供给—需求"理论来解释市场经济下价

---

① 边际分析的核心是效用递减理论，即随着资源被消费，同样的资源到最后的生产效益是一个递减的过程。

格机制的运作逻辑及其对资源配置的过程。而在他之前，需求被认为是决定价格的唯一因素。其在著名的《经济学原理》的第二章有关经济学实质中认为，经济学主要研究对活动的动力和对活动的阻力。在该论述中，以物理学"阻力"的概念，指资源的有限性；以"动机"代指效用的最大化。而对新古典经济学研究之主题更为清晰化的，是斯蒂芬·罗宾斯（Stephen Robbins）在其著作《经济科学的性质和意义》中对经济学之实质所作的更详细的分析。其认为，"经济学是把人类行为当作目的与具有各种不同用途的稀缺手段之间的一种关系来研究的科学"。①

在此背景下，新古典经济学提出三条核心的假设：每个经济主体总是倾向于使其利益在特定的约束条件下实现最大化的"经济人"假定；市场交易中所有必备的因素都可以通过契约的订立加以考量，继而无需任何其他的因素去协调双方关系的"完全契约"假设；经济资源相对于人类总需求总是稀缺的"资源稀缺性"假设。并由四个理论有机相串联：消费理论、厂商理论、分配理论和市场理论。

消费理论和厂商理论探讨的是人和自然发生的有关"人—物"的生产和消费关系；而分配理论和市场理论探讨的是市场经济下人与人发生的关系。分配理论的核心观点是基于边际效用的分析，通过以函数模型构建生产要素的边际投入数量与生产产品边际产出数量的相对应，解决在生产要素中如何找到边际成本和边际收入的平衡点；市场理论谈及的是更为熟知的市场关系——通过"供给—需求"机制以平衡市场总商品数量的流通。价格取决于需求曲线和供给曲线的共同作用，并通过竞争达到最终市场出清和市场均衡。

概括来说，新古典经济学的研究主题是稀缺资源的优化配置，其精神实质是受制于稀缺的生产要素的前提下，在自由市场经济中，大量自由的、分散的、消费时追逐最大效用与生产时追逐最大利润的个人活动，经过市场的价格和竞争机制的调节，通过供给和需求，会自动地趋于和谐、均衡，从而达到经济的最佳效率状态。通过两个关系表达最大化分析作为经济分析的前提：消费商品时效用的最大化；生产产品时利润的最大化。基于"供给—需求"因素所影响的价格机制是资源配置的核心，资源配置所能带来的效益最优化是理论研究的关键所在。

2. 研究的起点——契约理论

现代经济就是由无数的契约构成的。2016年，哈佛大学教授奥利佛·哈

---

① ［英］莱昂内尔·罗宾斯：《经济科学的性质和意义》，朱泱译，商务印书馆2000年版，第48页。

特（Oliver Hart）和麻省理工学院教授本特·霍姆斯特朗（Bengt Holmstrom）被授予2016年诺贝尔经济学奖，他们所提出的契约①理论，作为近年来经济学研究之热点被广泛应用于各个领域。

契约理论是博弈论在经济学领域的具体应用。基于对现实生活中各个领域产品、劳务及一切交易行为的分析，其研究之目的在于设计一种能够约束人们行为的机制、制度，以达到社会福利之最大化。因市场资源分配不均、交易信息不对称等情况的存在，契约理论提出了在契约缔约过程中当事人会出现的四种问题：道德风险（moral hazard）、逆向选择（adverse selection）、敲竹杠（hold up）和承诺（commitment）问题。②

可以这么说，契约理论是对科斯提出的"交易成本"问题的深化研究。在《企业的性质》一书中，科斯将企业理解为一系列"契约的联结"，而这一不同于标准市场交易的契约集合，也被视作是市场的一种替代。具体来说，企业与个人之间存在以"资本—劳务"交换的雇佣契约；企业与银行之间存在以"资本—信誉"交换的借贷契约；股东与管理层之间存在以"资本—管理"交换的委托代理契约。

在此基础之上，就契约的可预测性，契约理论向两个方向推演——完全契约理论和不完全契约理论。③

（1）完全契约理论。完全契约理论基于理性经济人的分析之上，认为理性的当事人可以设计出一种考虑到未来所有可能情况的契约并基于此产生了"委托—代理"理论。在完全契约理论上，若能合理设计出一套有效的机制，将代理人的利益与企业的发展相结合，以此激励代理人的契约精神和能动意识，则能达到最优的风险分担和收入分配机制以实现约束条件下的次优效率。这个机制认为可以将所有的可以预见到的或然事件都涵盖在其中，是一个不需要再谈判的完全合同，因为企业就是市场。在这种情况下，成本仅来自代理人的道德风险。随着契约理论的发展从静态拓展衍生至动态，建立了单个代理人和多个代理人道德风险模型的基本框架并将委托人的承诺问题和代理人的声誉效应引入长期契约。

---

① 契约是双方或多方当事人之间的协议、约定。狭义的契约关系可以被理解为商品或劳务之间的交易关系；而从广义上来说，所有的法律、制度都是一种契约关系。
② 聂辉华：《契约理论的起源、发展和分歧》，载《经济社会体制比较》2017年第1期。
③ 在完全契约理论下，因未来的可预见性，企业被认为和市场没有本质的区别；在不完全契约理论下，因未来多因素的不可预见性，企业被认为是市场的替代。后文所论述的交易成本概念系不完全契约理论之基础。

(2) 不完全契约理论。所谓不完全契约，指的是双方在签订契约时，因未来的不可预知及签订契约的成本限制，无法穷尽而全面地将所有可能情况下的责任和风险纳入考量的范畴。

不完全契约理论的出现，也回答了科斯对"企业产生原因"之问——交易的地点在市场和企业内部的选择问题。在不完全契约理论框架下，当事人的有限理性和资产专用性会导致敲竹杠问题①。进而需要法律以明确产权的安排，实现次优效率；企业的边界取决于法律对以产权为代表的权利的分配和安排，故在此情况下，企业的边界就会发生变化。法律的产生是企业边界确定的内在化需求，企业和市场是有区别的，企业是市场的一种替代。

也正是基于不完全契约理论的发展，1985 年威廉姆森教授从资产专用型、交易频率和不确定性三个维度对交易费用进行量化分析，为不同类型的交易模式提供了相应的治理结构，而后发展构建成交易费用经济学框架的分析范式。②

不完全契约理论的提出，将法律范畴中的产权概念与企业诞生之基础相联系，让产权在经济学中有了明确的界定与理论基础，为后续司法实践从经济角度，将量化产权所产生的经济效益作为司法审判之标准提供可能，也为企业并购、债权融资、股权划分等现实审判问题提供依据。

(二) 研究之现状——基于对《公司法》代理成本的解读

基于上文对法律经济学背景的阐述，在"科斯定理"③的框架下，以经济学分析的方法对公司法进行另一个视角的解读。即当不存在额外的交易成本，公司内部基于多元契约的集合存在不同的行为主体，如投资者、管理者和其他利益相关者。如果这些行为主体之间基于诚实守信的原则达成一致的约定，并能够确保按约定执行，则该约定范畴下的个人效益能够尽可能地实现最大化。故在此时，基于最小化法定交易成本的公司法对其各自权利义务划分的情况与其自愿达成的条款是相似的。然而，达成契约过程中不可避免会产生成本，如对权利义务划分的谈判、对可能失信后果的约束、对履行情况的判定等。继而，此时公司法所设立的成本将明显优于其订立、履行契约

---

① 敲竹杠问题，即在专用性投资中当契约无法完全预见成本时，当事人就面临投资导致的准租金被另一方当事人攫取的风险。

② 奥利弗·哈特认为威廉姆森在构建"产权"概念时忽视了产权的成本，继而在此基础上形成了企业的产权理论。

③ 这里的科斯定理，指科斯第一定理，即若交易成本为零，无论权利如何界定，都可以通过市场达到最佳配置，而与法律规定无关。

的成本。

因为公司法将权利义务的划分作为最小化的法定成本,其制度与安排也应该以效率为导向,以最大化企业效益为目标,尽可能有效地对权利和义务进行安排,以使得企业内部得以良好有序的运行。因此,在法律经济学视角下,公司法本质上也是一种开放性的标准合同,是一种可以被直接引用的"格式条款",发挥契约标准机制的作用,节约契约各方的交易成本,也是既成合同之"补充条款",发挥漏洞补充机制的作用,弥补合约的缺陷。

契约理论在公司法领域的应用,突出地表现为代理理论对公司法的解释能力。在经济学研究的范畴下,双方对信息的获取、处理能力不对等,一方的利益依赖于另一方的行为时,一方会将部分权利予以让渡,此时可称为代理行为的发生。被让渡权力的大小与可获得利益的多少构成了代理理论矛盾冲突的内在原因。在公司(企业)领域,一系列契约的集合构成了多元化利益的主体,这也使公司成为代理问题讨论的最佳环境。代理成本理论[①]为以意思自治为特点的公司法法益内涵及判决的经济分析路径提供了重要的理论支撑。

在代理成本理论的视角下,以董事会为代表的管理者(代理人)和股东(被代理人)之间的利益冲突,是公司治理中最重要的问题,直接决定着公司的运作,以至于影响整体经济之发展。这种冲突根源于所有权与控制权的分离,即管理者享有对公司实际运行的控制权,而经济行为所带来的理论收益的所有权由集体股东所分享。在此情况下,管理者个人利益与公司利益之间没有直接正相关的关联。在新古典经济学关于理性经济人以个人利益最大化为目标的原则指引下,基于个人利益的考量,管理者(代理人)则会存在投机取巧、谋取私利、转移责任、侵害公司等以公司整体收益换取个人利益的情况存在。在这个过程中,管理者降低的公司价值,可以被理解为因为代理行为所产生的代理成本。为降低代理成本,学界主张强制性实施公司之安排。如代理参与权制度,代理问责制度。有学者指出,若经营权赋予投资者,以达到经营权与所有权之集合,是否能够化解代理成本问题?答案显然是否定的。在以独资企业为代表的集合经济组织下,将控制权授予管理者,仍然存在代理成本。该成本尔后被定义为被代理人成本。

因代理成本的不可避免,法律在公司治理问题上的合理性与必然性也由此而展开。基于法律经济学视角,代理成本理论探讨的是法律对控制代理总

---

① 本文所提及的代理成本理论,由代理人成本和被代理人成本两部分构成。

成本的作用。该理论认为，每个公司最优治理结构会使总控制成本最小化。其中总控制成本为代理人成本[1]和被代理人成本[2]之和。代理成本的产生，有的是因为无法激励代理人以公司利益最大化为先，从而产生的代理冲突成本；有的是因为代理人自身能力问题、市场信息获取量不对等、专业水平不足等，导致公司整体经济效益受损的代理成本。而被代理人成本之构成亦与代理人成本相似，在被代理人成本理论下，虽实际控制权和所有权均为被代理人所整合，但被代理人自身的个人利益不完全等同于集体经济效益之和。

投资者与管理者之间控制权的分配程度，决定了代理人成本与被代理人成本之间的具体数额。故在投资者与管理者之间控制权呈现此消彼长之态势时，代理人成本与被代理人成本也呈现相互替代的经济关系。任何一种重新分配都将降低其中一方成本而增加另一方成本，而这个替代率因具体公司情况不同而不同。

基于此，各个公司最小化总控制成本的分配方式不同。公司最优治理结构亦是如此。而公司法的作用是允许公司从多样化治理结构中进行选择，而非强制或禁止某些治理结构。由此可见，以合同订立为代表的商事行为，其对主体之间意思自治的尊重一定程度上也是一样的道理——最优模型的缺失。

此外，随着代理成本理论的发展，詹森（Jensen）和梅克林（Meckling）两位学者对代理成本之外延提出了另一个看法。他们认为，代理成本不仅包括管理者自利行为的直接成本，投资者为监督管理者的付出也构成了不端行为管理成本。[3] 进一步讲，管理者付出的约束成本[4]，也应视作代理成本的一部分。在公司法学者中，该模型启发了对高管薪酬、恶意收购、集体诉讼、派生诉讼、股东自我交易、公司内部章程之效力等问题的讨论。

通过对代理成本理论的分析和应用，从公司法立法意义层面来看，笔者认为，正是基于代理成本理论的存在，在目前公司法的立法意义上，更注重对股东权利的保护，加大股东问责的能力和范围。例如，在我国《公司法》中，明确了股东法定知情权不可通过公司章程而予以规避；《最高人民法院关于适用〈中华人民共和国公司法〉若干问题的规定（四）》［以下简称《公司法司法解释（四）》］中，亦明确了股东代位诉讼、股东自行召开股东大

---

[1] 代理人成本，在管理者行使控制权时产生。
[2] 被代理人成本，在投资者行使控制权时产生。
[3] 不端行为管理成本，是指投资者为监督管理者的自利行为所耗费的成本。例如监控系统的安装、股东大会的定期召开制度、多层股权分配机制。
[4] 约束成本，即管理者为获取投资者信任而做出的行为所形成的成本。

会等权利。2024年7月1日开始施行的新《公司法》（以下简称新《公司法》）更是进一步强化了股东权益保护，如将股东知情权范围首次明确扩张至会计凭证、设立双重代表诉讼制度等。

也正是出于对代理总成本最小化的考量，代理人成本与被代理人成本之间处于动态平衡状态，没有一个完美的模型能契合所有发展的需求。从这个意义上说，通过外部法律制度对企业内部控制权进行强制划分的设想显然不符合代理成本发展的现实。公司法中有关控制权强行分配的规定也应转化为默认规则。因此，立法者不应简简单单地仅选择赋予股东权力的规则设置。相反，他们应采取多元化默认规则，设置大多数公司能最小化总控制成本的规则。对于已经选择了治理结构的公司，立法者应该尊重现状。①

（三）新古典范式的经济分析方法

1. 分析的起点："经济人"假设

人，是构成社会的基本要素，在研究人文学科时，人应当是一切理论的出发点和落脚点，对于经济学家而言，他们试图构建一个关于人的基本特性的框架，其中著名经济学家熊秉元教授的观点是，人是理性、自利的。② 理性，是指经济学中的理性选择概念，认为人们在作出选择时，会对自己的行为进行思考和权衡，而对此进行反驳的观点往往认为人容易情绪激动，未必是理性的。对此的解释是，人在情绪激动时同样也有权衡过程，只不过过激的情绪导致其误判了形势，认为自己可以承受该行为导致的结果。自利，则是经济学上"效用最大化"理论在人身上的最大体现，经济学认为，人是具有"趋利避害"这一特性的。

从事经济活动的每个人，都试图以最小的经济成本去获取最大的经济效益。这就是西方经济学一切研究之前提——理性经济人。"理性人"这一假设内容在经济学中最先是由亚当·斯密在非常著名的一段话中提出的，他说：每个人都不断地努力为他自己所能支配的资本找到最有利的用途。固然，他所考虑的不是社会的利益，而是他自身的利益，但对他自身有利的研究自然会或者毋宁说必然会引导他选定一个最有利于社会的用途。③

而谈及为何理性人是经济学研究之基础，亚当·斯密认为，社会整体效

---

① ［美］佐哈·戈申、理查德·斯奎尔：《被代理人成本：公司法与公司治理的新理论》（下），林少伟、许瀛彪译，载《交大法学》2017年第3期。
② 鲁冠成：《浅谈熊秉元先生的法律经济学分析法则》，载《法制与经济》2013年第4期。
③ ［英］亚当·斯密：《国富论——国民财富的性质和起因的研究》，谢祖钧等译，中南大学出版社2003年版，第104页。

益的提升归功于从事经济活动的理性人在追求自身利益最大化过程中的无意识附带。这种无意识行为，受人类的交换需求驱动。可以这样理解，当每个个体追求最优化经济成本效益，社会总经济成本则会得到控制；而经济市场的发展并非零和游戏，即一方之获利不必然导致另一方效益的受损。在这样的情况下，效益的总收入大于成本的总支出。"理性人"或"经济人"，便是交换得以实现的首要条件。故将公司领域内各相关利益主体抽象为单个理性经济人，从而分析在既有法律规则下相关主体可能采取的应对措施，并预测法律结构的实证效应，作为经济学理论研究和制度完善的出发点。

2. 基本分析方法：成本收益分析和价格机制的运用

规制的本质在于公权力对于自由市场的干预，从而定向对资源进行配置。基于不同主体、不同效用，"成本—效益"机制框架对公共制度、公共决策的影响程度分为三个方面：第一个方面，该框架机制作为信息获取之平台，对其获取的数据无须进行后续的处理，继而仅作为对决策影响之定性考量。该类功能多用于对日常生活的判断，因为定量分析的成本将必然超过项目本身可能获得的收益。第二个方面，在对该机制框架下获取的数据进行量化后，使之成为决策影响之量化考量因素之一。第三个方面，通过该机制框架下获取的量化数据可以完全反映决策对市场经济的影响作用，故基于此，其获取的数据只要可以用作证明其收益大于成本，就可以直接引用以决定制度的设置和决策的制定。

在新古典经济学的理论框架下，商事主体是理性的，交易的产生是自发的，企业基于一系列完全契约的集合而产生。故理性主义者的行为基于价格机制的调控，通过对"成本—效益"的量化来决定契约成就与否，追求自身效用的最大化。

公共决策领域"成本—效益"分析机制的运行原理，是以社会福利之最大化为计算逻辑的，通过对决策实施的投入成本和目的达成后的产出利益做比较，从而决定是否采取及采取何种措施，进而选择净收益最大的方案。

具体来说，从法律制度[①]制定的角度来看，法律制度受"成本—效益"机制调控。法律作为公共领域所能提供的产品，其本身是政治市场的产出，而政治市场也应符合供给和需求的规律。从理性经济人视角来看，对用法律作为规制手段的需求受其自身成本与收益的影响。对于已经制定的法律而言，公司违反其强制性规定所能产生的效益与违法范畴所承担的可能的成本相比，

---

① 此处的法律制度，特指调整商事行为主体和商事行为的部门法，例如公司法。

若其成本小于收益,则该法律的规范作用较强;对于未制定的法律而言,若使用该法律能够获得的收益小于为制定该制度所需要承担的可能的成本,此时理性的经济人更倾向通过订立契约等内部调节方式,以达到边际成本和边际收益最大化的平衡。故在"成本—效益"机制下,作为强制性规范的法律要尽可能地提升其违法之成本;而未制定的新法律制度要尽可能地扩大其所能保护的最大化收益。

另外,从司法审判的角度来看,"成本—效益"机制影响着审判的过程,以及最终审判结果的评判标准。基于理性主义者追求自身效用最大化的前提,当某一确定商行为所能获得的收益情况固定,其会采取方法以最小化成本。故对待公司纠纷类案件的审判,以"成本—效益"角度分析各方的成本和所能获得的收益,可以有效地预测在法律制度约束下,行为人的真实反应,以最大化还原实际情况。同时,司法判决也对双方当事人的成本和收益情况进行约束。"成本—效益"机制下要求以量化的模式进行考量,量化的要求意味着对决策细节的公开,进而让公众参与监督程度扩大。在此条件下,相较于传统的以公平、正义等抽象、主观判断标准进行审判,基于"成本—效益"机制框架下的标准采取可量化的方式进行审判,更易作出有利于促进市场经济发展的判决。同时也使其判决结果更容易被公众所采纳接受,进而维护司法中立、公正的地位。

3. 分析的终点:社会总收益的最大化

法律经济成本收益分析的目标是为了实现社会总收益最大化而进行的最有效的安排。从经济效率的角度来分析法律决策的形成和法律规则的评价时,主张运用卡尔多-希克斯标准而不是帕累托最优标准来度量法律制度的财富最大化。

帕累托最优(Pareto optimality),也称为帕累托效率(Pareto efficiency),是指资源分配的一种理想状态,假定固有的一群人和可分配的资源,从一种分配状态到另一种状态的变化中,在没有使任何人境况变坏的前提下,使至少一个人变得更好。帕累托最优状态就是不可能再有更多的帕累托改进的余地;换句话说,帕累托改进是达到帕累托最优的路径和方法。

卡尔多改进即是,如果一个人的境况由于变革而变好,因而他就能够补偿另一个人的损失并且还有剩余,那么整体的效益就改进了。而在一种状态下已经没有卡尔多改进的余地了,那么就达到了卡尔多-希克斯标准(效率)。这一标准与帕累托最优标准相比条件更宽,按照帕累托最优标准,只要有任何一个人受损,整个社会变革就无法进行;但是按照卡尔多-希克斯标准,如果能使整个社会的收益增大,变革也可以进行,无非是如何确定补偿方案的问题。所以说卡尔多-希克斯标准实际上是社会总财富最大化标准。

综上,法律经济学视角下经济效益的最大化,是指将市场作为一个考量之整体进行量化和评价。在司法实践中,法律规则对权利义务的划分必然会导致主体双方成本、收益之变化;而司法判决对法律行为的认定更是直接导致双方所有权转移的法定途径。在这个基础上,一方权利的调整必然会导致另一方义务的变化,在社会总效益概念提出的背景下,司法判决之效益不再局限于个体之间成本收益的衡量,也就是说,对于整体社会而言,只要总体上收益加总大于成本加总,就会产生净收益,那么该法律规则或司法判决就是有效的。所以,公司裁判的法经济学分析方法所追求的净收益,并不是某个市场主体的个人收益,而是指社会总收益。此要旨,对公司裁判具有重要的意义。

在公司裁判的过程中,对行为主体之间权利义务的再分配必然导致成本收益的变动。在此情况下,对平等主体之间利益的量化和取舍成了影响审判效率的关键因素之一。基于司法之公平、公正性,对平等主体之间不应有主观的价值衡量标准和排序。因商事行为的复杂性,在不同主体之间构成了多元化的利益冲突。如何平衡利益之间的顺位和作出合理的取舍,在审判实践中成了公司类判决最大的问题。而现今,社会总效益视角的引入,明确了判决对权利义务划分之标准——在意识到成本之必然增加的基础上,最大化潜在的总收益,以达到判决的实施使增加成本小于社会整体总收益增加量。以整体之发展弥补个体利益的排序,不仅提升了商事审判的效率,也使"公平"概念在此类判决中得以量化形式体现,有助于良好交易环境的构建。

三、交易费用视角下的经济分析进路

以价格理论为基础的新古典经济学,在很长一段时间内成为法官作出裁判衡量的考虑模式。虽新古典经济学在完全契约理论的背景下,从零交易成本的角度出发,以过于理想化的状态,将经济行为主体视为能够基于"成本—效益"机制追求社会总效益最大化的理性经济人,但必须承认,将法律经济学引入民商事审判之考量标准,是司法判决效率化提升路径中极具意义的一次尝试与挑战。有助于实现民商事审判之效率目标,发挥法律判决对经济发展的促进推动作用。

但与此同时,排除交易成本因素考量的弊端也使运用该范式进行审判的过程中依旧没能超越法教义学之原生缺陷——脱离社会运行的现实,而使该

第二章 改革与影响：优化营商环境与民商事审判的关系

审判范式的运用变得低效且难以操作。故唯有从生活实际出发，在纳入交易成本之研究范畴的基础上，批判并重塑现有商事审判范式，以新制度法律经济学视角，使其得以真正应用于现实司法判决之中。

（一）交易成本的范畴研究

对交易费用概念予以界定，首先要回答的是交易是什么及交易为什么发生。交易活动的发生或者某项交易活动可能发生，是交易费用存在的前提。一项实际发生的交易活动所形成的交易费用，以及一项应该发生但实际未发生的交易所产生的损失，都意味着交易费用的存在。比较严格地把交易作为经济学范畴建立起来并作了明确界定和论述的是旧制度经济学家康芒斯。康芒斯认为经济关系的本质是交易，交易是人与人之间对物的所有权的出让和取得，是制度经济学的最小分析单位，社会是由无数种交易组成的有机组织。威廉姆森继承了康芒斯对交易的处理，把交易作为最小分析单位。威廉姆森认为交易之发生，源于某种产品或服务从一种技术边界向另一种技术边界的转移，由此宣告一个行为阶段结束，另一个行为阶段开始。诺思的界定表明交易与分工和专业化紧密相连，人们之所以进行交易，是因为通过交易能够获取收益，而这种收益来源于分工和专业化，交易费用过高会降低交易获取的分工和专业化收益。

由此，可对交易和交易费用做以下界定。交易是分工与专业化的社会中由于产品或服务的生产者与消费者分离，个人和组织之间因彼此需求差异而发生的产权让渡。交易之发生，源于交易能获取分工与专业化收益。交易当事人之间的信息不对称和交易客体的转移，使得寻找交易对象的成本，信息搜寻成本，衡量交换物价值的成本，讨价还价成本，谈判成本，契约签订、监管和实施的成本随之产生。产权是交易发生的前提并影响着交易收益的分配，用于界定、保护以及实施产权的成本也极为重要。经济组织和经济制度的核心问题是协调分工，节省交易成本，以更好地获取分工与专业化收益并促进分工发展。经济组织和经济制度的创设、维持和实施也需要成本。这些成本都构成交易费用，交易费用也就是为获取分工与专业化收益所花费的成本。

按照新制度经济学的观点，可以把交易费用区分为三个类型：市场型交易费用（market transaction cost）①、管理型交易费用（managerial transaction cost）②和政治型交易费用（political transaction cost）③。

市场型交易费用是专业化和劳动分工引起的商品和服务交换的直接结果，管理型交易费用源于以要素市场代替产品市场、以企业代替市场组织生产和协调分工，政治型交易产生特定的制度安排结构，界定市场和管理交易发生的领域，形成包括正式制度和非正式制度的制度框架，是影响组织和市场运行效率的关键因素。

（二）交易成本视角下的分析框架

1. 研究起点的转变——有限理性理论

在传统的经济学理论中，人是具有完全理性的。亚当·斯密认为，人的理性在于他在各项利益的比较中选择自我的利益，以最小的牺牲满足自己的最大需要。传统经济学对人的行为的假定包括几个方面的内容：个体的行动决定是合乎理性的；④ 个体可以获得足够充分的有关周围环境的信息（完全信息假定）；以及个体根据获得的各方面信息进行计算和分析，从而按最有利于自身利益的目标选择决策方案，以获得最大利益或效用（利润或效用最大化假定）。在这几个假设前提之下，古典决策理论得出"完全理性"⑤ 与"最优决策"两个基本命题。决策者头脑中事先就存在着一个完全有序的偏好体系，一个能够评价各种备择方案后果的某种价值体系，通过两套体系的排列组合以选择最大化自身利益的决策。而如果决策者具有"完全理性"，那么，决策者就会自然地做出"最优决策"。

但古典决策理论的困境首先在于其过于简化人类决策的环境，使之确定、静止，这使古典决策理论成为与人类行为事实相距甚远的假设，不具有实践性。其次，古典决策理论假设人类信息获取和处理能力是绝对无限的，而这种完美理性的理想世界只存在于零交易成本的世界。

---

① 市场型交易具体可细分为合约的准备费用（搜寻和信息费用）、决定签约的费用（谈判和决策费用），以及监督费用和合约义务履行费用（监督和执行费用）。

② 管理型交易费用包括建立、维持或改变一个组织设计的费用、组织运行的费用。

③ 政治型交易费用具体可包括建立、维持和改变一个体制中的正式和非正式政治组织的费用，以及政体运行的费用。参见［美］埃里克·弗鲁博顿、［德］鲁道夫·芮切特：《新制度经济学——一个交易费用分析范式》，姜建强、罗长远译，格致出版社、上海三联书店、上海人民出版社2006年版，第59~65页。

④ 如上述新古典经济学视角下，理性人总能通过选择最合适的手段以达到最大化自身利益的目的。

⑤ 在完全理性理论下，决策者能够知晓并找出所有可能的备选方案，拥有各种备选方案的全部信息和概率分布的完全信息。

这种决策理论局限的根源，在于"完全理性经济人"的前提假设。与之相对的是赫伯特·西蒙提出的"有限理性社会人"概念，即个体的理性无法排除所有因素的影响，也无法预测到未来一切可能性的发生。故在此基础之上，个体会寻求足够满意的结果，而非最优的方案。① 当有限理性成为分析的起点，接下来的分析过程和法律结构就会发生相应的改变。

2. 分析方法的转变——新制度经济学理论

新制度经济学即从"交易成本大于零"的视角开始启动理论征程。基于有限理性人的分析视角，因为其在契约订立的过程中，无法预见一切未知的可能，且一旦考虑到交易成本，参与主体的经济选择便不再仅仅是需求量或供给量，还包括各种确保交易有效进行的交易方式或制度。当一切交易因素确定后，制度的选择和适用将会直接影响到交易成本的变化。故基于此，对于某项具体交易而言，交易成本的大小就成了评判制度优劣的依据。

在研究的过程中，新制度分析学派从制度制定的角度出发，在其看来，法律的制定受市场交易成本的影响，其产生的过程是一个可供选择的过程。以法律经济学视角对法律制度进行分析，通过对其制定的过程中及其制定后所带来的交易成本进行比较，从而在多种制度方案中，研究并选择产生最低交易费用的制度。以此确保法律的制定对经济效益推动作用的最大化，也使在此分析基础上所制定出的法律更能被交易主体所接受、使用。

以新制度分析学派的产权理论为例。由于交易费用的存在，使得权利的界定对于效率具有举足轻重的作用。而在公司法领域，具体来说就是对产权归属问题的研究。正如科斯所指出的，"权利的一种安排会比其他安排产生更多的产值"。② 产权理论认为，个人和集体都能通过建立有效的产权制度，以产权的建立所能带来的相关收益对产权所有主体产生相应的激励作用。通过调动其主体积极性，自发配置资源。

通过上文对代理成本理论的论述可知，代理成本理论追求的是总代理成本之和的最小化，即代理人成本和被代理人成本之相加。在新制度经济学的分析视角下，代理人成本和被代理人成本的变动受剩余控制权的分配情况之影响。剩余控制权是一种很大的权力，拥有除契约明确约定以外的自行裁决权。而剩余控制权的核心，即产权的划分。

---

① 有限理性（bounded rationality）的概念最初是阿罗提出的，他认为有限理性就是人的行为即是有意识的理性，但这种理性又是有限的。

② [美] 罗纳德·哈里·科斯：《企业、市场与法律》，盛洪、陈郁译校，格致出版社、上海三联书店、上海人民出版社2009年版，第104页。

产权是一种社会工具，其重要性在于帮助形成交易时的合理预期。产权的产生，基于契约自身的不完善性并由此产生有关剩余控制权的分配问题。故在审判的过程中，要求法官充分意识到产权的激励功能，① 在公司裁判中，对涉及如股权、表决权、代理权等权利分配架构的调整时，注意不同的产权分配后所产生的代理成本及可能的激励收益，充分运用合理的产权结构提高公司绩效。此外，基于激励相容原理，②"剩余索取权"应该配置给对投资或总产出重要的一方。即当双方利益存在冲突且不为事先契约所能预见的情况下，事后的控制权的分配应当优先保证能够通过获取权利产生最大经济效益的一方，并通过其他渠道对另一方的损失进行补偿。应用于实践中，这使得在公司裁判中不能简单援引普通合同法上的一般规则，而要根据公司合同的特质，研究如何选择最为合理和最有效率的裁判方案。例如，对不能履行之合同解除的认定中，通过对合同解除和履行之后所能产生的最大效益进行对比，作出产权的确权认定，以达到效益最大化之目的。

由此可见，交易费用概念的引入打破了"成本—效益"价值下以交换价值作为唯一变量的因素。不同法律制度的选取、司法判决对产权的划分界定，都将复杂化交易成本的构成和可预期的未来收益。故，运用新古典经济理论的现有分析范式，加之对新制度经济学中如产权理论、合约理论、代理理论等分析工具的运用，有助于更好理解法律制度对市场经济的影响和调控，提高法官的预测能力，以实现司法效率和公正性的提升。

3. 分析视角的转变——从最大化收益到最小化成本

交易成本的引入，根本上未曾改变新古典经济学框架下基于"成本—效益"分析机制，公司裁判的法经济学以追求效益最大化为最终目标，但切实转变了对该目标实现的具体路径——从成本端入手。

基于有限理性人的出发点，因交易成本的存在和不完全契约订立下对可能潜在成本的无知性，交易成本的大小直接决定了其资源的投入情况及交易的达成可能，故提升了交易主体对交易成本管控的需求程度。在此情况下，法律制度、司法判决尤为重要。在进行制度选择时，就要充分考虑前述法经济学分析框架和相关经济学理论。

笔者认为，边际成本和边际收益平衡点的选取是核心。法律制定作为一

---

① 从经济学角度看，产权依附于交易过程中实体物品之上。产权交换的成本，决定了交易的价值，故产权的所有者即交易的获益方。

② 激励相容原理的核心观点即将产权配置给能够获得激励效益最大化的一方，以实现整体效益的最大化。

种先前既定的交易成本,而司法判决作为后置通过产权划分以影响交易手段的方式,从最小化交易成本的角度出发更具合理性和可操作性。即"以一种边际的、替代的和总体的角度具体地辨析市场交易费用、企业管理费用、法律运行成本和政府管制成本之间的大小,然后在各种方案和制度中选择一种总成本相对较小的施行"。①

概括而言,笔者从法律经济学开创之背景入手,以可见的经济学法则为法律制度的产生及其评价提供了标准。该视角的转换,揭示了法律与经济学内生之相似逻辑。法律是一种可以被量化的经济学,其诞生于市场经济发展之必然所需,其对市场经济的支配能力受"成本—效益"机制的调控,其自身作为整治市场的公共产品亦受价格机制的调整和分配。以有限理性人视角,通过对契约理论、产权理论的研究,定义法律经济学下"公司"概念的发展及其本质;通过对新古典经济学提供之审判范式的分析,理解"成本—效益"机制之于法律的制定与判决过程的意义,以追求社会总收益最大化为公正司法的量化标准。自此,笔者关于公司判决的法经济学分析框架的基本逻辑是,在交易成本存在理论的基础上,产生了公司;在对交易成本最小化目标的追求上,诞生了法律。故公司领域的判决,是通过对产权边界的划分与确认,调整交易成本,以量化的经济学指标促进审判效率和效果的提升。

第四节　有限责任公司股权转让的释义困境与法经济学方法探析

长久以来,公司法中的有限责任公司股权转让制度是理论界和实务界共同讨论的热点议题。② 从司法实践看,股权转让纠纷是商事审判实践中最为常见、数量最大的公司诉讼类型。梳理其中涉及有限责任公司股权转让纠纷的数据发现,③ 有限责任公司股权纠纷案例大量集中在 2014 到 2019 年,并呈现逐年上升趋势。从 2014 年开始激增,2020 年有所下降;有限责任公司股权转

---

① 艾佳慧:《科斯与波斯纳:道不同,不相为谋?》,载《法律和社会科学》2013 年第 2 期。

② 参见蒋华胜、魏胜艳:《股权转让的代理成本问题及其法律规制研究》,载《法治论坛》2020 年第 2 辑;王艳芳:《对有限责任公司股权转让制度的再认识——兼评我国新〈公司法〉相关规定之进步与不足》,载《法学》2006 年第 11 期;段威:《有限责任公司股权转让时"其他股东同意权"制度研究》,载《法律科学(西北政法大学学报)》2013 年第 3 期。

③ 数据来源于北大法宝、无讼网、北大法意科技资源库、律商网平台,并人工剔除了与本书研究明显无关的数据。

让纠纷案件比例整体略高于股份有限公司股权转让纠纷案件;① 有限责任公司股权对外转让产生的纠纷远超内部转让产生的纠纷。② 在司法实践中,大量关于股权转让的新型和疑难问题在规范分析层面难以找到依据,或者无法达成有说服力的判决,导致传统裁判思路下处理这一类纠纷不断面临矛盾与挑战。从理论研究看,学者针对有限公司股权转让制度主要聚焦三个方面的探讨。一是关于股权转让的合同效力问题,即公司章程中股权转让合同效力存在效力待定说、可撤销说、无效说和有效说等争议;③ 二是关于公司章程限制股权转让规定的正当性问题,即公司章程对股权转让自由限制的正当性如何,如何创设股权转让"选入式"的公司法规则;三是关于同意条款与优先购买权条款如何适用的问题,即同意权与优先购买权"双重限制"与"单一限制"立法模式与适用法律争议。④ 上述问题有两个共性:其一,都不是纯粹的立法技术难题,而涉及理论和价值判断,这些问题背后的核心命题在于,如何厘清股权转让中的合同自由与国家强制的边界,⑤ 对此仅在法学范畴内讨论恐怕难以形成定论。其二,这些问题实际上也折射出当前法教义学体系下商事裁判面临的方法论困境,当前商事裁判的方法论仍然停留于传统法教义学的规范分析范式,法官在面对日益复杂的商事纠纷和日新月异的市场创新时,一旦在实体法上找不到依据,便会陷入力不从心的窘境。⑥ 这两个共性息息相关,互为因果。在新《公司法》出台的背景下,本章从比对修法前后改变,从有限公司股权转让的核心规范入手,提炼释义思维下的争议和困境,进而提出运用法经济学分析方法为妥当处理此类问题提供价值和方法上的补足。

一、核心法律规范的释义与争议

在本轮公司法修改前,我国股权转让制度的基础规范以《公司法》第三

---

① 以北大法意科技资源库为检索平台,输入"股权转让纠纷"为案由进行检索,检索到判决书84 823 份。在上述结果中以"有限责任公司"为关键词,检索到判决书29 636 份(占比34.9%)。以"股份有限公司"为关键词检索,检索到判决书13 002 份(占比15%)。

② 以无讼网为检索平台,以"对外转让股权"为关键词,共检索到2416 篇文书,其中判决书为2186 篇,裁定书为227 篇;以"对内转让股权"为关键词,共检索到46 篇文书,其中判决书为41 篇,裁定书为5 篇,明显少于对外股权转让案件数量。

③ 蒋华胜:《创设有限公司股权转让的公司法规则:立法表达与司法适用》,载《黑龙江省政法管理干部学院学报》2015 年第 6 期。

④ 王东光:《论股权转让的双重限制及其效力》,载顾功耘主编:《公司法律评论》2010 年卷,上海人民出版社 2010 年版,第 37 页。

⑤ 罗培新:《抑制股权转让代理成本的法律构造》,载《中国社会科学》2013 年第 7 期。

⑥ 詹巍:《论商事裁判的法律经济学分析进路》,载《东方法学》2016 年第 4 期。

章第 71 条为主,出丁健全公司治理、加强股东权利保护的迫切需要,2017 年施行的《公司法司法解释(四)》以股东权利为主线,重点聚焦股东权利纠纷中存在的法律适用难题,其中第 17 条至第 21 条成为细化股权转让制度的重要依据。但即使规则基础不断细化,上述条文的内容依然无法涵盖现实中的各种新情况、新问题,导致矛盾频出。

(一)原《公司法》核心法律规范的释义

1. 原《公司法》第 71 条确立了股权转让的基本规则

原《公司法》第 71 条设定了有限责任公司股东对内转让和对外转让股权的主要规则。

第一,股权以可以自由转让为原则。《中共中央、国务院关于完善产权保护制度依法保护产权的意见》明确要求,将股权与物权、债权、无形财产权并列保护,并强调了同股同权、同股同利等基本原则。[1] 这一规定明确了股权权能包含财产性权利,因此股权原则上可以自由转让。

第二,内部转让和外部转让的自由程度有所不同。基于保护有限责任公司的人合性和封闭性属性的要求,若股权转让发生在公司内部,则立法采用绝对自由模式(《公司法》第 71 条第 1 款);若股权转让至公司外部,则立法通过赋予内部股东"同意权"和"优先购买权"予以限制(《公司法》第 71 条第 2 款、第 3 款)。这种通过法定程序限制外部转让,从而保护有限公司人合性的立法方式也是世界各国立法的通行做法。[2]

第三,公司可以通过章程约定改变股权转让的限制规定。公司法规范可以分为强制性规范和任意性规范,前者是指必须严格执行,不得违反和改变的条款,后者则是指当事人可以选择适用,可以在法律的规定外另作约定,从而排除规定的条款。[3]《公司法》第 71 条第 4 款明确了第 71 条前三款规定属于可选择适用的任意性规范,即公司法提供了默认的标准安排,但也允许股东通过章程自行议定股权转让规则,[4] 从而改变前三款的规定。

上述规则虽确立了有限责任公司股权转让的基本理念,但由于实践情况

---

[1] 关于发布《最高人民法院关于适用〈中华人民共和国公司法〉若干问题的规定(四)》的新闻发布稿,https://www.pkulaw.com/lawexplanation/1d4a4430c834403207de857ad4a14209bdfb.html,最后访问时间:2023 年 10 月 29 日。
[2] 蒋华胜:《创设有限公司股权转让的公司法规则:立法表达与司法适用》,载《黑龙江省政法管理干部学院学报》2015 年第 6 期。
[3] 赵旭东:《新〈公司法〉的突破与创新》,载《国家检察官学院学报》2007 年第 1 期。
[4] 罗培新:《抑制股权转让代理成本的法律构造》,载《中国社会科学》2013 年第 7 期。

的复杂程度远超规则的意涵,导致对该条款理解的矛盾,即使是针对上述三项基本规则,司法裁判在具体实践场景中都会陷入双方理解不同但都有道理的两难情境。

第一个疑问,既然股权以自由转让为首要原则,股权与物权、债权同属私权,股东能否处分其部分权能?例如,投票权是否可以买卖,或者说投票权买卖能否尊重其意思自治?有学者认为,依据股权可以自由转让的基本法理,"股东也可将自己在特定期间内的表决权让渡或处置给他人",只要"表决权的买方(包括受托方)在行使表决权时应依法行事,恪守诚实信用原则,其行使的表决权不得逾越有权处分股东的表决权范围"。①

第二个疑问,设置"同意权"和"优先购买权"作为限制股份外部转让的两重门槛是否过于严苛?尤其对于优先购买权的设置,理论界向来争议不断。认同的一方认为,有限责任公司具有较强的人合性,股东之间基于相互信任而共同投资。为此,股东向公司股东以外的人转让股权时,其他股东享有在同等条件下优先购买的权利。这是股东维护其人合性利益的应有设置。反对的一方则认为,虽然大多数国家都对有限责任公司股权外部转让有所限制,但立法模式和限制宽严程度各不相同,且优先购买权在实践中存在对其他股东主张同等条件下的优先购买权时,能否"反悔"并撤销以该条件出让股权,以及如何理解"同等条件",还有关于股东优先购买权的行使通知、行使方式、行使期限、损害救济等分歧,对此公司法都没有具体规定,对于优先购买权在价值和技术的设定上都过于简单。

第三个疑问,既然章程可以限制股权转让,是否可以做任意规定。例如,某有限责任公司章程规定,"职工若生育二孩,则要强制收回职工股",这类规定注定引发舆论争议,但除了公序良俗外折射出一个问题,章程限制股权自由转让的正当性如何论证,即使正当,其边界又要如何设定?

2.《公司法司法解释(四)》第 17 条至第 21 条细化了股东优先购买权

针对原《公司法》第 71 条的不足,尤其是对于股东优先购买权的法律适用难题,2017 年施行的《公司法司法解释(四)》重点聚焦股东权利纠纷,其中第 17 条至第 21 条成为细化股权转让制度,尤其是股东优先购买权的重要依据,作为制度整体的一部分,也对该解释的作用作如下阐述。

一方面,《公司法司法解释(四)》细化了行使股东优先购买权的程序规

---

① 刘俊海:《论有限责任公司股权转让合同的效力》,载《暨南学报(社会科学版)》2012 年第 12 期。

则,从技术上弥补了《公司法》第71条的粗疏(见表2-2)。比如规定转让股东应当以书面或者其他能够确认收悉的合理方式,将转让股权的同等条件通知其他股东;股东优先购买权的行使期限,应当按照章程规定期限、转让股东通知期限和30日最低期限的先后顺序确定;明确了判断"同等条件"应当考虑的主要因素,包括转让股权的数量、价格、支付方式及期限等等。这样一来,优先购买权在通知义务、权利主体、行使期限上都更为具体和细致。

表2-2 《公司法司法解释(四)》对有限责任公司股权转让在程序上的细化

事项\权利	其他股东的同意权	其他股东的优先购买权
通知义务	第一次通知 内容:股权转让事项 方式:书面或者其他能够确认收悉方式	第二次通知 内容:转让的同等条件 方式:书面或者其他能够确认收悉方式
权利主体	其他股东	其他股东(包括之前不同意的股东)
行使期限	自接到书面通知之日起 法定期限30日	自接到书面通知之日起 1. 先看章程 2. 再看通知 3. 最后法定

另一方面,《公司法司法解释(四)》明确了股东优先购买权的行使边界和损害救济制度,赋予股东"反悔权",从价值上进一步明晰了有限公司股权转让制度的内涵。《公司法司法解释(四)》第20条规定:"有限责任公司的转让股东,在其他股东主张优先购买后又不同意转让股权的,对其他股东优先购买的主张,人民法院不予支持,但公司章程另有规定或者全体股东另有约定的除外……"该条确认,在公司章程和全体股东没有除外规定和约定的情况下,转让股东可以在面对内部股东主张优先购买权后,"又不同意转让股权"。也就是说,立法支持转让股东的"反悔权",亦即其他股东不具有强制缔约的权利。这是因为股东优先购买权制度的立法宗旨,在于维护公司股东的人合性利益,而非保障其他股东取得转让股权。该条不仅解决了司法实践中对于拟转让股东反悔情况是否应当被支持的争议,也有利于人们理解和厘清拟转让股东、拟受让的其他股东、拟受让的外部第三人这三方主体之间的利益配比。

3.《公司法司法解释（四）》对有限责任公司股权转让在程序上的细化

同时，为了防止转让股东恶意利用该规则，损害股东优先购买权，《公司法司法解释（四）》第 21 条明确规定，转让股东未就股权转让事项征求其他股东意见，或者以欺诈、恶意串通等手段，损害其他股东优先购买权的，其他股东有权要求以实际转让的同等条件优先购买该股权。但为了维护交易秩序和公司稳定经营，《公司法司法解释（四）》对股东优先购买权被侵害后，股东行使相关权利的期限做了适当限制（见表2-3）。

表 2-3 《公司法司法解释（四）》对有限责任公司股权转让在利益平衡上的细化

其他股东	拟转让的股东	
	放弃转让（"反悔"）	损害优先购买权
强行优先购买	No	Yes（期内）
请求损害赔偿	Yes	Yes（误期）
单独确认转让无效	—	No

但是，《公司法司法解释（四）》又带来了新的疑问。首先，《公司法司法解释（四）》在规则上确认了拟转让股东的"反悔权"，但并未平息法理上的争议；其次，关于损害股东优先购买权的股权转让合同效力的实践争议，《公司法司法解释（四）》认为，对此类合同的效力公司法并无特别规定，不应仅仅因为损害股东优先购买权认定合同无效、撤销合同，而应当严格依照合同法规定进行认定。正是基于此类合同原则上有效，法院支持其他股东行使优先购买权的，股东以外的受让人可以请求转让股东依法承担相应合同责任。因此，"股东以外的股权受让人，因股东行使优先购买权而不能实现合同目的的，可以依法请求转让股东承担相应民事责任"。但是从转让股东的角度看，转让股东真实意思表示系欲转让股权给外部第三人，无奈因内部股东主张优先购买权，导致股权无法对外转让，对此转让股东无法拒绝，却仍要承担责任，应如何解释？

此外，《公司法司法解释（四）》对于投票权能否买卖的争议、章程限制股权转让的正当性和边界争议并无回应，主要是因为这两类争议并非涉及简单的技术论证，更多是价值上的辨明，尚无法通过出台具体规范来进行一刀切式的明确。

（二）争议归纳与原因反思

经过对核心规范的分析可以发现，在原《公司法》及其司法解释的框架下，虽然已经确立了股权转让制度的基础规则，也在立法技术和制度体系上不断完善，但依然存在技术上的不足和价值上的矛盾之处，技术上的不足尚可伴随司法实践的累加不断更新完善，价值上的不足则更需要反思与辨析。笔者认为，关于投票权买卖的争诉、关于优先购买权中各方利益失衡的争诉、关于章程限制股权转让的争诉便是三类典型的内含价值冲突的问题，这些问题之所以在司法裁判中易陷入困境，原因主要有两点：

其一，从浅层看，源自规范层面"依据缺失"。无论是投票权买卖、出让股东的"反悔权"，还是章程对股份转让所作的限制，这些行为在现有成文法的规范层面都欠缺对应的具体规则。如上文所析，这些具体规则恐怕也无法被一一创制，因为这些问题涉及的不是技术难题，而是价值冲突，缺乏规范依据的背后更核心的问题，是股权转让涉及的私权自治与国家强制之间的边界如何厘定这一问题，在个案中如何逐一确认。法官对公司治理的有限介入原则已经成为公司案件审判实践中的共识。但问题在于，此等边界何在？要解决这一本质问题，既然无法仰赖确定的规范，裁判的方法论就成为关键。法官唯有在准确把握股权转让涉及的交易结构和经济功能的前提下，依据一定的价值指引和裁判方法，才能作出妥善的裁判方案，并在"找法"的过程中参照援引最为契合的原则或规范。

其二，从深层看，源自商事裁判的"系统性瑕疵"。当前我国商事裁判的基本方法论来自法教义学的规范分析范式。法教义学是对实体法秩序的研究与解读，它通过对现行法律规范的解释、补充、完善、弥补漏洞与冲突，力图构建一个逻辑自足的理论体系，为裁判提供依据，是典型的"规范"法学的理论范式。其最大的优点在于为裁判提供了确定的指引，节约了裁判的成本。易言之，其通过对以往相同情形处理的类型化总结，极大地节约了法官裁判的判断成本。但另一方面，将价值判断固定在概念与规范之中，虽然减轻了法官的思维负担，但同时也使价值判断形成的过程（方法论）模糊不清。法教义学以教义规范为裁判之指引，突出了形式逻辑推理的法律技术，而忽视了实质判断方法论的构建与运用，导致在面对新类型案件时，一旦教义缺失（规范依据缺乏，裁判规则缺失，主流理论缺位），法官缺乏独立有效的价值判断方法论来寻求处理方案，常常束手无策。即使是裁判中常常运用的法学方法论或民法解释学，也主要是形式逻辑的推演，依然缺乏实质（价值）判断的有效范式。上述三个股权转让纠纷案件处理中的疑问，其根源就在于教义缺失情形下的有效方法论的缺位。因此，对于当前商事司法裁判的这一困境，需从外部予以打破，以开放的态度从其他学科理论中引入可以弥合瑕疵的价值指引和方法论参照。

二、法经济学为司法裁判提供价值和方法补充的可能性

法经济学被引入司法裁判的正当性基础在于两方面。一是理论上的确认。根据科斯定理,"法院就可以被看作是市场机制的一种自然而然的延伸"。① 也就是说,法院在作出裁判时就应当考虑判决方案对当事人权利义务的安排,是否是最有效率的。自此,法律、司法裁判与经济运行的效率紧密地联系在一起,法经济学成了司法裁判的方法论来源。二是实践上的确认。事实上法经济学一经诞生,就迅速被公司法所吸纳,极大地改变了公司法的研究范式,为公司裁判提供了全新的方法论基础。在交易费用概念的指引下,公司合同理论、产权分析方法、合约经济理论、交易费用经济学等诸多新制度经济学的理论,都已然成为公司法研究的有力武器。

但问题在于,公司法的法经济学研究文献浩如烟海,法官在探求裁判方案时不可能一一研读。要使法经济学成为法官裁判的有效方法,第一步需要从公司法的法经济学研究的理论体系中寻找可资运用的理论工具,并提炼出可用于司法裁判实务的分析框架,这一框架必须与法律规范紧密联系,同时又能弥补规范释义的价值和方法论不足。

首先,从新古典经济学理论出发,法经济学的成本收益分析和价格机制的运用可以构成基本分析方法。成本收益分析的最终目标是实现最有效率的安排,以实现社会总收益的最大化。因此,公司裁判的法经济学分析进路所追求的净收益,并非某一个市场主体的个体收益,而是指社会总收益。这一要旨,对于公司裁判而言具有重要的指导意义。在传统法教义学的语境下,法官在作利益权衡时常常会纠结究竟应该保护哪一方的利益,或者说追求哪一种价值目标。典型的便是围绕原《公司法》第 71 条展开的有限公司股东向外部转让股权,案件通常横跨公司内外部关系,拟转让股权的股东、拟受让股权的内部股东以及拟受让股权的外部第三人之间的利益权衡更让法官感到困扰。如果依照成本收益分析的方法,引入效率目标,就要求法官不是单独考虑某一方主体的利益,而是要仔细斟酌其裁判方案是否在总体上给社会带来净收益,而不是带来更大的成本。②

其次,从有限理性的理论出发,法经济学的交易成本视角可以为上述基

---

① [美] 罗纳德·哈里·科斯:《企业、市场与法律》,盛洪、陈郁译校,格致出版社、上海三联书店、上海人民出版社 2009 年版,第 113 页。

② 参见 [美] 莱纳·克拉克曼、[美] 亨利·汉斯曼等:《公司法剖析:比较与功能的视角》,罗培新译,法律出版社 2012 年版,第 29 页。

本框架提供更深刻的补充。交易成本是公司裁判追求效率目标的重要"支点",它认为公司裁判的实质在于交易费用视角下的制度选择。从这一角度出发,可以对《公司法司法解释(四)》针对优先购买权的完善有更深入的理解。第一,从交易成本的视角看,优先购买权是一种附条件的形成权,一经行使,股东之间的股权转让交易即告成立。因此,在股权转让跨过了"同意权"这第一道门槛后,拟转让股权的股东可以与公司现有股东以外的第三人就股权转让价格进行磋商,但双方达成初步一致后,拟转让的股东必须将双方的交易条件告知公司股东,只要公司任一股东(无论是否同意转让)提出要求行使同等条件下的优先购买权,则意味着该股东和拟转让的股东已经就股权转让达成一致,这便是"优先购买权"这第二道门槛。但在这道门槛下,拟转让的股东与第三人之间的缔约过程所耗费的交易成本即付之东流。所以,《公司法司法解释(四)》要着重细化规定其他股东的优先购买权行使的程序和期间,其实就是尽量避免其他股东恶意拖延行使优先购买权,从而降低第三人的交易风险,减少双方交易关系的不稳定性。第二,现实中,第三人为了交易成功往往需要花费其他的成本以确定其他股东是否会行使优先购买权,否则第三人辛辛苦苦与拟转让股权的股东开展磋商,好不容易达成购买条件,却被内部股东以优先购买权"截胡",无疑是一种极大的交易成本的浪费,这会降低第三人与拟转让出资的股东之间进行谈判和达成合意的积极性,也正是现实股权交易中股权价格不断下抑的原因之一。所以,《公司法司法解释(四)》要明确股东优先购买权的行使边界和损害救济制度,并赋予股东"反悔权",其实是对第三人的交易成本损失予以弥补,但这一弥补对于拟转让股东来说亦是负担。因此,也有交易成本理论的支持者认为,应当取消股东优先购买权,因为这往往为其他股东不正当干涉对外转让出资提供口实,虚增了交易成本,从而为交易关系的稳定性埋下隐患。更何况即便股东没有优先购买权,也一样可以参与交易磋商,这样反而对拟转让股权的股东、其他股东以及第三人而言都更加公平。

最后,从经济效率的理论出发,法经济学的补偿原则及激励分析可以为新《公司法》的重大规则变化提供新的分析工具。补偿原则要求那些因法律规则变更而从资源重新配置过程中获得的利益增加部分足以补偿(并不要求实际实偿)在同一过程中受到损失的人的利益,以实现资源配置的效率。以补充原则为视角,2023年新修订的《公司法》将有限责任公司股权转让由受股东准许程序和优先购买权规制的双层架构简化为优先购买权的单层架构无疑更具有经济效率。对比原《公司法》第71条可知,2023年新《公司法》

第 84 条第 1 款和第 3 款无变化，第 2 款则做了较大修改，去除了"同意权"的门槛设定，同时吸纳了《公司法司法解释（四）》中关于优先购买权的核心内容。新旧《公司法》股权转让基础条款对比见表 2-4。

表 2-4　新旧《公司法》股权转让基础条款对比

原《公司法》		新《公司法》	
第三章　有限责任公司的股权转让		第四章　有限责任公司的股权转让	
第七十一条	有限责任公司的股东之间可以相互转让其全部或者部分股权。	第八十四条	有限责任公司的股东之间可以相互转让其全部或者部分股权。
	股东向股东以外的人转让股权，应当经其他股东过半数同意。股东应就其股权转让事项书面通知其他股东征求同意，其他股东自接到书面通知之日起满三十日未答复的，视为同意转让。其他股东半数以上不同意转让的，不同意的股东应当购买该转让的股权；不购买的，视为同意转让。		股东向股东以外的人转让股权的，应当将股权转让的数量、价格、支付方式和期限等事项书面通知其他股东，其他股东在同等条件下有优先购买权。股东自接到书面通知之日起三十日内未答复的，视为放弃优先购买权。两个以上股东行使优先购买权的，协商确定各自的购买比例；协商不成的，按照转让时各自的出资比例行使优先购买权。
	经股东同意转让的股权，在同等条件下，其他股东有优先购买权。两个以上股东主张行使优先购买权的，协商确定各自的购买比例；协商不成的，按照转让时各自的出资比例行使优先购买权。		
	公司章程对股权转让另有规定的，从其规定。		公司章程对股权转让另有规定的，从其规定。

上述整体性变更虽会在一定程度上削减对原股东意志的保护力度以及股东之间在此过程中的协商契机，但对于出让股东而言，因简化交易环节及降低各方互信成本所带来的增益，足以弥补原股东因该项制度变更可能承受的损失。不仅如此，2023 年新《公司法》还吸收了原《最高人民法院关于适用〈中华人民共和国公司法〉若干问题的规定（三）》中公司对于股权转让后的股东名册、登记信息等事项变更义务，并赋予转让人、受让人在公司拒绝或在合理期限内不予答复情形下的相应诉权，这也将有助于对目标公司形成

预期行为刺激，促进股权转让这一经济活动效率的改善。但是，新《公司法》对新规则项下是否仍赋予转让股东"反悔权"，以及投票权买卖、章程对股权转让的限制范围等问题并未作出明确规定，在审判实践中依然需要方法论指引。

三、以代理成本分析的方法处理股权转让纠纷的具体进路

当然，法经济学进入司法裁判也面临挑战，最普遍的质疑便是，任何情况下都以效率为唯一目标或是首要重要目标被认为并不妥当，为了纠正某种不公平的状态，法律也可能偏离效率的标准对某些权利义务的配置方式予以平衡。因此，如何在效率和公平之间找到平衡点，如何在具体裁判中适当引入代理成本分析方法来更妥帖地弥合股权转让纠纷中的价值冲突，是一个更需要深思的问题。

（一）逻辑起点：以遏制代理成本的法律对策为考量

公司是由一系列契约作为链接的机构，其中，股东享有的股权也是契约的一种。股东按照比例享有股权、行使股东权利，看似公平合理。但在股东行使股权时，常因为信息的不对称，导致一方股东被另一方压榨，最常见的就是控制性股东和非控制性股东的表决权差异。此时就产生了经济学上的代理问题，信息不对称的程度越大，代理成本就越高。从公司整体利益考虑，降低代理成本，才有利于公司利益的最大化。耶鲁大学汉斯曼教授等认为，控制代理成本的法律对策可以分为"监管策略"和"治理策略"。[①] 监管策略指根据实体法规范，直接约束控制性股东的行为，从而降低沟通成本；治理策略指通过公司章程等内部措施，提升非控制性股东对控制性股东的控制能力，如任免权、激励措施等。值得注意的是，就遏制代理成本的效果而言，监管策略和治理策略不存在简单的优劣之分，针对不同的问题，可能侧重的策略不同，或者综合运用。前文提出的实践中存在的三大有限责任公司股权转让问题，从代理成本角度来看，可以归纳成监管策略缺失、监管策略与治理策略冲突等问题。因此，可以尝试运用法经济学作为现有法律规定的理论补充，从降低代理成本的目标与对策出发，重新审视上文的三个疑问，并创制出相应的减少交易成本、鼓励交易效率的法律策略。

[①] ［美］莱纳·克拉克曼、［美］亨利·汉斯曼等：《公司法剖析：比较与功能的视角》，罗培新译，法律出版社2012年版，第39页。

(二) 创制禁止股权分离规范

股权所包含的某一项权利，比如投票权、股东大会召集权等是否可以单独进行转让，公司法并没有规定，在法教义学中也很难找到理论支撑。按照商事审判一贯尊重契约自由的原则，似乎法无禁止即可为。传统的法教义学方法论也认为，财产权利可以将其中的部分予以转让，除非该权利具有人身属性或者法律明确规定不得转让。按照这个理论，股权中的财产性权利自然可以转让，并且可以独立于整体股权单独转让。然而各国对于公司领域又有"一股一权"的共识，如允许公司股东单独将自己股权对应的投票权予以转让，似乎与"一股一权"的原则相矛盾。对此矛盾，我们可以尝试从股权的经济属性切入，从遏制代理成本角度出发，寻找法经济学依据。

首先，股东行使投票权本身就蕴含代理成本。"在经济学意义上，股权是一种成本极其高昂的'信任型'产品，其行使存在着相当大的代理成本。"[①] 股东（大）会作为公司的意志机构，一方股东在投票环节利用自己信息优势地位成为"代理人"，而能决定其他"委托人"股东的收益，就产生了第一重代理成本。股东行使股权，对应的不仅是其自身的利益，更会因为其对公司治理和管理的影响，对其他股东的利益产生影响，也就是经济学上的外部性。在这第一重代理成本下，"代理人"股东为了自己的利益，可能给其他股东造成损害，就构成了经济学意义上的负外部性。负外部性的产生对于公司而言，就是增加代理成本的迹象，应予以遏制。

其次，单独转让股权的某一部分权利（如投票权）则会产生双重的代理成本问题。"股东的投票权与股东在公司中的剩余索取权是密切联系的，剩余索取权的相等比例必须与同样权重的表决权相匹配。否则会给公司治理带来不必要的代理成本。"[②] 股东能正确行使投票权，取决于公司治理与其自身收益之间的关系，实质上股东是基于自身利益行使投票权。共益权溢出自益权，股东就并非完全基于自身利益进行表决，其作出的表决结果并非全部由其自身承担，可能导致股东表决行为对于公司整体的不负责任，对于承担外溢后果的股东而言，就产生了负外部性，并由此产生了不必要的第二重代理成本。

股东投票机制的设立，本身可以降低股东与管理层之间的代理成本，股东通过表决可以选举或者罢免管理层，迫使管理层为公司与股东尽到勤勉义

[①] 罗培新：《抑制股权转让代理成本的法律构造》，载《中国社会科学》2013年第7期。

[②] Easterbrook. FH and Fischel. DR, *Voting in Corperate Law*, Journal of Law and Economics, Vol. 1983 (26), pp. 395-427.

务。而投票权的单独转让，不仅不能减少代理成本，反而导致了双重代理成本。在处理单独转让投票权的案件中，出于遏制代理成本的考虑，应认定该单独就投票权进行买卖的合同无效。

（三）肯定出让股东的"反悔权"

《公司法司法解释（四）》的出台，从法律规定的层面对"反悔权"进行了肯定，使法官对"反悔权"案件的裁判有法可依。但这仅是从结果的层面进行肯定，且新《公司法》对此亦未明确，与此同时，业界对于"反悔权"的理论争议始终存在，依然需要对其正当性进行证成。

支持王泽鉴教授意见的学者，主张不应赋予股东"反悔权"，认为优先购买权为形成权，[①] 股东一旦作出优先购买的意思表示，其与出让股东之间股权转让的买卖合同关系即成立。合同成立后，出让股东自不可再无故撤销，故不应赋予"反悔权"。从这个角度来理解，似乎顺利否定了出让股东的"反悔权"。然而，深究形成权的相关规定后发现，形成权的行使均基于法律的明文规定，并非通过对法律的解读来确定，那么优先购买权属于形成权的说法又不足以支撑其观点。主张应赋予出让股东"反悔权"的，大多认为应形成价格拍卖机制，从而最大限度地保护出让股东的利益。[②] 另外，基于合同自由原则，股东有权决定是否转让股权，股东转让股权是其他股东行使优先购买预案的前提。若股东不转让股权，该前提消灭，优先购买权当然无法行使。[③] 可见，对于"反悔权"的理论支持，单纯从规范法学的角度来说理，未免说服力不够。笔者尝试结合新的范式——法经济学来进行解释。

首先，优先购买权旨在降低公司的代理成本。依照前文阐述，只要存在信息不对称，就存在代理问题，而公司的治理应遏制不必要的代理成本。外部人员进入公司成为股东，与原股东之间的存在较大的异质偏好，要将新股东的意志与原股东的意志协调统一，需要付出更多的协调成本，协调过程中的信息不对称加剧，产生了更多的代理成本。于是为了维护公司的效率，公司法赋予股东优先购买权，来减少这种代理成本。优先购买权行使过程中，出让方与买受方谈妥转让条件，股东在与这个转让条件同等的前提下，享有优先购买权。出让方与买受方的谈判中，产生了谈判成本，这是出让方与买

---

① 王泽鉴：《民法总则》，中国政法大学出版社2001年版，第97页。
② 参见蒋大兴：《被忽略的价格形成机制——论股东优先购买权行使中转让人的反悔权》，载《第二届公司法司法适用高端论坛论文集》，最高人民法院民二庭、中国法学会商法研究会与中国政法大学民商经济法学院联合举办，2012年5月。
③ 参见施天涛：《商法学》（第5版），法律出版社2018年版，第163页。

受方为了达成合同目的付出的必要成本，为减少股权转让后公司内部的代理成本，法律规定了出让方需将转让条件告知公司其他股东。公司其他股东得以在不付出谈判成本的情况下，享有优先购买权。至此，制度的设置目的均系为了控制公司的代理成本。

其次，"反悔权"遏制了交易的整体代理成本。股东要求行使优先购买权后，如不存在出让方反悔的情形，公司依然保有原股东，股东与股东之间的异质偏好降到最低，协调成本、代理成本降到最低。现出让方在股东明确要求行使优先购买权的情形下，撤销了与外部人之间的转让协议。从表面看，公司同样不再需要接纳外部人员，不存在破坏人合的威胁，但不论是外部人还是内部股东，均已经付出了成本。第一，外部人牺牲的是为了达成转让协议而付出的协商成本，以及为了达到转让条件可能做的前期准备成本。一旦出让方行使"反悔权"，外部人的损失可依据合同法向出让方追讨，这部分成本转化为由出让方承担。第二，行使优先购买权的内部股东虽没有付出协商成本，但对其来说，内部股东需要在极短的时间内筹措到股权对价资金，这部分筹措的成本将因为出让股东的"反悔权"而付诸东流。对于该损失，《公司法司法解释（四）》已经规定了可以向出让股东进行追讨。由此可见，一旦出让股东行使"反悔权"，外部人和内部股东的损失都将由其承担，公司、外部人、内部受让股东，这三方均不承担代理成本，从法经济学的角度分析，既避免了外部人进入公司后产生的负外部性，又将整体代理成本降到了最低。从制度设计的角度出发，公司的人合性亦得以维持。

最后，针对《公司法司法解释（四）》规定由出让股东承担责任，亦有利于降低代理成本。出让股东在与外部人的磋商过程中付出了成本，又因行使"反悔权"可能要对外部人和内部股东均需承担赔偿责任，貌似其利益受损。但是从更高收益的角度考虑，出让方撤销出让股权的意思表示，必然是为了追求更高的转让收益，其行使"反悔权"也是基于代理成本考虑，这更是其作出"反悔"所需付出的代价。该部分成本，在制度设计的时候应放在末位予以考虑。

通过比较可以看出，允许转让股东行使"反悔权"的整体代理成本要低于不允许"反悔权"的成本。故，不论从规范法学的维护有限责任公司人合性角度考虑，还是从法经济学的"降低代理成本"角度考虑，"反悔权"均应予以支持。

（四）区分限制股权转让条款的效力认定

无论是原《公司法》还是2023年新《公司法》股权转让条款的最后一

款,通常都被理解为公司章程可以任意限制股权的转让,在实践中也存在不少有限责任公司章程就对单个股东的持股比例进行了规定。但其中蕴含了一个价值判断的矛盾之处:对待章程的基本原则是尊重契约自由,股东的基本权利之一是可以依法转让股权,当这两个基本原则相互冲撞,即公司章程的限制条款与法律赋予的股权转让自由产生了冲突,何种价值更高?要解答这个问题,单从公司法该条规定出发很难找到答案。

从实践情况看,有限责任公司章程公司股权转让的情况可谓五花八门,但大致而言可分为"禁止股权转让""强制股权转让""其他限制"三类。其中,第一类禁止股权转让在实践中表现为章程直接禁止和间接禁止,前者如章程直接规定在任何情况下均不得转让股权,后者虽不直接表述,但设置了重重障碍,实质上也导致股东无法转让股权。第二类强制转让股权则相反,即在章程中规定某些情况下,股权强制转让而不论股东是否同意。触发强制转让的具体事由各不相同,典型的如股东离开公司、股东违法、女性持股者怀孕等等。第三类其他限制则是除了上述两种极端情况下的其他情形。多样的限制条款在实践中要如何处理?在美国公司法上,"判断限制股份转让是否有效的普通法标准是,它必须'没有不合理地限制或者禁止流通性'"。[①] 但是何为合理?需要一套更有实践价值的判断标准,才能在司法中厘定股权转让的"合理"边界。

第一,禁止转让类条款是否侵害少数股东的退出权。公司章程若完全禁止股东自由转让股权,相当于"封闭"了公司,加剧大股东与小股东之间的代理问题。大股东通过自己的优势地位压榨小股东,导致小股东的表决权实质上起不到作用,无法体现其意志。如小股东的股权转让权被限制,直接导致的后果是大股东有恃无恐继续压榨,无疑增加了大股东与小股东之间的代理成本。为了避免大股东滥用权利,小股东的退出权是极为重要的救济机制。"在封闭式公司中,对于少数股东而言,退出权相当重要,因为如果没有退出权,他们的利益就处于由居于控制地位的股东的行为带来的极大风险之中。"[②] 因此,禁止转让类条款是否有效,应取决于转让限制是否配置了必要的退出机制。

第二,强制转让类条款是否违反法律政策精神。以类似"职工若生育二孩,则要强制收回职工股"这样的强制性转让条款为例,有观点认为,约定

---

① [美]罗伯特·W.汉密尔顿:《美国公司法》,齐东祥等译,法律出版社2008年版,第218页。
② [美]罗伯特·W.汉密尔顿:《美国公司法》,齐东祥等译,法律出版社2008年版,第128页。

时双方对于条件及后果都有充分预见,并不违背合同各方的意愿,而且不会产生负的外部性等代理成本。但该条款明显与国家政策精神相背驰,不宜认定该强制转让类条款有效。

第三,其他限制类条款应满足合理与善意原则。有限责任公司因其人合性特质,通过章程约定限制股权转让,也是遏制股东异质化转换中的代理成本的合理手段。但正如在美国 Tu-Vu Drive 公司诉 Ashkins 一案中,大法官布林纳提出,公司章程不得不合理地限制股权转让。① 在考虑其他限制股权转让类条款是否有效时,在尊重公司自治的基础上,综合考虑是否出于治理公司的必要、是否保证相应的信息披露等因素。

值得注意的是,对于第二类在一定条件下强制转让股权,以及第三类对股权转让设置其他限制性条件的情形,在司法实践中还应区分是章程的初始条款还是后续修订条款。因为在公司成立之初,公司参与方为了吸引出资人,需要通过谨慎权衡和博弈,自主议定章程条款,这种情况下市场机制的作用发挥得比较充分,可以将章程内容视为各方达成最优选择。然而,在经营过程中修改章程,公司参与方的合意却远不够充分,加上我国公司法没有关于允许股东对公司章程有保留条款的规定,所以更容易产生股东被盘剥的可能。新《公司法》第 89 条第 3 款规定的股权压制情形下受害股东要求公司回购其股权的权利,对于上述问题有多大适用余地还有待观察。或许未来,可借鉴《德国有限责任公司法》第 53 条第 3 款的规定,在章程所规定的股东义务之外再行设定股东义务时,必须经全体股东的一致同意,从而降低其中可能产生的风险。通过上述分析,也可以对我国新《公司法》修改未改变最后一款有更深刻的理解。最后一款实质上是对股东行使优先购买权的补充性规定,即允许通过公司章程来排除或者限制股东的优先购买权。

---

① See Tu-Vu Drive-In Corp. v. Ashkins,61 Cal. 2d283, 391 P. 2d 828 (1964).

案例1

发挥特别代表人诉讼程序优势，维护中小投资者利益

——中国证券集体诉讼和解首案[①]

基本案情

原告：投资者

被告：A公司及其实际控制人、高管，相关中介机构等

2023年4月，A公司因在公告的证券发行文件中隐瞒重要事实、编造重大虚假内容，在披露的年度报告中存在虚假记载、重大遗漏，被中国证监会作出行政处罚决定。4月28日，12名投资者将A公司及其实际控制人、高管，相关中介机构等起诉至上海金融法院，请求判令A公司赔偿投资者差额损失、佣金及印花税损失，其他被告承担连带赔偿责任。7月21日，中证中小投资者服务中心受部分证券投资者特别授权，向上海金融法院申请作为代表人参加诉讼。上海金融法院决定适用特别代表人诉讼程序对案件进行审理。根据特别代表人诉讼"默示加入、明示退出"的规则，最终本案适格投资者为7196名（以下简称全体原告投资者）。

2023年12月5日，经上海金融法院主持调解，中证中小投资者服务中心代表全体原告投资者与12名被告共同签署调解协议草案，并向上海金融法院提交制作民事调解书的申请。

最终参与调解的投资者为7195名。根据调解协议，各责任主体将按照第三方损失核定的赔偿金额2.8亿余元进行全额赔付。其中，A公司、实际控制人、直接负责的主管人员应某承担主要赔偿责任。在本案中，相关中介机构因涉嫌在相关执业过程中未勤勉尽责，监管部门也依法依规予以严处。

案例评析

在世界银行《2020年营商环境报告》提到的主要指标中，保护少数投资者作为一级指标的重要性不言而喻。本案作为证券集体诉讼和解的首次尝试，是涉科创板上市公司特别代表人诉讼第一案，在证券民事诉讼历史上具有里程碑意义。本案涉及逾7000名投资者，涉案人数众多、涉案金额较高、涉案范围广泛，若采用传统的民商事诉讼救济渠道，将面临诉讼周期长、执行力

[①] 参见上海市高级人民法院：《中国证券集体诉讼和解第一案今生效》，载微信公众号"上海高院"，2023年12月26日。

度不一、救济方式单一等问题，法院以便利市场主体为导向，运用和解方式高效、终局性地化解了纠纷，在保护中小投资者权益与调控证券市场风险之间达成了有效平衡，提高了民商事纠纷解决的质效。

此外，本案中，中证中小投资者服务中心充分发挥其公益性质，一次性化解纠纷，安全高效地保障投资者合法权益的同时降低了投资者维权成本，从而降低市场交易成本，也为市场内其他投资者和观望者注入信心，为持续优化资本市场群体性纠纷解决机制作出了良好示范，为我国营商环境的优化保驾护航。

案例2

在线异步审理，实现跨境争议解决成本最小化
——陈女士与某平台买卖合同纠纷案①

基本案情

原告：陈女士

被告：某平台

原告陈女士前往巴拿马定居前，在国内某平台购买翻译与认证服务用于签证办理，经约定某平台在20个工作日内发货。约定期届满后，某平台始终未发货。经陈女士多次询问与催促，某平台才告知由于工作疏忽导致翻译出错，需要重新翻译与认证。直至下单两个多月后，已到达国外的陈女士才收到翻译与认证材料。但由于某平台的延误，文件已失效无法用于办理相应手续。陈女士无奈之下付费委托他人另行加急处理。事后，陈女士通过网上立案将某平台诉至上海市金山区人民法院，要求退还服务费用并赔偿相应损失。巴拿马和中国存在13个小时的时差，如果选择同步的开庭方式，陈女士只能在晚上或者凌晨参加庭审。

法院审理

基于本案特殊情况，承办法官在征询双方当事人意见后，决定采取"异步审理"模式开展审理活动。经主审法官主持调解，双方很快达成一致，并先后上线确认了调解方案。调解成功后，承办法官在客户端点击"结束审

---

① 参见《上海&巴拿马，金山法院首次采用在线异步方式审理案件，全流程无纸化》，载微信公众号"上海金山法院"，2021年8月13日。

理"，系统自动在电子卷宗中生成调解笔录。调解书制作完毕，通过电子送达方式完成文书送达，有效提高了审判效率。

案例评析

该案从立案到调解结案，仅用了十余天，若按照传统审理模式，境外送达这一环节就可能耗费数月，而通过电子送达仅需要 10 分钟。尤其是异步审理的引入，不仅有效解决了跨国当事人存在的"时差"等问题，也实现了案件电子卷宗"一键生成"。

本案依托上海移动微法庭平台，打破时空限制，在保障当事人诉讼权利前提下，以在线异步调解形式，充分利用碎片化时间，有效减少诉累，高效促进一次跨国、跨时空握手言和，是交易成本理论在司法领域的重要成果。对案件当事人而言，也能平衡诉讼能力，保障诉讼权利，灵活设置的回复时间让当事人在各诉讼环节有更充足的时间忖度，为维护合法利益争取更多空间。并在办案过程中随案生成电子卷宗，结案后一键归档，实现全流程无纸化办案，在大幅提高争议解决效率的同时，也进一步提升了法院司法透明度及公平性指标。

案例 3

尊重市场主体意思自治，增强法律规则的可预期性

——包某某与某教育科技公司教育培训合同纠纷案①

基本案情

原告：包某某

被告：某教育科技公司

原告与被告签订"保过协议"，约定被告根据相关考试公告和原告的个人实际情况制定相应的辅导方案，统一安排教学计划提供教育培训服务，并承诺若其未能通过考试，则退还相关培训费用。事后原告以未能通过考试为由要求培训机构退款，培训机构以已经为原告提供服务为由拒绝退款，原告将被告诉至法院。另查明，与原告类似的学员数量众多，也已陆续起诉至法院。

---

① 《从个案定分到类案止争——贵州高院发布示范调判典型案例》，载微信公众号"贵州高院"，2022 年 11 月 28 日。

法院裁判

人民法院经审理认为，双方合同中关于"保过，不过退费"的约定不违反法律和行政法规的强制性规定，应属合法有效，双方均应当按照合同约定履行义务。原告按约参加培训未通过考试主张退款具有合同依据，判决被告退还培训费及支付逾期违约金。

判决生效后，法院将其作为示范性判决，积极引导其他学员参考示范性判决及时开展调解，并对调解成功的案件第一时间进行司法确认。

案例评析

以社会总收益视角审视民商事裁判，要求相关裁判在消耗社会成本的同时追求最大化潜在的总收益。尤其是对于与本案案情相似、数量众多的群体性案件，如按照传统的个案逐一审理、逐个裁判的操作，则显然将耗费大量司法资源，与增加社会总收益的要求相悖，且不利于 BR 指标中"诉讼时间"方面的表现。本案通过"示范判决+调解机制+司法确认"，以点带面，在审理涉群体性案件的过程中能够大大缩短诉讼周期、节约诉讼成本，让纠纷更高效、便捷地得到解决，对社会总体收益的增益效果不言而喻。同时，也为类案审判机制提供新的思路，对 BR 指标中诉讼时间方面的提升有所帮助。

近年来，因为政策及疫情、市场等众多因素影响，很多教育培训、健身、美容服务机构营业收入减少，甚至出现资不抵债关门跑路的现象，导致服务机构"退费难"的问题亟待解决，大量纠纷因此产生。类似案件涉及人员多、金额大，事关众多消费者的切身利益，具有广泛性的特点。在此类案件中充分发挥示范判决的作用，有助于实现"公平"概念在众多案件中以量化形式存在，并助力于良好交易环境的构建。

第三章　优化民商事审判机制：
以优化诉讼程序为经济目标

从经济学视角看，诉讼制度的目的就是使两类成本之和最小化。第一类成本是错误的司法判决的成本（cost of erroneous judicial decision）；第二类是诉讼制度的运行成本，包括时间成本、人力资源成本等。如上所述，世行报告中的"纠纷解决"指标，是衡量各经济体司法制度与诉讼程序的重要指标。[①]"纠纷解决"指标从三个不同支柱衡量商事争议（公司之间在商业背景下产生的争议）的解决效率和质量。第一个支柱评估与诉讼程序和替代性纠纷解决机制方式有关的立法是否充分，涵盖高效处理案件、便利解决跨境索赔、创建纠纷解决的替代方法，以及确保相关机构可信度所需的法律特征。第二个支柱衡量制度框架的稳健性、数字化程度、透明度，以及替代纠纷解决相关服务的发展情况，从而评估公共服务的实际提供情况。第三个支柱衡量纠纷解决的可信度、纠纷解决所需的时间和费用，以及与裁决的承认和执行相关的时间和费用。因此，降低司法投入成本、提高民商事纠纷解决的质效，不仅有利于纠纷解决指标的提升，亦满足了当前优化民商事审判机制中的法经济学要求。

然而，当前在深入推进司法责任制改革的背景下，我国民商事审判中"案多人少"的矛盾仍然突出；加之在国家制度型开放的要求下，推动建立我国涉外民商事纠纷解决机制的需求愈发迫切。纠纷解决指标主要衡量司法程序解决民商事纠纷的时间消耗、经济成本以及司法程序纠纷解决制度框架的质量水平，涵盖了有关法院结构、诉讼程序、案件管理、法院自动化建设、多元化纠纷解决等多方面的内容。因此，从法经济学角度出发，探讨如何利用有限的司法资源，降低民商事诉讼制度的运行成本及错误判决的成本，不仅可以切实提高民商事审判效率与质量，实现帕累托最优，而且赋予优化法

[①] 潘云波、彭浩：《关于"执行合同"的问卷评析》，载《上海法学研究》2018年第6期。

治营商环境以理论基础。

第一节　民商事审判机制的法经济学分析

实证研究中，不同国家的法院在民商事纠纷的处理速度和质量上存在巨大差异，这些差异在客观上主要归因于法律程序以及民商事诉讼机制的特点，包括解决民商事纠纷的效率和司法程序质量，具体包括民商事主体进行诉讼所需的时间和经济成本以及诉讼程序、法院自动化、多元化纠纷解决等。

一、影响纠纷解决指标的主要问题：司法资源配置

如前所述，BR 的纠纷解决指标是由 DB 的"执行合同"指标演变而来。近年来，我国执行合同指标一直稳居全球经济体前列。在 2014 年报告中，民事诉讼法的修订简化和加快诉讼程序，直接推动了我国执行合同指标分数的上升。2016 年度中国执行合同指标全球排名第七位，2017 和 2018 年度全球排名均为第五位。在 2018 年度的执行合同司法程序质量指数中，上海在满分 18 分中得 15.5 分，与澳大利亚并列全球第一。2019 年度，中国执行合同指标全球排名第六位，继续保持全球领先水平。2019 年报告中，中国执行合同营商便利度分数（0—100）得分 78.97，较 2018 年度增加了 0.74 分。其中，北京的执行合同分数从 2018 年的 76.34 分上升至 2019 年的 79.12 分，增加了 2.78 分。2019 年根据世界银行《2020 年营商环境报告》，我国"执行合同"指标排名再度提升，位居全球第五名，反映了我国民商事案件司法质效的高速提升。

纠纷解决指标是针对各经济体司法解决商业纠纷的便利度及质效的衡量标准，包括解决商业纠纷的监管框架（监管框架维度）、解决商业纠纷的公共服务（公共服务维度）、在实践中解决商业纠纷的便利度（办事便利度维度）等三个维度。与原 DB 的"执行合同"指标相比，新评估体系将评估商业纠纷解决的整体效率和质量，而不再侧重个别中小企业或具体的案例研究。就民商事审判而言，在人案矛盾仍旧突出的现实背景下，在司法制度改革的深入推进过程中，目前影响"执行合同"指标评价的最主要的因素仍是司法资源配置问题。对此，2016 年最高人民法院发布了《最高人民法院关于进一步推进案件繁简分流优化司法资源配置的若干意见》，2019 年中共中央政法委员会、最高人民法院、最高人民检察院联合发布《关于进一步优化司法资源配

置全面提升司法效能的意见》，多次提出优化司法资源配置的重要意义，并通过持续推动司法改革、繁简分流制度、法院信息化建设、智慧法院构建、商事一体化纠纷解决等措施，深入优化司法资源配置，减少当事人诉讼成本，提升民商事司法审判制度效能。就数字化而言，最高人民法院也大力加强规则创新，将实践探索经验上升为程序规范，2021年以来，先后制定印发《人民法院在线诉讼规则》《人民法院在线调解规则》和《人民法院在线运行规则》，实现了互联网司法模式从实践探索向制度构建的历史性跨越，发布全球首个区块链司法应用意见、人工智能司法应用意见，覆盖司法活动全领域，贯穿审判执行全过程，使各类在线司法活动有规可依、合法规范，互联网司法从技术领先迈向规则引领。[1]

二、交易成本视角下司法资源配置问题的法经济学分析

"案多人少"是对司法资源现状的一个直观描述，实际上其也体现了资源配置上的不合理问题，如法院内部职责分工不当，司法外纠纷解决方式匮乏等。想要有效解决该现实问题，不能忽视司法资源配置过程中的法经济学因素，一方面要采取加大司法要素投入的方法，另一方面还要通过法院内部组织结构的重构，提高司法效率，以司法裁判的规则引导实现大部分社会纠纷的自我治理。

在经济分析法学研究领域，对法律市场进行经济分析主要通过两种方式进行，即对法律领域各要素进行成本和收益分析以及对法律市场的总体效率进行分析。著名经济分析法学家科斯的零交易成本理论中表明，法律市场存在和经济市场相类似的特征，即市场交易的正常高效进行，必须实现交易环境的公平和自由。这一要求表现在资源配置领域中，就是从侧面强调法律市场的主体相互间的权利必须平等且自由，而法律上权利的初始分配却没有很大的影响。他含蓄地表明各种法律对行为产生影响的主要因素是交易成本，而法律的目的正是促进市场交换，促成交易成本最低化。[2] 因此，国家通过制定法律规范及制度，通过将交易规则公示化，尽可能降低交易协商成本及权利保障成本，最终实现司法效率的最大化目标。从法经济学的角度来看，作为"经济人"或"理性人"，理性地追求自身利益最大化的"帕累托最优效

---

[1] 丁珈：《司法体制改革：加快推进审判体系和审判能力现代化》，载《人民法院报》2023年3月5日，第5版。

[2] ［美］理查德·A·波斯纳：《法律的经济分析（上）》，蒋兆康译，中国大百科全书出版社2003年版，第5~6页。

益"。理性的概念在于理性的行为人能够根据某种标准对自己所希望获得的东西进行排序。① 然而，社会个体都具有追逐个人利益最大化的本性，通过个人途径获取资源最大化既非明智也无法达到，只有在整体利益最大化基础上才能真正满足个体利益最大化。交易成本理论其实是在实行某项活动的过程中，通过使用尽可能小的成本消耗获得最大的收益。按照利润最大化的原则，利润=收益-成本，由此公式可以看出，只有实现成本最小化和收益最大化，才能达到利润最大化的目标。人们经过前期一系列系统的分析和理性的决策，能够从众多不同的预选方案中对比找出那些成本较低而收益较高的方案作为最佳选择，最终从这些最佳选择中挑出利润最大化的方案。

除了市场行为外，交易成本理论同样适用于司法活动。为了实现司法效能的最大化，所谓的收益就是审理的案件数量保持不变时，就需要降低司法成本。在司法成本维持不变的情况下，只有加大司法收益（即增加案件审理数量），才能提高司法收益。交易成本理论要求在完美的司法活动场景中，以最少的司法资源实现最大的收益，即尽可能地降低个案司法成本，包括人力资源成本、时间成本、费用成本最小化，实现有限的司法资源的最大化利用，并保证案件公平公正审理。从个案角度看，影响司法成本的主要因素包括时间成本、人力成本和费用成本。要想实现司法成本最小化，对司法机关而言，就是科学地设置最短的审判时间，以最少的人力资源投入审结案件。比如，为了减少国家和当事人双方的负担而设置的小额诉讼程序、速裁制度以及其他解决纠纷替代机制。从时间成本看，虽然旨在确保案件能够最快速地被受理并审结，但并非要求对所有案件都适用相同的司法程序。依据案情繁简不同，对不同案件进行科学分类，再适用繁简不一的司法程序，对于简单的案件适用简易程序，但对于复杂的案件，也必须保证能够投入足够的司法资源。这种程序的设计方案，归根结底是在个案之间实现司法资源的重新配置，而不是将有限的司法资源浪费在无谓的"形式主义"上。对人力成本和财产成本，也要相应地进行重新配置，实现司法收益最大化。因此，司法成本的最小化并不是在总体上对司法活动的投入进行减少，而是对现有的司法资源进行合理的再分配。司法收益的最大化，宏观上主要表现在司法成本保持定量的情况下，提高案件的审结数量。在经济活动领域，在资源投入既定、产品质量不变时，产品数量越多，则收益就越大；在司法活动中，审结的案件不

---

① ［美］罗伯特·考特、托马斯·尤伦：《法和经济学》，史晋川、董雪兵等译，格致出版社、上海三联书店、上海人民出版社2012年版，第13页。

仅数量多，而且结果公平公正，则司法收益越高。

三、民商事审判中交易成本的衡量标准

民商事审判过程中主要耗费成本包括以下三个方面：（1）诉讼时间成本。诉讼时间是指解决一件标准案件所需要的总体时间，从原告方决定向法院提起诉讼之时起计算，到货款支付时止，其中包括三个阶段，即立案申请和送达、审理和判决，以及执行判决。民商事纠纷解决的时间即为以上三个阶段各自平均时间之和。（2）诉讼费用成本。诉讼费用成本是指原告方为维护和实现权利必须预先支付的所有费用，包括律师费、法庭费用、执行费用，法庭费用又包括诉讼费、保全费、鉴定费等。诉讼费用成本按照原告支出费用占诉讼标的额的百分比计算。（3）司法程序组织与协调成本。案件的调、立、审、执环节涉及案件的内部分工与配合衔接，由此带来法院内部各庭室之间、上下级法院相关庭室之间额外增加的组织与协调成本。

这其中，诉讼时间成本产生的"法律延迟"（law's delay）问题则一直是诉讼主体（尤其在民商事诉讼活动中）在意的问题。成本和时间之间的反关系表明，消除一件诉讼开始和判决间的全部时间间隙会是无效率的。且法院延迟是一种有别于"实际性"排队的"象征性"排队。法院延迟不承担实际排队中的等待时间的机会成本，因为诉讼人在等待法院审判时可以进行自己的其他事情。但是，不正当的法院延迟会产生一些其他成本。过度的法院延迟是"案多人少"问题的必然结果，即诉讼的需求是大量的而法官的时间是有限的。例如，人们对苹果的需求大于其供应，那么苹果价格就会上扬，直到供求相称为止。对希望减少案件审理时间的人使用附加费适当累进制度就对诉讼具有以上相应的作用。事实上，我国民商事审判的费用成本、时间成本远低于民商事仲裁及民商事调解，而判决的高水平专业质量与执行效力更加促使民商事主体更倾向于选择诉讼进行纠纷解决。

但是，出于种种原因，尽管人们对法院服务的需求日益增加，各国几乎不会单纯用价格制度来缓和需求和引导供给反应。对需求增长的反应主要包括两种：一是增加法官和司法辅助人员，加强民商事审判专业化建设；二是提升司法程序质量，即建立有利于公正高效解决商事纠纷的良好制度框架，并得到实际落实，涵盖案件审判方式改革、多元化纠纷解决机制建设、审判工作信息化等多方面内容。

第二节　我国民商事诉讼制度的实践现状

一、开展信息化数字化民商事办案

2013年9月,最高人民法院为加强司法公正、提升司法公信力,提出"根据人民群众的需求和审判工作的实际需要,因地制宜地开展好节假日预约办案、巡回办案、网上立案、网上办案等便民利民举措"。[①]并逐步开展司法三大平台的建设,强调"依托现代信息技术,不断创新公开方式,拓宽公开渠道,通过建立网上办案系统与司法公开平台的安全输送、有效对接机制,实现各类信息一次录入、多种用途、资源共享,既方便公众和当事人查询,又避免重复劳动,最大限度地减少审判人员的工作负担"。[②]在人民法院信息化建设五年规划中,"制定网上办案、电子卷宗、网上诉讼、电子签章等方面的规章制度或司法解释"成为完善业务技术标准规范建设的关键举措。[③]

在数字化民商事办案方面,上海法院坚持系统思维,建章立制,全面规范了全流程网上办案体系建设制度,先后制定了《关于完善全流程网上办案体系促进审判高质量发展的指导意见》,并发布了十余项相关管理规定、技术标准等配套规则,细化落实制度规范。在全过程电子办案过程中(见图3-1),上海法院在立案与随机分案、在线庭审、庭审记录改革、智慧执行、诉讼文书网上生成、电子卷宗单套制改革与网上阅卷等方面做到全程留痕,具体的操作人及操作时间被系统全程记录,便于案后审查。同时,这种线上办案模式具有人文关怀,对于因年龄、设备等原因不能或不便参与网上案件办理程序的当事人,依旧采取线下办案模式。

[①]《最高人民法院关于切实践行司法为民大力加强公正司法不断提高司法公信力的若干意见》(法发〔2013〕9号),2013年9月6日发布。

[②]《最高人民法院印发〈关于推进司法公开三大平台建设的若干意见〉的通知》(法发〔2013〕13号),2013年11月21日发布。

[③]《人民法院信息化建设五年发展规划(2013—2017)》,2013年12月发布。

第三章 优化民商事审判机制：以优化诉讼程序为经济目标

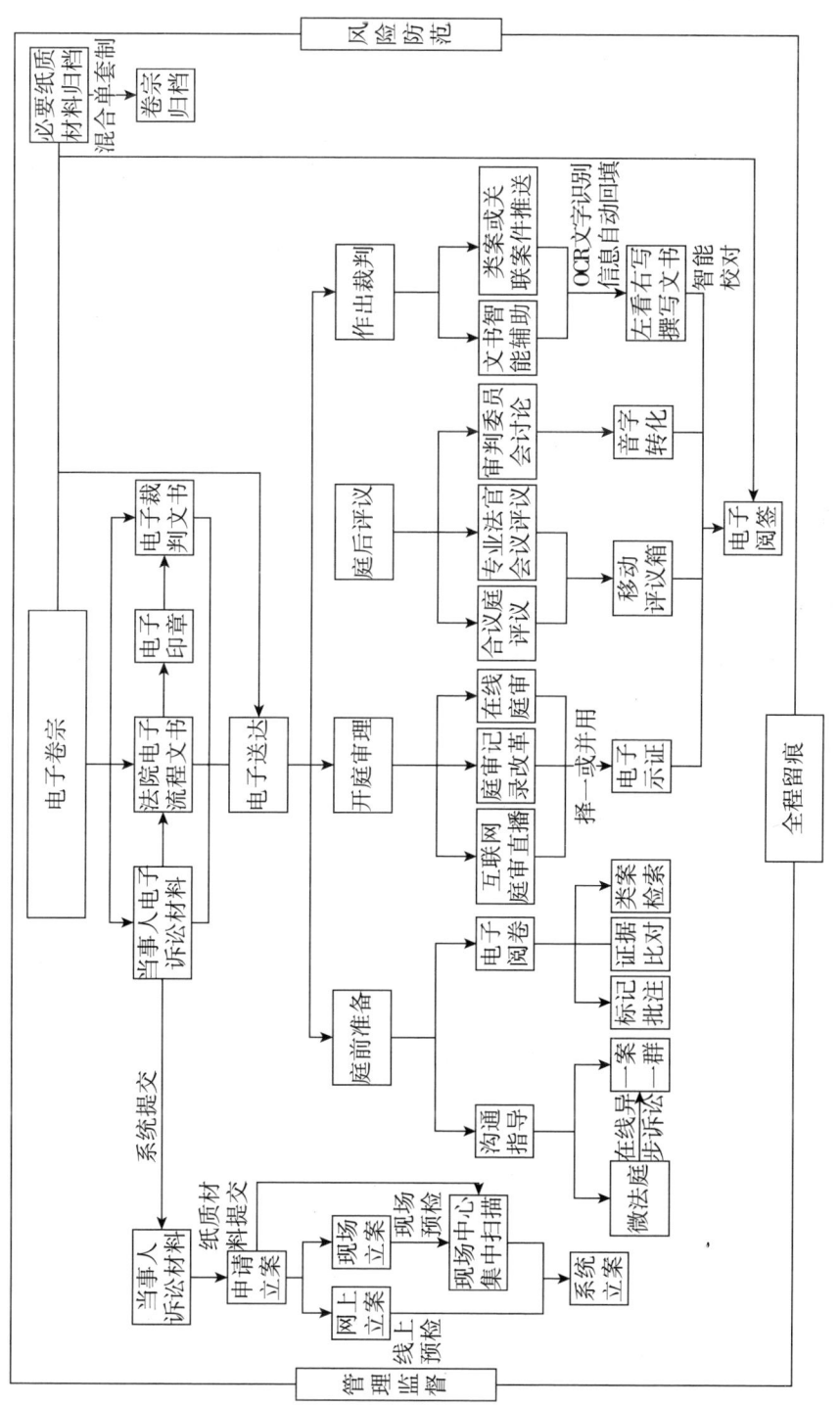

图3-1 上海市法院网上办案探索流程图

二、创新民商事诉讼服务模式

党的十八大以来，习近平总书记就加强和创新诉讼制度改革提出一系列新观点、新论述与新要求，为人民法院做好新时代诉讼服务工作提供了科学的行动指南，最高人民法院创造性提出一站式多元解纷和诉讼服务体系建设。到2021年初，各级人民法院已经如期实现"基本建成一站式"目标，到2022年，以《最高人民法院关于建设一站式多元解纷机制、一站式诉讼服务中心的意见》为框架、相关配套文件为基础的科学规范、有机衔接、务实管用的制度体系更加完善；以人民法院在线服务平台为总入口、十大诉讼服务平台为支撑的互联互通、融合共享、业务协同的平台体系全部建成。[①] 目前，上海市高级人民法院与市司法局、市律协联合发布《关于进一步推广网上诉讼服务的通知》，围绕推广网上诉讼服务、畅通诉讼服务热线、广泛开展网上调解、积极推进网上立案、开展网上庭审、推进网上保全、应用电子送达、开展网上阅卷、大力推行网上交费、加强沟通加大宣传这十项重点诉讼服务工程进行规范（见表3-1）。通过融入电子技术的方式，诉讼服务功能便利当事人、律师、基层法律服务者与法院诉讼活动的开展，并增加了社会层面对于诉讼服务创新模式的宣传与沟通，注重主体的体验感与获得感。

表3-1　上海市法院诉讼服务举措

诉讼服务举措	具体内容
网上诉讼服务	上海市高级人民法院网站（www.hshfy.sh.cn） 上海市"一网通办" 随申办市民云 App "上海法院 12368"微信公众号 "上海移动微法院"微信小程序 上海法院一站式多元解纷平台等
诉讼服务热线	12368 诉讼服务热线
网上调解服务	上海法院一站式多元解纷平台 上海司法行政智慧调解平台
网上立案服务	对一审民事案件（含商事、海事海商、金融案件等）、刑事自诉案件、初次申请强制执行案件开展网上立案

[①] 最高人民法院《人民法院一站式多元纠纷解决和诉讼服务体系建设（2019—2021）》，2022年2月24日发布。

续表

诉讼服务举措	具体内容
开展网上庭审	上海法院在线庭审系统
推进网上保全	上海法院网上诉讼服务平台上提出诉讼保全申请
应用电子送达	短信、网上诉讼服务平台下载等方式或电子送达
开展网上阅卷	律师、基层法律服务者可通过上海法院网上诉讼服务平台提出申请
推行网上交费	以短信发送线上缴费链接方式，缴费后当事人可直接下载交费财政电子票据
加强沟通宣传	市高级法院、市司法行政机关、市律师协会建立沟通会商机制，提升网上诉讼知晓率、接受度和首选

三、提升民商事类案审理效率

人民法院民商事审判通过推行类案同判、对市场主体进行平等司法保护、推动基层社会力量参与矛盾纠纷多元化解等途径来维护健康的市场经济秩序，从而有效提升司法公信力。[1] 在最高人民法院的指导下，各地各级人民法院也不断开展民商事类案审判工作（见表3-2）。其中广东省深圳市福田区人民法院审判团队办案模式实现类案审理专业化、工作统筹集约化、繁简分流标准化、类案审理专业化，每个团队审理案件类型相对固定，集中审理1至2类案件。[2] 四川省成都市中级人民法院关注类案审理的事后评价，坚持裁判后进行案件质量评查，结合专业化审判改革和三大庭审改革，将类案审理指南等要求适用于各类案件评查。[3] 上海市长宁区人民法院开发了统一类案审理的思路，利用"C2J法官办案智能辅助系统"等大数据手段服务法官办案，完善法律统一适用机制加强审判执行监督。[4]

---

[1] 况继明、张霞：《公序良俗视角下司法公信力提升路径研究》，载《学术探索》2021年第4期。

[2] 《最高人民法院司法改革领导小组印发〈人民法院司法改革案例选编（一）〉的通知》（法改组发〔2017〕1号），2017年7月5日发布。

[3] 参见《最高人民法院司法改革领导小组印发〈人民法院司法改革案例选编（一）〉的通知》（法改组发〔2017〕1号），2017年7月5日发布。

[4] 《最高人民法院司法改革领导小组关于印发〈人民法院司法改革案例选编（六）〉的通知》（法改组发〔2019〕2号），2019年7月16日发布。

表 3-2　各省市人民法院提升类案审判的具体举措

法院名称	主题	具体内容
广东省深圳市福田区人民法院	要素重组与机制创新，推动审判团队新变革	类案审理专业化、工作统筹集约化、繁简分流标准化、类案审理专业化
四川省成都市中级人民法院	依托信息化平台，推进审判监督管理法治化转型	注重事后评价，将类案审理指南适用于各类案件评查
天津市红桥区人民法院	推进综合配套机制改革增强审判团队改革效能	类案审理加速，以要素式审判为探索，推进审判团队办案高效化
北京市丰台区人民法院	打造"孵化器"式团队，"以老带新"形成整体合力	类案审理"规范化"，类案的统一审理思路和要点
江苏省南京市鼓楼区人民法院	统筹共性事务，助推繁简分流	研发智能办案系统，实现裁判文书自动生成
青海省泽库县人民法院	统筹内设机构改革和审判团队建设，提升办案效能	类案审理加速，做到类案同审多案连审
上海市长宁区人民法院	坚持全员覆盖，全面监督全程管控，打造新型审判监督管理体系	制定《专业法官会议实施细则（试行）》，利用"C2J法官办案智能辅助系统"等大数据手段
江苏省昆山市人民法院	打造无纸化审判管理"千灯方案"，释放智慧审判新动能	根据类案审理规则和裁判尺度，自动生成参考裁判文书，文书撰写效率提高30%以上

第三节　现行民商事诉讼制度存在的问题

一、法院诉讼服务数字化建设亟待增强

（一）全流程网上办案机制有待完善

电子政务可有效提高行政效率、降低运行成本，而随着互联网技术的发展壮大，互联网成为运用电子政务的有效媒介，法院的全流程网上办案亦在此基础上应运而生。全流程网上办案符合 BR 评估体系的诉讼服务数字化理念，其力争将诉讼的各环节进行数字化、电子化，以实现无纸化办公。通过

第三章 优化民商事审判机制:以优化诉讼程序为经济目标

全面推行全流程网上办案,能更好辅助执法办案、提高审判质效、便利群众诉讼。

以上海法院为例,全流程网上办案始于线上或线下立案,当事人可以通过在线系统提交起诉材料,也可通过线下途径提交纸质材料,而当事人提交的这些材料都会直接或者通过扫描后进入电子卷宗。同时,法院制作相关文书,也通过电子的方式生成,采用电子印章的方式加盖院印,并使用电子送达的方式在线送达当事人。在随后的庭审环节,庭前准备以及开庭审理均可通过在线的方式进行,且可以全程录音录像方式取代传统的纸质笔录,举证质证环节亦可通过在线的方式进行。在合议庭的评议方面,一样可以采取在线的方式进行,包括裁判文书的制作、签发及印刷均以电子方式在线进行,对于同意电子送达方式的当事人,最终的裁判文书将通过电子送达的方式送达当事人。在上述整个过程中,每一项操作都会在系统中留下痕迹,操作人、操作时间将被系统全程记录。在最后归档环节,电子卷宗可以实现一键归档。但从实践运行状况看,目前全流程网上办案机制尚存在以下问题亟待解决:

一是全流程网上办案系统的统一性缺乏、兼容性不够。鉴于目前全流程网上办案机制仍在持续更新中,各地独立开发各自的全流程网上办案系统,缺少统一原则和标准,致使各地的系统设置和操作流程不尽相同,相互间也难以兼容。此外,不同地区的网上办案系统和操作标准的不同,也增加了诉讼参加人,特别是律师的学习、办案成本。上述问题可能影响我国在 BR 体系下允许以电子方式提交材料、法院及其用户之间交换文件和与案件有关通知等评测点的得分。

二是数据源头采集不够。前期的纸质件扫描多,而具体的数据填入少。后续运用也不充分,导致网上办理的效益未能充分体现。如申请保全,完全可以采取信息点填写并自动生成保全申请的方式,所有采集的信息均可运用于后续流程,非仅扫描纸质的申请书。又如在提交证据环节,举证的证据名称、证明内容等,均可运用于后续笔录、裁判文书。可见,目前扫描上传入卷的方式,费时费力且不利于后续数据应用。

三是相关配套规范缺乏针对性。全流程网上办案使得诉讼的多个环节可以在线进行,但相关的法律责任和后果尚未针对线上诉讼的特殊性作出针对性规定。如《人民法院在线诉讼规则》第 6 条规定了当事人同意在线诉讼后未参与诉讼的责任承担。该条虽然区分了无正当理由不参与、不作出相应诉讼行为及未在合理期限内申请转为线下进行的三种情形,但仍然是依照法律和司法解释规定承担法律后果。这表明,就是否出庭的问题,在线诉讼与线下诉讼最终适用同样的法律责任,并无特殊性。再如,《人民法院在线诉讼规则》也未针对在线举证质证的特殊性,提出有针对性的证据认定规则。这些问题都可能影响我国在 BEE 体系下是否举行虚拟听证会这一评测点的得分。

(二)"一网通办"的内容有待拓宽

"一网通办"的理念源于公共行政改革倡导的提供高效、便捷服务的理念。该理念在实践中长期受到离散的组织结构、行政效率、制度程序等因素的限制,公民到政府部门办事的时候,存在效率低下、一次无法办完等现象。但随着互联网技术的迅速发展,依托新技术促进政府行政改革成为关注的重点和热点,互联网技术在公共行政领域的引入被普遍认为能够大幅提高服务的便捷度和效率,可以给公民带来便利的服务体验。"一网通办"无论是在提升司法服务水平方面,还是在提升司法流程效率方面,均具有良好的促进作用。"一网通办"具有将多项诉讼服务整合,统一、便捷、快速地向当事人提供,且能跨服务联动,减少多项功能之间的摩擦项并增强互补性,大大提升司法公共服务的整体质效,这与 BR 的理念相一致。

以上海为例,2018 年 3 月上海进行了"一网通办"改革,建立起全流程一体化的在线服务平台,为公民提供一站式便捷服务。① 2019 年 3 月,上海法院 12368 诉讼服务平台也正式入驻"一网通办"平台,成为上海首家非政务服务的入驻单位。目前的 12368 平台包括热线电话诉讼服务、手机短信诉讼服务、微信诉讼服务、网络诉讼服务、微博诉讼服务和窗口诉讼服务,极大便利了当事人参与诉讼。但当前"一网通办"仍存在以下问题亟待解决:

一方面,接入的诉讼服务数量偏少。从诉讼服务的角度,"一网通办"平台建设的主要问题是目前接入的诉讼服务仍然较少。虽然法院已建立了全流程网上办案平台,但在线庭审、在线提交证据材料等功能仍限于法院的全流程网上办案接口,仅能使用法院的网站和其他入口,这些服务并未接入"一网通办"。

另一方面,功能碎片化状况较为明显。已接入"一网通办"平台的诉讼服务呈现出不同模块之间的协调性、统一性不够,功能设置碎片化问题突出,缺乏以案件为中心、整合不同办理功能的设计模式。

鉴于 BR 体系设置了允许以电子方式提交材料、与法院和执行机构的电子通信中当事方能否以通过电子方式与法院沟通(包括发送问题和接收与案件有关的通知)等评测点,上述问题的存在,将会影响我国在这方面的得分。

---

① 赵勇、叶岚、李平:《"一网通办"的上海实践》,上海人民出版社 2020 年版,第 76~77 页。

二、案件分流、分类审理亟须优化

（一）简案快审效率提升尚存瓶颈

民商事审判视角下，法院的民商事审判机制与效率直接体现了对产权保护的程度和水平，影响到国内外投资者的信心和市场投融资活跃度。在人案矛盾日益突出的背景下，各地法院普遍区分案件繁简分流程度、优化配置司法资源，最高人民法院制定发布的《关于进一步推进案件繁简分流优化司法资源配置的若干意见》成为各地法院开展繁简分流工作的重要指导。

繁简分流通常是指在案件立案之后，根据案件的难易程度，将简单案件集中到简易程序中进行审理，以加快案件的审理速度。[1] 其旨在以合乎理性的规范使案件各入其道，凸显民事诉讼程序"繁简分流、轻重分离、快慢分道"的改革理念，做到"简案快审、繁案精审"，提升审判质效，从而使普通程序的正当化在司法资源与司法需求的剧烈冲突中获得现实可能性。[2] 基于这一理念，我国民事诉讼法先是确立了民事一审诉讼程序的"简易程序——普通程序"二元模式，并在之后于2012年民事诉讼法新增小额诉讼程序。

普通程序是民事诉讼制度的基础，是法院审理一审案件通常使用的程序，特征是具有程序的完整性和广泛适用性。与之相对的简易程序，也就是将普通程序进行简化，用以快速审理简单案件。简易程序在审理期限上较短，仅为3个月，而一审普通程序的审限为6个月。从具体审理程序看，简易程序中可以用简便方式传唤当事人和证人、送达诉讼文书、审理案件，可以简便方式进行审理前的准备。

从司法实践看，我国简易程序的设置是较为成功的。但当前简易程序的主要问题是，简易程序再较普通程序进一步简化的空间已经有限。这主要是由于，审判方式简化省时有限，简易程序庭审的时间本来就已经在半小时之内，可以节省的庭审环节对耗时的影响甚微，而裁判文书的可简化内容也十分有限。[3] 故简易程序效率的再次大幅提升恐难达到，对于提升BR所重视的解决商业纠纷的时间指标作用有限。

（二）小额诉讼的适用有待加强

我国第一次引入小额诉讼程序是2012年《民事诉讼法》的修正，立法机

---

[1] 王利明：《司法改革研究》，法律出版社2000年版，第80页。
[2] 参见傅郁林：《繁简分流与程序保障》，载《法学研究》2003年第1期。
[3] 左卫民、靳栋：《民事简易程序改革实证研究》，载《中国法律评论》2022年第2期。

关参考了域外相关规定。英国在其民事诉讼规则里专章规定了小额索赔审理制，美国各州规定了专为小额法庭制定的诉讼程序，大陆法系的德国在民事诉讼法中也设有条文，日本的民事诉讼法里第六编专编规定"关于小额诉讼的特则"。最终，我国立法机关决定并未单独设立小额诉讼程序，而是在简易程序中增加一个条文，即基层人民法院和它派出的法庭审理事实清楚、权利义务关系明确、争议不大的简单的民事案件，标的额为各省、自治区、直辖市上年度就业人员年平均工资30%以下的，实行一审终审。

但实践情况是，小额诉讼程序的实际适用率并不高，在适用率较高的北京，小额诉讼程序的适用率也不足15%。①

在之后的繁简分流改革中，扩大小额诉讼成为改革热点问题。在试点法院实践经验的基础上，2021年修正的《民事诉讼法》大大加强了小额诉讼程序，扩大了小额诉讼程序的适用范围，提高了小额诉讼程序的标的额，从"上年度就业人员年平均工资百分之三十以下"提高到"上年度就业人员年平均工资百分之五十以下"，并且，对于"超过上年度就业人员年平均工资百分之五十但在二倍以下"增加规定了当事人可以约定适用小额诉讼程序。同时，新增规定了小额诉讼程序的具体程序内容，规定可以一次开庭审结并且当庭宣判。审限为2个月，比简易程序更短。这些措施有望提升小额诉讼程序的适用率。

此外，目前的小额诉讼程序以上年度就业人员年平均工资作为标的额的计算基础，且未区分商事与民事纠纷，故甚少有商事纠纷可落入小额诉讼程序的受理范围。即使是当事人约定适用小额诉讼程序，也需要在上年度就业人员年平均工资二倍以下，这对于商事纠纷而言依然过低，在很大程度上限制了小额诉讼程序对于商事纠纷的处理能力。BR对于小额诉讼提出的测评点是，是否有小额诉讼法院的存在，足见BR对小额诉讼程序的功能给予了高度认可。我国目前的小额诉讼程序属于简易程序的一种，适用于基层法院及其派出法庭，与BR所述的小额诉讼法院区别较大，再加上前述的程序适用面有限的问题，这方面我国的得分不甚乐观。

三、相关审判配套制度有待完善

（一）审判团队制度的内在功能有待发挥

审判团队是以办案为目标任务，以法官为中心，配置一定数量的法官助

---

① 王德新：《小额诉讼的功能定位与程序保障》，载《江西社会科学》2022年第1期。

理、书记员等审判辅助人员组建成的相对独立、密切协作的办案单元和管理单元。① 其是全面深化司法体制改革的产物，是落实司法责任制的关键举措，在解决人案矛盾、提高审判质效、促进适法统一等方面具有重要价值。2015年，最高人民法院发布的《关于完善人民法院司法责任制的若干意见》，最早提出探索审判团队建设，之后各地法院结合自身需求积极实践，探索出多种审判团队组建模式。2017年，党的十九大提出"深化司法体制综合配套改革"；与之相对应，2019年最高人民法院"五五改革纲要"从深化司法体制综合配套改革的角度进一步要求加强审判团队建设，构建科学的、专业化的审判团队。根据审判团队的概念内涵、创制初衷及其实践运行状况可知，其具有独立行使审判权、专业性、合作性和规范性的特征。

审判团队制度的价值功能主要体现在以下三方面：首先，合理的审判团队制度，可以提高审判质效，最大限度解放审判生产力。员额制改革将专业化、高素质、真正符合条件的审判人员确定为法官，确保法官回到审判一线，走正规化、专业化、精英化的发展道路。审判团队制度配套员额制改革和司法人员分类管理改革，以法官为中心，辅之以相应数量的法官助理和书记员，明晰各类人员职责，使其分工合作，可以有效优化现有的审判人力资源配置，提高审判质效。其次，审判团队制度有利于促进适法统一、提升审判质效。审判团队制度带来的重要优势之一即是类案的专业化和工作流程的标准化。审判团队通过细化分工，实现由相对固定的团队审理某一特定类型的案件，如合同纠纷、侵权纠纷等专业审判团队，促使法官从全能型、杂家型向专业型、专家型转变。以审判团队为办案单元，可以统一裁判尺度，实现类案类判，提升司法公信力。另外，在实践操作中，副庭长同时兼任审判团队负责人，在组织法上可视为院长在管理上之手足、权限的延伸，可行使审判监督、管理权自无异议。② 在案件阅核制改革的背景下，副庭长依托审判团队，能够更好协调团队内部成员的对话磋商，在"判断—建议—争论—集体讨论"的流程中，提升审判质效。再次，审判团队创制的初衷之一即是淡化和消除行政层级的影响，实现扁平化管理。审判团队则并非在原有层级结构上增加一个层级，而是以审判为导向的新型人力资源配置模式。审判团队之间以及团

---

① 参见马渊杰：《司法责任制下审判团队的制度功能及改革路径》，载《法律适用》2016年第11期。

② 参见万毅：《阅核制述评》，载《法学》2024年第3期。

队内部成员之间也非行政隶属关系。①

审判团队在解决人案矛盾、提高审判质效、促进适法统一等方面意义重大，但目前实践中对于审判团队的建设仍在探索中，且存在以下几方面的问题亟待解决：一是审判团队组建数量不够科学。实践中有些法院对本院各类人员的结构、案件数量、案件类型、案件难易程度、审判及辅助力量等因素分析不足，致使审判团队组建中团队类别和团队数量设置不够科学，造成人力资源浪费（某类审判团队设置过多）或加剧人案矛盾（某类审判团队设置过少）。二是各类司法人员职责分工亟待厘清。如法官和法官助理均从事审判业务，但二者职责定位不同，有待进一步规范。又如，虽然最高人民法院"四五改革纲要"将法官助理和书记员一并划归审判辅助人员序列，但按照司法体制改革的基本精神，法官助理主要负责审判辅助，书记员则负责事务性工作，而实践中因辅助人员数量不足，存在法官助理代行书记员职责的现象。三是审判团队与行政建制存在交叉。有些法院组建审判团队时在团队内部还设置了数个固定合议庭，同时又保留了原有的庭室结构，在原有的审判庭和合议庭之间新增了一个新的组织形式。由此可见，审判团队的独特功能尚未被完全开发，这不利于我国在 BR 所关注的法院独立行使审判权和公正性等评测点获得高分。

（二）审判权运行机制有待完善

审判权运行机制改革包括独任法官或合议庭办案责任制、案件分配机制改革、院庭长办案机制改革、审判监督管理机制改革、审判委员会工作机制改革、案件阅核制等内容。

在独任法官或合议庭办案责任制方面，司法改革后，除审判委员会讨论决定的案件以外，院长、庭长不再审核签发自己未直接参加审理案件的裁判文书。全国法院均形成了独任法官或合议庭办案责任制，合议庭或者法官独任审理案件形成的裁判文书，经合议庭组成人员或者独任法官签署即印发。独任法官、合议庭的法定审判组织地位得到凸显，建立了"让审理者裁判，由裁判者负责"的办案责任制，基本取消案件层层请示、逐级审批。

案件分配机制亦进行了改革，即健全随机分案为主、指定分案为辅的案件分配机制。根据案件的审判领域类别和繁简分流情况，随机确定案件的承办法官。承办法官一经确定，不得擅自变更。对于存在回避的情形，或者因

---

① 参见马渊杰：《司法责任制下审判团队的制度功能及改革路径》，载《法律适用》2016 年第 11 期。

工作调动、身体健康、廉政风险等事由确需调整承办法官的，应当由院庭长按权限审批决定，调整理由及结果应当及时通知当事人并在办公办案平台公示。此外，在特定情况下亦可以指定分案，但分案情况应当在办公办案平台上全程留痕。

作为员额法官的院长、副院长、审判委员会专职委员、庭长、副庭长应当办理案件。院长、副院长、审判委员会专职委员每年办案数量应当参照该院法官人均办案数量，根据其承担的审判管理监督事务和行政事务的工作量合理确定。庭长每年办案数量参照本庭法官人均办案数量确定。对于重大、疑难、复杂、新类型的案件，可以直接由院长、副院长、审判委员会委员组成合议庭进行审理。

案件阅核制是院庭长对案件的审理裁判进行审核把关，并承担相应责任的工作机制，目标是确保案件质量、统一裁判尺度、防控司法风险。作为审判权运行机制改革的一项重要改革举措，案件阅核制要求院庭长落实"阅核"职责，实现"放权"与"监督"的统一。最高人民法院院长张军强调，院庭长依职权阅核，要以此为抓手，依法落实监督管理责任。案件阅核制与案件审批制最大的不同在于，院庭长对裁判过程或结果有异议时，不得直接改变审判组织意见，但可以要求重新考量、复议，或者将案件提请专业法官会议、审判委员会讨论，并依法对裁判承担相应责任。[①] 开展案件阅核工作，应当在全面准确理解"让审理者裁判，由裁判者负责"要求基础上，坚持"依法履职、全面覆盖""权责明晰、全程留痕""分级负责、质效兼顾""因地制宜、动态调整"的基本原则。院庭长不能直接决定案件的处理结果，案件阅核制赋予院庭长的阅核权并非实体处分权，而是程序启动权。

各地的法院根据自身情况也制定了相应权力职责清单，以规范院庭长行使审判监督管理权的范围和方式。如上海市第一中级人民法院发布《审判人员权力清单规定》，明确规定了院庭长的审判权、审判管理权、审判监督权的范围，院庭长审判管理权、审判监督权的行使都在审判管理系统中全程留痕，如变更已分配案件的审判长或合议庭成员，变更案件的审理程序、审理期限，以及对审判执行过程中的相关程序性事项作出决定等。

综上，司法改革后，院庭长的案件审批制度彻底退出了历史舞台，员额法官本身将有更大的自由裁量权，这也意味着对不同法官裁判一致性的监督

---

① 参见张军：《深入学习贯彻习近平法治思想 加快推进审判工作现代化》，载《法律适用》2024年第1期。

力量减弱。要做到法官自由裁量权在合法的范围内正确行使，就需加强监督力量，防止滥用权力，案件阅核制的落实就是最好的例证。因此，在强调让审理者裁判之时，也应当强调监督意识，强调法官的自由裁量应有适当的限度。这方面的问题对于 BR 所关注的对司法程序公平性的信任、法院独立行使审判权和公正性等评测点十分重要。

为有效避免"类案不同判"等适法不统一问题，最高人民法院在《关于深化司法责任制综合配套改革的实施意见》中提出了"类案检索初步过滤、专业法官会议研究咨询、审判委员会讨论决定"的指导思路，以促进适法统一。同时，最高人民法院持续重点推进人民法院案例库和"法答网"平台建设，以期释放互联网红利，释疑解惑交流，促进统一法律适用，提高裁判说理的接受度。不过，这些措施的落实尚有待于审判委员会职能改革的推进、专业法官会议机制的完善和类案检索的普及。

第四节　民商事诉讼质效提升的可能路径

习近平总书记指出，"法治是最好的营商环境"。① 推进法治化营商环境建设已成为当前人民法院的重要职责使命，这其中尤以民商事诉讼为核心。BR 指标的颁布为我国营商环境法治化和民商事法律制度现代化带来新的挑战，也为提升民商事诉讼质效提出了新的要求。

一、持续加强法院数字化建设

（一）优化全流程网上办案体系

构建和完善全流程网上办案体系，能够更好地服务于营商环境的优化和社会经济发展。在全流程网上办案体系的实践探索中，进一步完善在线异步诉讼与文书电子送达，是降低商业诉讼成本、缩短商业纠纷解决时间的有效路径，关系到能否切实提升法庭自动化和电子服务水平，进而优化营商环境。

首先，关于网上办案系统程序优化，有以下优化路径：一是提升网上办案系统的统一性。全国法院在推进网上办案过程中，采取了由若干家法院作为试点、先行推进、边行边试的模式，保持积极开放包容的态度，探寻适合

---

① 《习近平主持召开中央全面依法治国委员会第二次会议强调：完善法治建设提高立法工作质量效率　为推进改革发展稳定工作营造良好法治环境》，载《人民日报》2019年2月26日，第1版。

本院的网上办案模式。由此，也产生了各地网上办案系统兼容性不足的问题。对此，最高人民法院应在现有网上办案系统的实践基础上，探索构建统一的网上办案系统，设置基本的系统原则和流程，全面推进全国法院全流程网上办案，降低诉讼参加人的学习成本，降低纠纷解决成本。二是以信息填写模式作为数据源头的采集方法。细化每个诉讼流程的信息点，以填写信息点的方式取代纸质文书扫描，采集的信息均可运用于后续各流程，从而降低诉讼成本，简化诉讼流程，方便后续数据应用。

其次，关于在线异步诉讼，有以下优化路径：一是细化庭审规定。《人民法院在线诉讼规则》关于异步庭审的规定尚不全面，目前仅规定了异步审理的适用范围，但对于异步审理的期限并没有予以细化。对此，可参考杭州互联网法院《涉网案件异步审理规程（试行）》，如各方当事人相互发问应于24小时之内完毕；发问结束后24小时，当事人不能问只能答；各方当事人在上述调查结束后48小时之内发表辩论意见。另外，为了稳步推进庭审程序，防止各方滥用诉讼权力，应规定法官对双方当事人沟通指导的职能，并通过技术设计赋予法官一定条件下对双方发言顺序的决定权。① 二是优化软件功能。积极拓展应用场景，实现手机App端与电脑端的双重应用，查找数据交互问题，理顺相关衔接，确保系统功能稳定、顺畅，提高诉讼当事人便利度。三是规范监督管理。对账号使用主体的监督，包括对当事人及其代理人、审判人员的监督。在登录专有账号时，不仅应当通过密码验证，还应设置动态人脸识别验证，且在异步审理的开始和结束前各验证一次，以确保账号是由本人操作。

最后，关于文书电子送达，有以下优化路径：一是细化完善电子送达程序规则，包括完善电子送达的救济机制及明确电子送达的适用顺位。即在案件审理阶段，赋予当事人在合理期限内提出异议的权利。如果是非基于当事人原因导致的送达问题，如系统故障错误显示签收，当事人明确拒绝使用电子送达，法院却仍进行电子送达等，当事人可以提出异议，异议成立的，该次电子送达不发生效力。同时，由于电子送达在节约司法资源、提高诉讼效率上的优势，在符合电子送达适用的前提下，可优先电子送达。二是加强电子送达配套软件的支撑，电子送达系统或电子诉讼平台的软件程序应尽可能在不同载体上兼容运行，包括互联网专门网站、手机App、法院微信公众号/

---

① 参见陶杨、付梦伟：《互联网法院异步审理模式与直接言词原则的冲突与协调》，载《法律适用》2021年第6期。

小程序等，但同时需对技术供应商的保密性提出严格要求。三是健全集约送达，提升送达效率。健全法院集约送达组，可以在法院诉讼服务中心设置专业的送达团队，构建规范送达体系，实现送达流程集约化，切实提升效率。

（二）拓宽"一网通办"服务内容

拓宽"一网通办"服务内容，可具体包括以下两方面：一是优化"一网通办"与全流程网上办案系统的衔接。以便利群众诉讼为原则，让当事人在"一网通办"平台享受与线下法院相同的诉讼服务，持续优化与法院网上办案系统、移动微法院等系统的衔接，扩大介入的诉讼服务种类，攻克在线提交证据、在线庭审等平台受限的技术障碍。二是优化"一网通办"诉讼平台的功能整合。优化上海法院 12368 诉讼服务平台中的功能设置，创新以案件为中心、整合不同办理功能的设计模式，以解决协调性不足的问题。同时，优化随申办微信小程序与 App 之间的功能对接，在小程序中增设法律咨询专栏，解决用户入口不一致的问题，确保各软件之间诉讼服务功能的统一。

二、优化民商事案件类型化审理

围绕 BR 体系民商事纠纷分类分流解决理念，可通过推进民商事案件类型化办案，考虑创建小额诉讼互联网法庭和推广民商事类案裁判方法等措施，加强信息公开，增强判决合理性，提升解决纠纷的公共服务水平。

（一）设立小额诉讼互联网法庭

虽然互联网法庭具有诸多优势，但就目前而言，其最主要的受益者还是包括消费者纠纷在内的小额、简单争议。为便利当事人接近司法、保障当事人接近正义的机会平等以及合理地配置司法资源，我国在 2012 年修改《民事诉讼法》时采用简易程序特别条款的方式（第 162 条）增加规定小额诉讼程序。2015 年的《最高人民法院关于适用〈中华人民共和国民事诉讼法〉的解释》（法释〔2015〕5 号）以第十二章"简易程序中的小额诉讼"（第 271 条至 283 条）以及第十八章"审判监督程序"中的第 426 条共 14 个条文对小额诉讼程序予以细化规定。对于事实清楚、争议不大的小额诉讼，由于争议本身的价值有限以及当事人自己的资源有限，他们在争议解决上仅愿意花费有限的费用。① 当前,各国最成功的网上法庭实践也正是在线小额索赔程序,②一个高效、价廉、快速的在线小额索赔法庭恰是我们现在所亟须的。③ 事实上,互联网诉讼及全流程网上办案的推行已为我国建立小额诉讼互联网民商事法庭提供了基础,其包含的一些服务内容正属于在线小额诉讼程序范围,如预约立案、网上送达、证据交换、跟踪案件进展、在线查阅卷宗、判后答疑等。

我国小额诉讼互联网民商事法庭应采取平台系统模式,由最高人民法院牵头组织建设,在适用统一平台、统一标准的前提下以基层法院为单位设立小额诉讼互联网民商事法庭,适度跨区域集中审理小额批量案件。需明确的是,在线小额诉讼系统的使用应是非强制的。具体建议包括以下三个方面:一是管辖法院的确定。由于《民事诉讼法》规定小额诉讼仅适用于基层人民法院及其派出法庭,原告应通过该平台向有管辖权的基层法院提出起诉。可考虑选取具有互联网审判经验及设备的部分基层法院设立专门法庭,针对简单商事案件,可考虑适度提高立案标的额(现有小额诉讼标的额的3倍至5倍为宜),适度跨区域集中审理小额批量案件。值得注意的是,自2002年起施行的《最高人民法院关于涉外民商事案件诉讼管辖若干问题的规定》就部分涉外民商事案件作出集中管辖的规定,导致大部分基层法院失去了对这类案件的管辖权,因此应将涉外案件排除在外。二是尊重当事人的约定。在小额诉讼网上诉讼时,当事人同样享有程序选择权,如对符合适用小额诉讼其他条件,仅是案件标的额超过当年小额诉讼金额标准但不高于一定金额(一般为不高于当年小额诉讼金额标准2倍)的案件,当事人双方均同意适用在线小额程序的,法院可予准许。三是诉讼书状表格化。当事人可使用表格化诉讼书状是一些国家和地区小额诉讼程序的特点之一。小额程序的适用对象(额小、量大、简单的金钱给付案件)使得标准化表格的使用具有可能性和合理性。通过让当事人直接填写标准化的表格而不是自行拟定起诉状或答辩状,极大方便当事人尤其是不具备法律专业背景的当事人,使得当事人在参与诉讼时无须律师协助成为可能。这些表格通过一系列涉及索赔细节、请求金额等的问题引导当事人将法院处理争议所需要的关键信息一次性完整提交,让

---

① See Gabrielle Kaufmann-Kohler & Thomas Schultz, *Online Dispute Resolution: Challenges for Con-temporary Justice*, Kluwer Law International, 2004, pp. 55-56.

② 如美国密歇根州的网上法庭(Cyber Court)、爱尔兰的在线小额索赔(Small Claims Online)、英国的在线金钱索赔(Money Claim Online, MCOL)、欧盟的小额索赔程序(European Small Claims Procedure)等。

③ 丁颖:《网上法庭:电子商务小额纠纷解决的新思路——国外主要实践及中国相关制度构建》,载《暨南学报(哲学社会科学版)》2015年第10期。

整个程序的推进更加方便快捷。小额程序的上网更令当事人可以方便地在线获取、填写和提交相关表格，进一步便利了当事人对程序的使用。爱尔兰、英国的在线索赔程序和欧洲小额索赔程序都允许当事人使用在线表格处理索赔问题。① 我国未来的在线小额索赔程序也可采用在线表格的形式，提供包括起诉表和答辩表等在内的主要表格。

（二）细化民商事案件类案裁判规则

细化民商事类案裁判规则，不仅可以作为民商事法律制度的有效补充，也能够满足民商事主体对判决的预期，从而增强对判决的合理性的认知，是民商事法律现代化必不可少的发展路径。民商事主体对于判决合理性的质疑，可以通过规范化的类案管理机制得以消解。主要包括以下举措：

第一，创新民商事诉讼理论，明确统一法律适用的标准应当是"类案类判"。苛求个案裁判结论完全一致既不现实、也不符合基本的司法规律。鉴于案件事实的复杂性和法律适用的多样性，加之法官在裁判过程中必不可少的自由裁量权，适法统一具有相对合理性，其标准应为类案类判，即类似案件裁判结果具有大体一致性、不同类案件裁判结果具有相互协调性。值得注意的是，"类案类判"不是追求绝对统一，案件具体情况不一，适法统一的合理限度也应有所区别，故应重点预防规制超过合理限度的适法不统一。

第二，创新民商事诉讼管理思路，将类案思维贯穿案件审理的全过程。一要以类案思维指导案件分流，明确难易程度不同案件的适法统一程度具有层次性。对普案、简案要侧重裁判规则管理；对繁案要侧重裁判方法管理，允许个别案件的裁判根据特定情形进行调整；注重方法的流变性，当难案经过积累形成固定的方法和明确的规则时，可转为普案，以收紧自由裁量权。二要以类案思维指导案件审理，探索完善关联案件、类案检索机制的具体规则，为法官提供类案视野，平衡独立裁判与扁平管理之间的紧张关系。三要以类案思维指导经验总结，探索以成熟案件为基础加强裁判方法论研究，对审判中形成的实践法学经验进行理论总结。四要以类案思维引领智慧凝聚，着力提升法院外部力量对适法统一工作的参与度，提升法律职业共同体对法律适用的协同性。

第三，注重探索完善适法统一的关键性保障机制，以发挥更多创新性影响。如细化民商事类案检索规则，提出合理限缩类案强制检索范围，明确检

---

① 丁颖：《网上法庭：电子商务小额纠纷解决的新思路——国外主要实践及中国相关制度构建》，载《暨南学报（哲学社会科学版）》2015年第10期。

索结果的参酌力层级,规范检索报告的内容,优化类案检索数据库等提升类案检索效能;创设类案裁判方法总结机制,通过确定功能定位、细化总结流程、规范适用场域、搭建交流平台等,加强对类案裁判方法的系统化总结和提炼,为类案的规范化管理提供制度依据。

三、优化审判权运行机制

(一) 充分发挥专业法官会议把关功能

专业法官会议创设的目的在于向审判组织和院庭长提供咨询意见,目前相关决议逐渐被赋予相应的拘束效力,进一步起到辅助决策、总结审判经验、促进适法统一的作用。为充分发挥专业法官会议作用,应具体把握如下内容:

一是厘清专业法官会议定位。专业法官会议是各级法院为提高审判的质量和效率,在确保独任庭、合议庭依法独立行使审判权的前提下,根据审判执行工作的实际需要,充分发挥专家法官集体研判疑难复杂案件的作用,从而为审判组织和院庭长履行法定职责提供意见的内部工作机制。

二是规范运行效力。实际操作中,专业法官会议的形式多样,不限于各业务庭内部,亦可召开跨专业、跨庭室,甚至跨审级、跨地域的专业法官会议。员额法官均有权参加会议,但考虑到部分法官所具备的专业知识和能力,可设立专家库,在讨论特定事项时优先从中确定部分资深法官作为参会人员,从而保证讨论的质量。[1] 为尽量形成多数意见,参会法官的人数应为单数。讨论的范围主要限于法律适用问题,案件的事实问题则交由承办法官根据个案情况自行把握。为规范会议讨论,会议的申请、审核、讨论、复议及处理等均应通过网络操作平台全程留痕备查。至于经专业法官会议讨论形成意见的效力,尽管讨论意见是供相关主体参考,但其仍被赋予相应的拘束力。案件经讨论后,独任庭、合议庭须及时复议,并按照是否属于"四类案件"分别处理:对于"四类案件",经讨论未形成多数意见,复议意见和会议多数意见不一致,或者独任庭、合议庭对法律适用问题难以决定的,应当层报院长提交审判委员会讨论;对于其他案件,会议未形成多数意见,或者复议意见和多数意见不一致的,院庭长可以根据实际情况决定是否提请审判委员会讨论。[2]

---

[1] 参见刘峥、何帆、马骁:《〈关于完善人民法院专业法官会议工作机制的指导意见〉的理解与适用》,载《人民法院报》2021年1月14日,第5版。

[2] 参见《最高人民法院关于完善人民法院专业法官会议工作机制的指导意见》第11条、上海市第一中级人民法院《关于专业法官会议集体研判(专家会诊)疑难复杂案件的规定(试行)》第14条。

三是提升讨论质量。讨论质量的提升有赖于形成多方合力：待讨论的法官须明确讨论范围和焦点问题，并就基本案情、争议焦点、评议意见及类案、关联案件材料等形成简要报告，从而使讨论具有针对性；参会的专家法官须积极参与，提前熟悉待讨论材料，并针对焦点问题做好发言准备；会议主持人须使讨论围绕既定目标开展，把握讨论的流程和意见发表的次序。经讨论，对那些具有普遍法律适用指导意义的案件可通过提炼总结形成会议纪要、参考案例、裁判规则等审判业务指导性文件，促进适法统一。

（二）切实完善审委会适法统一功能

审判委员会是法院内部层级最高的审判组织。2018年修订的《人民法院组织法》第37条第1款规定了审判委员会的四项职能①，2019年最高人民法院发布的《关于健全完善人民法院审判委员会工作机制的意见》重申了上述职能。据此，审判委员会着力于统一裁判尺度、促进适法统一。

作为本院最权威的专业组织，案件经审判委员会讨论形成的决定不仅对个案裁判具有法律约束力，还将对本院的整体法律适用产生影响。此外，为更好发挥中级人民法院审判委员会在统一法律适用中的功能，其职能的重心应在做好具体个案的讨论的同时更注重审判经验的总结转化，提炼覆盖审判执行主要案件类型的审理思路和裁判要点，以期实现类案类判，统一辖区法律适用。

四、提升国际民商事纠纷解决能力

国际化的市场环境是支撑各国经济交流的关键，也是国家综合竞争力的体现。良好的国际化营商环境，既可以帮助一个国家或地区充分吸引外资，亦有助于其从根本上创新经济发展理念。打造国际化营商环境，需要我国不断建立符合国际标准的营商规则。其中，建立符合国际民商事诉讼发展的诉讼规则，提升国际民商事纠纷的解决水平尤为重要。

（一）实现诉讼程序的国际化

考察各国国际商事法庭的程序规则不难发现，诉讼、仲裁和调解的融合化也是当前国际民商事纠纷解决的国际潮流。新加坡以及其他一些国家在国际商事法庭的发展过程中注重吸收借鉴商事仲裁或商事调解的程序规则，在

---

① 《人民法院组织法》第37条第1款规定："审判委员会履行下列职能：（一）总结审判工作经验；（二）讨论决定重大、疑难、复杂案件的法律适用；（三）讨论决定本院已经发生法律效力的判决、裁定、调解书是否应当再审；（四）讨论决定其他有关审判工作的重大问题。"

管辖权确定、法官选任、当事人对程序规则的自主选择权以及判决执行机制等方面进行了卓有成效的探索与创新，有力提升了国际商事纠纷解决机制的吸引力和影响力。① 我国设立国际商事法庭，旨在为国际商事纠纷的解决服务，其程序应国际化、高效、公正和成本经济，以获得其他国家的认可。国际商事法庭的案件在很大程度上源于双方当事人以意思自治的方式通过协议选择管辖法庭，为此，可在诉讼程序设计上注重便利化和尊重当事人意思自治，以吸引其选择我国的国际商事法庭。具体而言，可考虑就民事诉讼法律制度中的涉外诉讼部分，在汲取其他国家国际商事法庭诉讼程序创新经验的基础上，进行调整，使部分规则专用于国际商事法庭。同时，可考虑允许国际商事法庭使用英语作为工作语言，考虑允许外国律师以律师身份参与一定类型的诉讼。

（二）统一国际民商事法律规范

统一协调的法律规范能稳定商业预期、降低交易成本、便利纠纷的解决。近年来，国际社会制定了一系列调整国际商事关系的国际公约，国际商界创设和统一了大量商事示范规则，各国也通过国内立法的方式制定与国际公约、惯例相符的法律规范。新加坡首席大法官梅达顺先生提出了整合亚洲商法的倡议，中国最高人民法院积极支持，推荐3名法官担任亚洲商法研究所理事。中国最高人民法院首次与新加坡最高法院共同编纂《中国—新加坡"一带一路"国际商事审判案例选（中英文版）》，为促进亚洲乃至"一带一路"各国各地区商法的协调整合作出了积极努力。中新两国以及"一带一路"建设参与国需要进一步深化司法交流合作，协调国际司法冲突，促进法律规范的协调，从而推动形成公正合理透明的国际商事规则体系。

（三）推进裁判的承认和执行

关于法院判决的承认和执行，中国政府已签署《选择法院协议公约》，也在积极参与海牙国际私法协会重启判决项目的谈判工作。根据我国《民事诉讼法》，法院可以依我国缔结或者参加的国际条约或互惠原则承认和执行外国法院的民商事判决。实践中，我国法院对"互惠"的认定采取了开放的态度，即根据该法院所在国的法律，我国法院作出的民商事判决可以得到该国法院的承认和执行，或者我国与该法院所在国达成了互惠的谅解或者共识，或者该法院所在国通过外交途径对我国作出互惠承诺等。此外，我国最高人民法

---

① 新加坡国际商事法庭用户规则，https：//sicc.com.sg/publications/annual-report/，最后访问时间：2023年5月6日。

院也通过与外国最高法院签署合作备忘录等方式，积极推动相互承认和执行民商事判决。

案例1

诉讼"数字化"在区块链电子存证法律效力方面的体现
——A公司与B公司侵害作品信息网络传播权纠纷案①

基本案情

原告：A公司

被告：B公司

甲、乙系某报社记者，于2017年7月24日共同创作并在某报发表了约3100余字，1幅插图的《妈妈带4岁儿子进游泳馆女更衣室被管理员阿姨骂得眼泪都掉下来》（以下简称某报文章）一文。2017年7月24日，B公司主办的某女性时尚网站，刊登的《妈妈带4岁儿子进游泳馆女更衣室被管理员骂哭》（以下简称被控侵权文章）一文，被控侵权文章内容、插图与某报文章完全相同。

A公司主张B公司在其运营的某女性时尚网中发布某报文章，并将该侵权网页的URL通过API接口传输至保全网，申请对侵权网页进行固定。

保全网的经营主体C公司收到该请求后，在阿里云的环境下，由后端代码通过调用谷歌开源程序puppeteer插件对目标网页进行截图，并产生操作日志、记录调用时间和处理内容。后端代码再通过调用curl（URL语法在命令行方式下工作的开源程序）插件获取目标网页源码和相关调用信息，并产生操作日志、记录调用时间和处理内容。之后保全网将上述截图、网页源码进行打包并计算其SHA256哈希值，并同步上传至Factom区块链和比特币区块链中。浙江某司法鉴定中心（以下简称某鉴定所）对上述抓取过程运用的技术内容进行了说明并予以确认。

A公司提起诉讼，请求判令B公司：（1）立即删除在某女性时尚网站上刊登的《妈妈带4岁儿子进游泳馆女更衣室被管理员骂哭》文章；（2）赔偿著作权侵权损失6200元；（3）赔偿为本案支出的律师费2500元；（4）承担

---

① 参见杭州市互联网法院（2018）浙0192民初81号民事判决书。

本案全部诉讼费用。

法院裁判

一审法院经认为，对于采用区块链等技术手段进行存证固定的电子数据，应秉承开放、中立的态度进行个案分析认定。既不能因为区块链等技术本身属于当前新型复杂技术手段而排斥或者提高其认定标准，也不能因该技术具有难以篡改、删除的特点而降低认定标准，而应根据电子数据的相关法律规定综合判断其证据效力。其中应重点审核电子数据来源和内容的完整性、技术手段的安全性、方法的可靠性、形成的合法性，以及与其他证据相互印证的关联度，并由此认定证据效力。本案中，C 公司作为独立于当事人的民事主体，其运营的保全网是符合法律规定的第三方存证平台，保全网通过可信度较高的谷歌开源程序进行固定侵权作品等电子数据，且该技术手段对目标网页进行抓取而形成的网页截图、源码信息、调用日志能相互印证，可清晰反映数据的来源、生成及传递路径，应当认定由此生成的电子数据具有可靠性。同时，保全网采用符合相关标准的区块链技术对上述电子数据进行了存证固定，确保了电子数据的完整性。故上述电子数据可以作为本案认定侵权的依据，即法院确认 B 公司运营的"某女性时尚网"上发布了某报文章作品。

一审法院判决：B 公司赔偿 A 公司经济损失（含制止侵权的合理支出）4000 元。该判决已生效。

案例评析

构建良好的数字营商环境是一个全球性的问题，一方面需要一个全面的、具体的、有代表性的衡量标准，另一方面需要法律法规的支撑和司法实践的探索。为持续优化营商环境司法保障机制，最高人民法院制定了一系列司法解释及文件，指出可以采用第三方存证的方式，将电子数据由第三方存证固化，解决证据有效性问题。如《最高人民法院关于民事诉讼证据的若干规定》第 94 条规定"由记录和保存电子数据的中立第三方平台提供或者确认的"的电子数据，人民法院可以确认其真实性，但有足以反驳的相反证据的除外。

本案系全国首次对区块链电子存证的法律效力进行认定的案件，关系到"数字市场规则"指标。本案中，A 公司通过第三方存证平台对侵权事实予以取证，并将相关数据计算成哈希值上传至比特币区块链和 Factom 区块链中形成区块证据链存证，以此向法院请求判令 B 公司承担侵权责任。对于区块链电子存证，本案裁判确立了以电子证据审查的法律标准为基础，结合区块链技术用于数据存储的技术原理，审查确认的四个要素：（1）电子数据来源真实,包括产生电子数据的技术可靠、第三方存证平台资质合规、电子数据传递路径可查等;(2)电子数据存储可靠,即区块链技术作为电子数据存储方式是否具有难以删除、篡改的特征;(3)电子数据内容完整,包括初始上链的电子数据是否系涉案侵权文件所对应的电子数据及各区块链中所对应的涉案电子数据是否一致;(4)电子证据与其他证据可相互印证。

互联网法院的兴起与在线诉讼模式的全面展开,大幅提高了诉讼效率的同时,也创新了审理案件的类型。类似本案判定电子证据的证据效力及证明力大小等方面所作出的探索,是"数字市场规则"在中国本土的实践经验。对于 BR 指标中"数字化"方面的测评将大有裨益。

案例 2

扩展小额诉讼程序的适用,助力优化"精简法庭"指标

——A 建设设备租赁站与 B 公司租赁合同纠纷案①

基本案情

原告:A 建设设备租赁站

被告:B 公司

2019 年,A 建设设备租赁站(以下简称 A 租赁站)与 B 公司签订材料租赁合同,约定 B 公司向 A 租赁站租赁相关建设物资,租金自当年 6 月 16 日起按约定单价计算,自 B 公司书面通知租赁材料退场即停止计算租赁费,合同同时对租金支付时间、方式等内容进行了约定。2021 年 4 月,双方签订补充协议,对部分租赁物单价等内容进行调整。

自 2019 年 6 月 16 日起,A 租赁站按合同约定先后多次向 B 公司供货并出具租金结算表,开具发票。截至 2021 年 10 月,B 公司共欠付租赁费 2.2 万余元,并有多种设备材料在租。

2022 年 4 月,A 租赁站向重庆市渝北区人民法院提起诉讼,请求判令双方合同解除,并要求 B 公司支付租赁费、后续租金、资金占用损失、租赁物赔偿金等。

法院裁判

重庆市渝北区人民法院经审查认为,A 租赁站在起诉时仅能明确欠付租

---

① 参见重庆市渝北区人民法院(2022)渝 0112 民初第 13834 号民事判决书。

金数额,故该案根据租赁费用2.2万余元确定适用小额程序审理。法院审理认为,因B公司逾期支付租金,A租赁站有权解除合同。根据合同约定及相关证据,法院认定租金、物资占用损失和物资赔偿费等共计10.9万元。经法院释明,双方当事人当庭同意仍按小额诉讼程序审理。据此,重庆市渝北区人民法院判决支持A租赁站相关诉讼请求。

案例评析

BR指标中的第2.1.1项和第3.2.1项分别对"精简法庭"和"法庭诉讼的时间和费用"进行了规定,其中强调了是否存在小额索赔法庭或程序以及一审法院裁决商事纠纷所需的时间。小额诉讼程序在我国司法实践中虽早已普及,但囿于其对争议标的的限制,其适用范围相对有限,从而掣肘其在优化"精简法庭"和"法庭诉讼的时间和费用"指标方面作用的发挥。

人民法院在适用小额诉讼程序审理案件过程中发现诉争标的额超出法定适用范围但尚在约定适用范围内的,应当征询当事人意见,双方同意继续适用小额程序审理的,应予准许。事实上,通过"主动释明"+"当事人同意",可以有效扩展小额诉讼程序的适用范围,发挥司法机关在"精简法庭"和压缩"法庭诉讼的时间和费用"方面的主观能动性。本案是人民法院准确理解适用新民事诉讼法相关规定,提高小额诉讼适用率的典型案例,对充分理解小额诉讼条文内涵、依法保障当事人诉讼权益、高效公平化解纠纷具有重要的参考意义和价值。在我国法院的审判实践中,如果能够广泛采用小额诉讼程序,将会有助于以上两项BR指标的得分。

案例3

对接公约适用,便利解决跨境纠纷索赔

——A公司与B公司等保险人代位求偿权纠纷案[①]

基本案情

原告:A公司

被告:B公司

2015年1月30日,案外人E公司作为投保人及被保险人与保险人A公司

---

① 参见天津市第三中级人民法院(2021)津03民终1419号民事判决书。

订立了《出口货物预约运输保险协议》，约定 E 公司在 A 公司处投保出口货物运输保险，保险期间自 2015 年 2 月 1 日 0 时起至 2016 年 1 月 31 日 24 时止。航行路线包括 CIF 价格条件出口：从天津到世界任一港口或地区（俄罗斯除外）。运输方式包括使用任何定期商用航班的飞机。2015 年 1 月 30 日，案外人 F 公司作为投保人及被保险人与保险人 A 公司订立了《进出口货运预约保险协议》，约定 F 公司在 A 公司处投保进出口货物运输保险，保险期间自 2015 年 2 月 1 日 0 时起至 2016 年 1 月 31 日 24 时止。运输方式包括使用任何定期商用航班的飞机。

上述协议签订后，根据具体货物所对应的运单，A 公司分别向被保险人 E 公司、F 公司签发了 22 份保险单，上述运单的目的地虽有不同，但起运机场均为天津滨海国际机场，途经地均为韩国仁川机场及美国迈阿密机场，执行天津至仁川、仁川至迈阿密两段航程的航空公司均为第三人 D 公司。

案涉货物于 2015 年 5 月 10 日运抵美国迈阿密机场，并于当日进行了卸货。该批货物被使用伪造证件及提货手续的人员提走，丢失的货物为 13 470 部手机和 20 部数码相机。根据损失货物商业发票所记载的价格，货物损失总金额为 1 189 972.5 美元。上述保险事故发生后，A 公司作为保险人向被保险人进行了赔付。A 公司依照被保险人的指示支付完毕保险赔偿金后，提起诉讼。

法院裁判

案涉货物系使用航空器进行的国际运输，出发地为中国天津，发生货物丢失的中转地位于美国迈阿密，中国与美国均为《统一国际航空运输某些规则的公约》（以下简称《蒙特利尔公约》）的成员国，案涉货物运输协议中亦未明确排除该公约的适用，因此本案涉及航空运输部分的法律适用应当优先适用《蒙特利尔公约》的规定，《蒙特利尔公约》没有规定的，则适用中华人民共和国法律。

根据《蒙特利尔公约》第 35 条的规定，自航空器到达目的地点之日、应当到达目的地点之日或者运输终止之日起 2 年内未提起诉讼的，丧失对损害赔偿的权利。上述期间的计算方法，依照案件受理法院所在地的法律确定。因此《中华人民共和国民用航空法》对该 2 年期间明确规定为胜诉权丧失的诉讼时效，根据中华人民共和国法律的规定，该时效可因权利人提起诉讼而发生中断，据此认定原告 A 公司在本案中向被告 B 公司主张索赔的权利并未丧失。

本案托运人未作保价运输，亦未支付保价运输附加费用，应适用《蒙特利尔公约》中有关责任限制的规定。对于责任限额的适用标准，根据《蒙特利尔公约》第 24 条的规定，每 5 年对责任限额计算标准进行复审，复审时应当参考上一次修订以来或者就第一次而言本公约生效之日以来累积的通货膨胀率相应的通货膨胀因素。由于本案的赔偿责任负担、赔偿金额是经过法院诉讼予以确认的，考虑到 ICAO 理事会对公约责任限额的复审是基于通货膨胀的因素考量，因此基于公平原则，以法庭辩论终结时 ICAO 理事会所公布且生效的责任限额标准即每公斤 22 个特别提款权作为限额计算依据，确认最终被告应向原告赔偿的货损金额。

案例评析

高效处理涉外民商事纠纷案件、便利解决跨境索赔，是世行"争议解决"指标的重要支柱之一。当今全球以航空枢纽为支撑的自由贸易区已成为驱动城市乃至地区发展的新动力，由此衍生的航空运输纠纷也需要有更加公正、便利的解决途径。本案涉及国际航空运输引发的货物损失赔偿，是典型的跨境索赔纠纷，涉及的主体均是国际知名跨国企业在我国所设立的公司。

本案裁判明确了《蒙特利尔公约》第 35 条中的"两年期间"虽未具体规定中断、中止等情形，但约定了该期间的计算方法适用案件受理法院所在地法，据此结合《中华人民共和国民用航空法》对条款吸收的规定，认定我国国内法关于诉讼时效中断的规定同样应适用于该公约规定的 2 年时效，实现了国内立法与公约的有机衔接，体现了我国相关法律规则的体系性及完整性。同时，对于国际公约的相关规定，我国法院亦在尊重公约条款的基础上，基于公平原则及司法主权进行创新，如本案中结合实际情况从公平角度出发来确定责任限额的适用标准，体现出我国人民法院从国际化、专业化审判视野出发，依法平等保护中外主体的合法权益，提升了我国司法权威和公信力，彰显了我国人民法院在国际规则适用和解释方面的司法自信。

第四章　营商环境场域中民商事多元化纠纷解决机制的现实思考

随着中国经济的高速发展，尤其在上海这样的金融商业大都市，各种民商事主体之间的利益冲突增加，法院受理的民商事纠纷案件呈持续攀升态势。但诉讼作为解决民商事纠纷的重要途径，已无法完全适应民商事纠纷日趋多样复杂的新形势，受诉讼固有的程序严格、耗时长、对抗性强等特点所限，多数民商事主体往往倾向于谈判式、便利化、更符合"在商言商"意愿的纠纷解决模式，实现纠纷处理的高效益和高效率，故构建一套完整的、多元化的矛盾纠纷解决机制确有必要。

在国外，"多元化纠纷解决机制"称为ADR（Alternative Dispute Resolution），可翻译为"替代性纠纷解决机制"，即当纠纷发生时，当事人并不急于到法院通过诉讼的方式解决纠纷，而是以沟通、谈判、第三方斡旋、和解、调解、仲裁等诉讼之外的其他方式来解决纠纷，诉讼方式仅是作为最后的纠纷解决途径。ADR在我国则更多地被称为"多元化纠纷解决机制"，这主要是考虑到我国的具体国情和司法制度，我国的纠纷解决更注重诉讼与非诉讼之间的衔接，注重民商事诉讼制度对调解、仲裁等诉讼外的纠纷解决途径的司法引领、司法推进和司法保障功能。

第一节　营商环境视角下加强民商事仲裁的实践路径

法治是最好的营商环境。自加入WTO直至近年来的"一带一路"建设，民商事仲裁作为营商环境法治化的要素之一，在各国商业贸易中正发挥着越来越大的作用，仲裁作为营商环境法治保障的重要组成部分和民商事纠纷解决的主流方式，具有尊重当事人意愿、便捷高效等优势，是市场经济体系中一项不可或缺的公共法律服务。在2023年5月世界银行新发布的BR体系文件中，仲裁作为替代纠纷解决机制之一成为民商事纠纷解决机制下重要的评价指标。其中，BR 新增了 3 项测评点：（1）仲裁效率。该部分测评点主要关注仲裁程序的开展难度，以及仲裁裁决的确认、承认和执行，这些内容决定了仲裁的效率与便捷度。（2）仲裁质量。具体可以从仲裁协议的形式、纠纷的可仲裁性、当事人的自主权以及仲裁的司法支持，包括对仲裁条款或协议有效性的裁决，以及对仲裁程序的一般协助方面来进行测评。（3）仲裁员的独立性和公正性。该测评点强调的是在民商事仲裁中，仲裁员是否可以处于一种中立地位，平等对待仲裁双方，并且保障仲裁的公平公正。作为纠纷解决途径之一，仲裁已成为全球大部分国家和地区承认的争议处理机制，并逐步成为国际贸易与投资等商业活动中首选的纠纷解决方式。结合 BR 方法论，优化我国现有仲裁机制，对推动营商环境的建设、促进市场经济的发展具有十分积极的意义。

一、我国民商事仲裁中的 BR 理念

民商事仲裁是指依照仲裁法的规定，解决平等主体的公民、法人和其他组织之间的合同纠纷和其他财产权益纠纷的机制。作为一种纠纷解决的重要途径，仲裁已成为大部分国家和地区承认的纠纷解决机制，正逐步成为国际贸易与投资等活动首选的解纷方式。民商事仲裁自身所独有的优势使其成为一种必不可少的公共法律服务，如何有效提升仲裁服务的质量和效率也引起了各界的广泛关注。

（一）仲裁自身所具有的独特优势

相较于法院诉讼，仲裁作为社会治理的多元化争议解决机制，其内在的优势与健全法治化营商环境相契合。

一是仲裁具有高效便捷的优势。首先，效率是 BR 衡量和评价的重要指标，在优化法治化营商环境的过程中，仲裁不仅在整个流程上更注重效率，而且在审理时间上也较诉讼而言更短。其次，仲裁的裁决文书一旦作出即发生效力，同时具备强制执行力，其一裁终局的特性避免了法院二审、再审等程序的繁杂。实践中，极少有仲裁裁决被推翻，而仲裁裁决的执行率又相对较高，如此则更有利于纠纷的解决，不但能够有效节约成本，而且可以减轻当事人的讼累。最后，在法律效果方面，基于对当事人意思自治的确认，在不违反法律、行政法规的禁止性规定前提下，可通过适度优化仲裁规则来化解纠纷，以确保交易的稳定性。

二是仲裁更具保密性和灵活性。一方面，营商环境中，当事人特别是商主体，通常十分关注保密性，以免自身的商业秘密等信息外泄。而仲裁这种纠纷处理方式所独有的不公开审理等保密原则，对商主体而言极具吸引力。仲裁的保密性是指将程序的内容、过程中所展示的证据、仲裁庭合议的意见等在仲裁过程中的信息都不对当事人以外的其他人公开，如此能够有效避免有关的商业秘密因纠纷处理而外泄，这也是商业公司特别是大公司选择仲裁作为争议处理方式的主要原因。另一方面，仲裁的审理更加注重当事人的意思自治，当事人可选择由第三方仲裁机构管辖，这可有效避免地方保护主义带来的不利影响。鉴于此，实践中当事人常基于意思自治原则，在不违反法律，不侵害国家、社会和第三人合法权益的情况下，达成仲裁协议合意、仲裁程序适用、仲裁机构的选择等，仲裁制度都将给予充分保障，以维护法治化营商环境的发展。

三是仲裁还具有专业性和权威性。当事人基于意思自治达成的仲裁协议适用约定管辖，非地域管辖；同理，基于意思自治原则，仲裁庭的组成程序、仲裁员的胜任资格也可由当事人确定。因此，审判民商事纠纷仲裁案件的仲裁庭，往往都是各方的专业人士，并不局限于曾经担任过法官的专家，故通常而言，在仲裁案件的审理过程中，各专家所涉及的专业领域并不局限于法律本身，同时还包括国情、地域、政治、文化、行业、习惯等，这也是营商环境国际化与专业性在仲裁中的具体体现。

（二）线上仲裁的迅速发展

线上仲裁（Online Arbitration），亦称网上仲裁（Cyber Arbitration），是一种新兴的争端解决方式，仲裁系统中的所有程序都是通过电子邮件会议、群聊、音频或视频等在线方式进行的。① 作为新型"互联网+仲裁"模式，尽管目前国内外对其并无明确且统一的定义，但线上仲裁模式已越来越多地在实践中被应用，主要是仲裁机构借助数字化与信息化系统，完成在线立案、提交电子材料、尝试智慧送达、进行网络庭审等程序。

相较于传统模式，线上仲裁具有以下两方面的显著优势：一是成本更低、更符合绿色环保理念。线上仲裁可以全程都施行无纸化模式，避免了案件材料的成本损耗。此外，作为仲裁特性之一的约定管辖，当事人约定第三方仲裁机构的案件较多，而异地线上仲裁，可以有效减少交通费、住宿费等项目

---

① See Jasna Arsić, *International Commercial Arbitration on the Internet: Has the Future Come Too Early?*, Journal of International Arbitration, Vol. 1997 (14), p.209.

的支出,在降低仲裁成本的同时,也因为减少了当事人的出行,史符合绿色理念。二是效率更高、也更便捷。当事人通过线上立案、递交电子材料、电子送达等方式,节省了传统模式下物流运转的环节,再结合人工智能模式,有效加快了案件审理的效率。此外,在线仲裁中的各方当事人仅需使用电脑、平板、手机等即可参与,更加便捷。

鉴于我国《仲裁法》主要内容制定于1994年,当时互联网技术并未普遍适用,故国内主流仲裁机构一般仍以线下审理为主。而随着当下网络技术的蓬勃发展,我国已经进入了电子化、信息化的时代,互联网渗透在我们日常工作生活的方方面面,在此时代背景下,更多的国内仲裁机构也开始探索线上仲裁的可行性。2022年,北京、重庆等仲裁委员会也相继出台了进一步的线上仲裁规则或指引,凸显推行线上仲裁的必要性和可行性。

(三) 重视仲裁制度的国际化理念

40多年前,我国正式开启了改革开放,我们顺应时代浪潮、把握开放机遇,促进了我国和世界的共同进步。此后,随着我国加入WTO、设立自贸区、共建"一带一路"、打造亚太仲裁中心等,我国仲裁制度的国际化理念彰显着法治建设的现代化,影响着法治化营商环境的构建。

1. 建立"一带一路"仲裁机制

2018年1月,习近平总书记主持召开中央全面深化改革领导小组第二次会议,会议通过了《关于建立"一带一路"争端解决机制和机构的意见》。[①]上述意见明确共建"一带一路"各国商事争议解决机制的原则、具体实施方法等,对改善"一带一路"各国法治化营商环境、建设全球司法协作创新平台有着重大的现实意义。

作为一种重要的纠纷处理机制,仲裁具有全球性和专业性的特征,目前国内的仲裁机构在国际上也具备一定声誉,成为诸多"一带一路"共建国家中当事人对争议解决的优先选择。有别于传统民商事仲裁,国际投资争端解决机制意在化解外国投资人和东道国政府间的投资纠纷。事实上,通过考察域外的仲裁机构,发现部分较具名声的国外商事仲裁院,比如斯德哥尔摩、国际商会等,也会受理这类案件。"它山之石,可以攻玉",如果我国能够借鉴上述机制,建立符合"一带一路"国际投资的相关制度,或将对推进"一带一路"建设具有重大的法律价值。值得欣慰的是,我国仲裁机构中亦不乏

---

① 《习近平主持召开中央全面深化改革领导小组第二次会议》,载中华人民共和国中央人民政府网,https://www.gov.cn/xinwen/2018-01/23/content_ 5259818.htm。

此类先行者,如中国国际经济贸易仲裁委员会、深圳国际仲裁院等均已相继出台含有受理国际投资争端争议纠纷的仲裁规则,这对推进"一带一路"建设有所助益。在我国现有的仲裁制度框架内,对于如何提高国际治理水平、塑造国际化商业环境是一个需要深入讨论的议题。

2. 民商事仲裁对于自贸区建设的积极影响

2013年,上海自由贸易试验区正式建立。出于发展营商的需要,对仲裁机制的研究也处于持续探索之中。2014年,上海国际仲裁中心发布了针对自贸区的仲裁规则,推出紧急仲裁、友好仲裁等机制。自2015年4月国务院表示支持国外仲裁机构进驻自贸试验区后,新加坡国际仲裁中心就很快确立了上海代表处,并成为第一个进驻上海自贸试验区的国外商业仲裁机构。[1] 新加坡国际仲裁中心的进驻表明自贸试验区建设对于境外仲裁机构的吸引力,使得民商事仲裁这一矛盾纠纷处理机制成为营商环境下各方当事人自主选择的方式,从而实现我国与国际的接轨。

目前上海市已经成为我国国际仲裁机构资源最集中、最丰富的城市,除四家已经依法设立或登记的国内仲裁机构外,四家国外仲裁院也在上海自贸试验区建立了办事处。2018年12月18日,上海市司法局、中国(上海)自由贸易试验区管委会关于上海自贸试验区建设问题联合发布相关实施意见,致力于提高上海自贸试验区法治公共服务能级,保障上海自贸试验区的改革创新。这也标志着仲裁这一多元化纠纷解决机制,对于自贸区营商环境建设产生了积极影响。

建立自贸区法治化的理念,由国务院接受立法机关的特别授权,制定一系列政策,让自贸区率先试行特殊的民商事仲裁制度,从而形成可复制、可推广的经验,积极修订仲裁法的相关内容,使其符合新时代的法治化营商环境要求。

3. 构建亚太地区国际仲裁中心

随着亚太国家和地区经贸交易的日益频繁,国务院办公厅于2015年4月印发了《进一步深化中国(上海)自由贸易试验区改革开放方案》,建议上海加快亚太仲裁中心建设,[2] 并将其上升至国家层面的重要战略部署。从目前上海的国际司法环境、人才聚集、机制布局、城市战略以及业务需求等方面

---

[1] 刘海:《首家国外仲裁机构落户上海自贸试验区》,载《上海法治报》2016年3月4日,第8版。

[2] 国务院《关于印发进一步深化中国(上海)自由贸易试验区改革开放方案的通知》(国发〔2015〕21号)。

看，上海在构建亚太地区国际仲裁中心方面具备了天然优势。根据不完全统计资料，目前上海的仲裁机构已累计解决各种案件5.6万余件，总标的额达到人民币3800多亿元，仲裁当事人遍布全世界的80多个国家和地区。① 根据全球仲裁权威调查组织伦敦女王玛丽大学发布的调查报告显示，上海跻身世界最受欢迎的仲裁地前十名，这标志着上海在加速推动亚太仲裁中心建设方面已取得了初步成效。②

二、现行民商事仲裁制度的现状及问题

从"替代纠纷解决机制（仲裁与调解）"这一三级指标来看，我国民商事仲裁在效率、质量、执行方面均已经有了较大的提升，但是仲裁机构的发展存在差异性，出现了一些国内仲裁机构以缺席审理为常态的非良性发展，加之因仲裁特有的不公开审理特性，使之有别于法院公告送达，仲裁中各机构通常是以穷尽送达为首要原则，因此不免产生因送达难、送达周期过长，导致仲裁案件审理周期拉长，造成裁决文书公信力不足等问题。

（一）民商事仲裁制度的构建现状

1. 注重仲裁裁决的承认和执行

民商事仲裁裁决的承认和执行是民商事仲裁机制发挥作用的关键环节，该过程有赖于各方当事人、法院、仲裁机构等多主体的合作。民商事仲裁具有自治性、民间性、中立性等多种特征，同时这也成为民商事仲裁的独特优势，民商事主体能够通过民商事仲裁更快速、低成本、公平地处理纠纷。对于民商事仲裁裁决的承认和执行将有助于纠纷最终解决方案的落实，同时对于跨国仲裁裁决的承认与执行将有利于跨国民商事活动的进一步开展，也为域外民商事主体在我国境内开展民商事活动奠定制度基础。在营商环境法治化的时代背景下，民商事主体在开展上市活动时更加强调程序和内容的涉密性，而仲裁制度特有的不公开审理等保密原则，便成为吸引当事人选择该争议解决方式处理纠纷的优势之一，注重仲裁裁决的承认和执行也是保护民商事主体在纠纷中能够实现保密需求的主要手段。目前我国最高人民法院多次就相关域外民商事仲裁进行承认和执行，为未来营商环境的进一步提升创造了条件。

---

① 李治国：《经济日报：上海向面向全球的亚太仲裁中心持续迈进》，载微信公众号"上海市司法局"，2021年11月18日。

② 宋宁华：《全球最受欢迎仲裁地，上海列第八》，载《新民晚报》2022年2月13日，第1版。

2. 引入国际知名商事仲裁机构

引入国际知名商事仲裁机构是保障我国商事纠纷多元解决机制与国际对接的关键一步,同时也是保障纠纷解决的平等性、专业性、中立性的重要手段。最高人民法院于2021年7月21日在国际商事法庭网站上线了"一站式"国际商事纠纷多元化解决平台,将诉讼与调解、仲裁有机衔接,邀请中国国际经济贸易仲裁委员会、上海国际经济贸易仲裁委员会(上海国际仲裁中心)等五家国际商事仲裁机构,和上海经贸商事调解中心等两家国际商事调解机构,为国际商事案件当事人提供"一站式"便利、快捷、低成本的纠纷解决服务。① 目前,在横琴粤澳深度合作区、前海深港现代服务业合作区、我国中部地区、中国(北京)自由贸易试验区、海南自贸港等地已经开展引入国际知名商事仲裁机构的试点工作,鼓励试点区域与国内外知名的上市仲裁机构进行合作与对接,健全"一站式"国际商事纠纷多元解决机制。同时也不断完善体制机制,为境外知名国际商事仲裁机构在我国设立业务机构、开展商事仲裁业务创造条件(见表4-1)。

表4-1 引入国际知名商事仲裁机构试点区域

引入区域	具体要求
横琴粤澳深度合作区	鼓励其与国内外商事仲裁机构、调解组织及其他法律服务机构进行工作对接
深圳市前海深港现代服务业合作区	推动前海法院与知名国际商事仲裁机构、国际商事调解组织进行工作对接,健全"一站式"国际商事纠纷多元解决机制
上海浦东新区	支持境外知名国际商事仲裁机构在浦东新区设立业务机构,就国际商事争议开展仲裁业务
中部地区	支持商事仲裁机构开展国际商事仲裁,鼓励商事调解机构参与调解国际贸易、投资等纠纷,为中外当事人提供高效、便捷、低成本的纠纷解决服务
中国(北京)自由贸易试验区	探索引入国内外知名国际商事仲裁机构、国际商事调解组织
海南自由贸易港	引入知名国际商事仲裁机构、国际商事调解组织,建立调解、仲裁、诉讼有机衔接的"一站式"国际商事纠纷解决机制

---

① 《最高人民法院"一站式"国际商事纠纷多元化解决平台今天上线启动》,载最高人民法院网2021年7月21日,https://www.court.gov.cn/zixun/xiangqing/314691.html。

(二) 实践中民商事仲裁制度存在的问题剖析

虽然我国民商事仲裁的快速发展对我国法治化营商环境的建设发挥着重要作用，但实践中民商事仲裁制度亦存在以下问题，亟待解决。

1. 仲裁公信力有待提升

公信力是使社会公众对特定的组织和事务产生信任的力量，仲裁制度的公信力关乎公平正义，关乎该制度的生存和发展。2019 年 4 月，中共中央、国务院办公厅印发了《关于完善仲裁制度提高仲裁公信力的若干意见》，意见明确指出随着社会主义市场经济深入发展和对外开放进一步扩大，仲裁工作面临着仲裁委员会内部治理结构不完善、仲裁发展秩序不规范、仲裁国际竞争力不强、监督制约机制不健全、支持保障不到位等新情况新问题，影响了仲裁公信力，制约了仲裁事业的健康快速发展。[①] 因此，如何有效提高仲裁公信力，成为实践中的又一关键问题。

2022 年 3 月 24 日，北京市第四中级人民法院发布了《国内商事仲裁司法审查年度报告（2019—2021）》和十大典型案件。报道显示，在 2019 年至 2021 年，北京市第四中级人民法院已受理的司法审查仲裁案件量呈现逐年明显上升趋势，而当事人对提出撤裁与不予执行的理由也呈现多样化的态势。报告建议，仲裁机构应当逐步健全仲裁规范完善仲裁规则，进一步明确仲裁和刑案程序的交叉处理规范，以及送达程序、仲裁员信息披露准则、审限规则等，促进仲裁事业健康有序发展；当事人也须依法合理地行使权益，社会公众要正确认识仲裁的司法审查程序。[②] 尽管上述报告认识到了实践中相关问题的存在，同时提出了意见建议，但在具体的实践中仍面临很多问题，主要表现在两个方面：一方面，关于进一步完善仲裁规则的问题。现行国内各家仲裁机构的仲裁规则，或是根据我国《仲裁法》制定，或是借鉴国外先进仲裁机构的理念。而现行《仲裁法》的核心内容却制定于 1994 年，很多具体的条款内容无法适应当下的社会发展。对于借鉴国外仲裁机构的理念，又因为我国的国情与国外并不相同，而无法直接借鉴。因此，对于仲裁规则的完善实属不易。另一方面，关于仲裁员披露规则与审限规则的问题，二者存在一定的联系和交集，但实践中各家仲裁机构的仲裁员并非如法院坐班制的法官，

[①] 参见《中共中央办公厅、国务院办公厅印发〈关于完善仲裁制度提高仲裁公信力的若干意见〉的通知》（中办发〔2018〕76 号）。

[②] 《北京四中院发布〈国内商事仲裁司法审查年度报告〉》，载《法治日报》2022 年 3 月 25 日，第 3 版。

业务能力参差不齐，勤勉程度亦不尽相同，故对于仲裁员的管理存在难度，如此也致使仲裁案件的审理周期无法确定，此外还存在仲裁员披露义务未切实履行等问题。

2. 仲裁人才流失现象严重

为了培育和发展仲裁人才，建立专业化、适应新时代要求的仲裁队伍，2022年2月28日，中共中央组织部、最高人民法院、最高人民检察院、司法部联合出台了《关于建立法律职业人员统一职前培训制度的指导意见》的通知，确立了包括仲裁员在内的全国法学专职工作人员统一职前培训机制，并根据"谁选谁训""先选后训"等规定，确定了重新统一职前培训的具体工作机构、职责划分和推进机制。①尽管该指导意见已经认识到仲裁人才队伍的重要性，且已开始积极实施仲裁员培育新模式，但人才队伍的建设并非一蹴而就。目前我国仲裁机构就涉外仲裁新人的培育，采取的主要方式是模拟仲裁，如中国国际经济贸易仲裁委员会主办的"贸仲杯"模拟仲裁辩论赛，通过模拟仲裁提升法律学子的仲裁专业素养，同时普及域内外先进的仲裁理念，进而助力涉外仲裁人才的发展。

但相对于仲裁人才的培养，实践中更亟待关注是现有仲裁人才的流失。目前，我国仲裁人才队伍主要涉及两类：一是仲裁员，二是仲裁秘书。对于前者，国内仲裁机构大多采用每隔数年进行聘用的模式，将社会各界优秀的法律人才予以吸收和纳入，即便更新较为频繁，也不会导致人才流失。而对于后者，将优秀的仲裁秘书人才留住则并不容易，这是由于仲裁秘书承担的主要是仲裁程序辅助工作，虽然个案的工作难度并不大，但由于案件数量多，故仲裁秘书的压力其实并不低于法院系统中的法官助理。此外，相较于国内其他的法律工作，仲裁秘书的薪酬往往处于中等偏下水平，故当存在其他更好机会的情况下，仲裁秘书往往会主动放弃该职业，进而选择性价比更高、薪酬更高的工作，这就导致仲裁秘书流动性很强，该类人才的流失问题较为严重。而仲裁秘书作为仲裁队伍不可或缺的人员，其流失问题亟待予以重视。

三、我国民商事仲裁制度优化完善建议

我国1994年制定的《仲裁法》已经无法满足当下社会发展的客观需要，尽管该法曾于2009年与2017年经历了两次修正，但主体内容仍未变化。引

---

① 参见《中共中央组织部、最高人民法院、最高人民检察院、司法部印发〈关于建立法律职业人员统一职前培训制度的指导意见〉的通知》（司发〔2022〕1号）。

入域外民商事仲裁先进理念使之契合我国仲裁体系，是营商环境法治化的实现路径，但仅靠仲裁法的修改并不足够，尚需多元路径来实现。

（一）加强仲裁的信息化建设

新一代人工智能的迅猛发展以及网络时代的全面到来，对我国的仲裁制度提出了新的要求和挑战。构建新时代满足信息化要求的仲裁制度，不仅需要增加线上仲裁应用，还应当包括有效利用数字化系统和人工智能，并逐步发展智慧仲裁。

广州仲裁委员会是我国较早启动信息化建设的仲裁机构，其于2018年已可实现批量案件的自动化处理。2019年至2020年，广州仲裁委员会也已启动并升级智能仲裁系统，建立互联网生态圈，并通过云仲裁系统实现快速审理案件；2020年更是推出了18个国家和地区境外机构认可的"广州互联网仲裁标准"。[①] 仲裁的信息化建设不仅应有必要的资金支持，更要有技术保障。为此，我国的仲裁机构结合市场环境，或推出手机App、线上庭审等，或开发电子签名、语音识别、同声翻译等人工智能，以优化内部机制，运用人工智能实现办案效率的提升。此外，尚需注重完善外部联动，尽可能将各行政司法部门的资源予以统一协调，实现信息共享。如在仲裁机构与法院之间构建保全及执行机制的联动，通过内部沟通、文件传输、信访反馈等，确保信息的有效性，进而保障当事人的权利；再如，通过建立类似"一网通办"协作平台，将仲裁案件当事人信息仅在内部承办人员之间透明化，便于尽可能完善送达制度，减少仲裁裁决撤裁率与不予执行率。

（二）强化仲裁队伍人才的储备和培育

队伍建设解决的最根本的是关于人的问题，仲裁队伍建设的状况关乎我国对于国际仲裁高地的打造、高素质仲裁服务人员的培育、仲裁案件处理水平的提高，关乎仲裁制度的发展和整体效能的提升，关乎我国的仲裁事业和法治建设。如何加强仲裁队伍人才的储备和培育，进而留住人才、用好人才，为仲裁事业及我国法治的建设凝聚人才之力、积蓄发展动能，是当下国内民商事仲裁亟待解决的问题。如前所述，目前我国仲裁发展的现实困难便是仲裁队伍人才，尤其是其中的优秀仲裁秘书流失现象严重。

实际上，仲裁秘书作为仲裁案件程序的管理者和服务者，其作用日益凸显，优秀的仲裁秘书能够有效提高仲裁的办案效率。但因仲裁秘书工作压力

---

① 章宁旦：《广州仲裁委发布全球首个互联网仲裁标准——18个国家和地区境外机构认可推广"广州标准"》，载《法治日报》2020年10月12日，第1版。

大、薪酬待遇不高等，致使仲裁秘书人才流失现象严重；加之仲裁行业缺乏系统培养机制，造成培养新晋仲裁秘书周期往往较长。因此，不仅应当建立人才的系统培育机制，逐步提高仲裁秘书的业务能力；同时也应科学调研，合理设置仲裁秘书的薪酬体系，使人才留下来。

除了"留住"现有仲裁人才外，对于人才储备也应做到专业"引进"。2022年3月31日，司法部、教育部、科学技术部、国务院国有资产监督管理委员会、中华全国工商业联合会、中国国际贸易促进委员会联合印发《关于做好涉外仲裁人才培养项目实施工作的通知》，明确要整合运用现有资源培育涉外仲裁法律人才，采取组建涉外仲裁人才培养专家委员会、建立涉外仲裁人才培训基地、组建涉外仲裁高端人才库、开展涉外仲裁项目证书教育、实施国际仲裁研究生培养项目、组织开展专题教育等重要措施，有序推动涉外仲裁法律人才管理工作。① 为此，各家仲裁机构也在积极探索如何有效引进高质量人才，并予以进一步培养。上海仲裁委员会于2021年进行深化体制改革，加大培养人才力度，尝试引进国外优秀毕业生，并于2021年下半年正式设立上海国际仲裁学院，系统化培养、准备优秀人才，不仅想办法将人才"留得住"，更在为"引进来"做积极探索。

（三）全面优化仲裁的监督管理制度

我国仲裁监督管理制度的优化完善具体可从以下三方面进行：第一，有效衔接仲裁裁决的撤销和不予执行机制。鉴于仲裁裁决的撤销和不执行程序机制在评价准则上基本趋于相同，为避免重复审查，部分专家曾主张适当合并。事实上，西方仲裁制度对撤销和不予执行是否为一个整体争论已久，但至今联合国的《国际商事仲裁法范本》等重大仲裁立法文件仍将二者共存并有所区分。其原因在于因提出不予执行是仲裁败诉方的权利，而提出撤裁不仅是对败诉方权利的救济，同时也兼顾了胜诉方的追诉权利，即在整套制度下实际败诉方拥有获得双重救助的权利。若将二者合并，取消不予执行机制，只要不进行撤销，即有执行力，这就使原来只希望在执行阶段抗辩的败诉方，必须在裁决生效后及时提出撤裁，致使原裁决的撤裁之诉暴增，让原实施地法院的司法审查权大打折扣。故在此背景下，仲裁不予执行不应废除，而应使其与仲裁裁决的撤销有效衔接。第二，多措并举，整体优化仲裁协议的效力判定机制。《中华人民共和国仲裁法（修订）（征求意见稿）》第28条规

---

① 参见司法部、教育部、科学技术部、国有资产监督管理委员会、中华全国工商业联合会、中国国际贸易促进委员会印发《关于做好涉外仲裁人才培养项目实施工作的通知》。

定了法院逐级复议制度，完善了现行法关于协议效力的审查，避免了实践中时常遇到的当事人向法院及仲裁机构同时提出异议判定申请造成重复审查的麻烦，但因复议轮次增加，可能造成时间上的拖沓，加之仲裁与法院分属两个体系，存在信息沟通障碍，会造成仲裁裁决作出后，管辖异议复议的裁定仍未下达的情况。因此，除了完善立法外，尚需努力探索法院与仲裁机构的信息联动机制。第三，积极完善案外人救济制度。实务中，仲裁案件往往存在一些当事人通过恶意串通、虚构事实等方式，故意损害案外人权益的情形，出于仲裁合同相对性、不公开审理等特征，加之第三人制度的缺位，审理时常较难发现是否存在侵害案外人权益的情形。一裁终局之后，如果当事人提出虚假诉讼，则由于目前国内的法律并没有赋予案外人请求撤销仲裁裁决等救济，而法院作为国家监督机构又缺乏自主撤销仲裁裁决的司法渠道，同时，仲裁机构一般也不会自主纠错，因此，在仲裁法修订时完善案外人的救济途径，同时建立有效实践机制变得势在必行。① 现行仲裁体系下，如何避免当事人恶意串通、虚假仲裁引起损害案外人权益并进行全面审查，仍是实践中需要探索的课题。

第二节　营商环境视域下完善民商事调解的现实举措

调解属于第三方纠纷解决机制，调解以其包容、灵活、高效、廉价的特征，成为实现合意最多、强制最少的解纷方式，在民商事争议解决过程中扮演着极其重要的作用。在2023年5月世界银行新发布的BR体系文件中，调解作为替代性纠纷解决机制之一成为民商事纠纷解决机制下重要的评价指标。其中，调解协议的执行制度作为民商事调解制度中的新增指标，成为法治化营商环境中重要的评价内容。

一、BR理念在我国民商事调解制度中的具体体现

（一）调解具有成本上的经济性

相较于诉讼抑或仲裁，调解具有成本上的经济性。这种成本上的经济性一方面体现在纠纷解决所花费的具体费用上，对于相同标的额的民商事纠纷，

---

① 申黎、刘馨兰：《仲裁案外人救济机制的建构与完善——兼论对〈仲裁法（修订）（征求意见稿）〉的修改建议》，载《商事仲裁与调解》2021年第6期。

诉讼或者仲裁所需的受理费用，包括仲裁员收费和机构报酬在内的仲裁费用均要显著高于调解的费用；另一方面，这种经济性还体现在纠纷化解所需要的时间成本上，诉讼按照法律规定自当遵循特有的程序，由此所耗费的时间成本自不待言，而仲裁虽是"一裁终局"，较诉讼而言减少了时间，但随着时间推移，仲裁特别是国际仲裁，也逐渐衍生出诉讼化的倾向[1]，程序设置也逐渐正式、复杂，周期亦冗长难测，而调解的达成是基于当事人的意思自治，并无法定的程序要求，故可以极大缩减时间成本。从传统文化而言，我国自古就有"调处息诉""以和为贵"思想，并以此为内核形成具有中国特色享誉世界的"东方经验"调解制度。[2] 立法上，我国《人民调解法》和《民事诉讼法》也将"调解优先"原则和"司法确认"程序予以明确规定。在国际纠纷解决制度中，调解亦是历史最长的争端解决机制之一，被运用于解决国家间的公法争端、国家与私人之间的投资争端以及私人间的国际商事争端。[3] 随着国际合作的持续发展，调解在国际争端解决中的作用日益凸显。

（二）调解方式和程序的灵活性

调解的灵活性主要体现在调解的方式与程序上。对于前者而言，既存在以背靠背通过调解员和各当事人单独沟通的方式进行，也可采取组织当事人坐在一起面对面的方式共同调解；既可以线下调解，又可以线上调解。至于调解程序的运用上，整个的调解过程无须拘泥于特定的程序性规则，也不受特定时间、地点等拘束，调解员仅需履行必要的披露义务、遵守特定的保密原则即可。调解制度内在的这种灵活性，使其可以包容差异，进而灵活地解决争议，这一点在解决国际民商事纠纷中尤为明显。如"一带一路"建设中，共建国家分属不同法系，加之不同国家政治、经济、文化、习惯等方面的差异，致使相关具体的法律制度存在差异。在此背景下，如果当事人将争议诉诸诉讼或仲裁，适用不同的法律制度可能导致当事人利益状态悬殊或者偏离对交易的整体预期[4]，但如果运用调解方式解决纠纷，则当事人大可将不同国家法律制度之间的差异束之高阁，而着眼于实现双方利益的最大化。

---

[1] 陈洁：《我国国际和解协议准予救济制度的构建——以〈新加坡调解公约〉的签署为契机》，载《东南大学学报（哲学社会科学版）》2020年第2期。

[2] 最高人民法院司法改革领导小组办公室编：《人民法院司法改革与中国国情读本》，人民法院出版社2012年版，第45页。

[3] 漆彤、张生、黄丽萍：《调解在国际争端解决中的发展与应用》，载《武大国际法评论》2020年第2期。

[4] 杜军：《我国国际商事调解法治化的思考》，载《法律适用》2021年第1期。

(二) 调解制度内含的互助互利性

诉讼抑或仲裁，本质上都是一种零和博弈，一方所得正是另一方所失去的，整个社会的利益并不因此增加，这种纠纷的解决往往以对抗方式实现。也正因为如此，当事人在诉讼或者仲裁之后，往往难以再续前缘、继续合作，如此则不利于民商事交易，有损营商环境的建设。而调解制度则具有明显的互助互利性。在民商事调解过程中，调解员往往以"疏导—评估—促进"的方式帮助当事人重新恢复沟通、达成谅解、取得一致，并以此实现双方利益最大化及合作关系的恢复。① 双方在调解过程中并不拘泥于目前的利益状况分配，而是着眼于长期合作、发展等因素，在化解纠纷的同时实现合作的纵深发展。因此，以调解方式解决纠纷并非零和博弈，反而因调解协议的达成实现双方当事人的共同利益，当事人也会更加愿意主动去执行协议的内容，避免了仲裁和诉讼中的执行难问题。

二、我国民商事调解制度的实践现状和不足

(一) 民商事调解制度的发展状况

1. 发展国际民商事调解机制

民商事调解制度所具有的上述优势使其广泛应用于不同的纠纷处理场景。随着国际民商事交易的迅猛发展，调解制度亦在其中发挥重要的作用。发展国际民商事调解机制的原因主要在于民商事活动的跨国性明显，国际民商事调解机制有助于我国民商事主体踏入国际市场，并维护自身权利。完善国际民商事纠纷案件集中审判机制，提供国际民商事仲裁、国际民商事调解等多种非诉讼纠纷解决方式也成为我国各自贸区、自贸港积极开展对于国际民商事调解机制的探索，同时支持具备条件、在国际上享有良好声誉的国内调解机构开展涉国际民商事调解。

2. 创新在线民商事调解模式

在线民商事调解模式可以适应跨国民商事纠纷以及因疫情、疾病等多种客观原因造成的无法线下调解的情况，创新在线民商事调解模式就是综合运用网络技术及相关软件和程序，辅助在线民商事调解模式的顺利开展。杭州市就以智能化形式创新民商事调解模式，其开展实施"数智化"在线民商事调解模式，实现跨时空跨地域知识产权和国际民商事纠纷调解"一次不用

---

① 温先涛：《〈新加坡公约〉与中国商事调解——与〈纽约公约〉〈选择法院协议公约〉相比较》，载《中国法律评论》2019 年第 1 期。

跑",这正是在提升便利水平方面,着力构建有利于服务贸易自由化便利化的营商环境。① 从制度设计层面,对于在线民商事调解起到了重要的支撑作用。目前,中央顶层设计和国家战略部署中强调要加强在线调解方式的应用,最高人民法院发布的《最高人民法院关于人民法院进一步深化多元化纠纷解决机制改革意见》中提出要创新在线纠纷解决方式,强调加强在线调解的适用;除此之外,最高人民法院印发的《人民法院第五个五年改革纲要(2019—2023)》中也明确提出要引导鼓励当事人选择非诉方式解决纠纷,要推动建立统一的在线矛盾纠纷多元化解平台。

(二)民商事调解与诉调对接机制存在的问题

民商事多元化纠纷解决机制中,法院通过聘请特邀调解员、程序衔接、案件分流、司法审查确认等环节,发挥对各种民商事非诉讼程序的引领、推动和保障作用,进一步满足民商事主体的纠纷解决需求,实现民商事案件处理的多元化。民商事调解作为一项重要的非诉讼纠纷解决途径,具有周期短、效率高、成本低等特点,而且民商事调解对过程和结果都予以保密,最大限度地保护了当事人的信誉。建立独立、保密、高效、专业的民商事诉调对接机制,不仅是对于专业民商事调解机制的要求,也是对于法院处理民商事纠纷案件机制的要求。但目前民商事调解与诉调对接机制相关的上位法律规范和相关流程尚不明确,民商事调解组织与调解员的专业性有待加强,诉调对接效率及实际效果也有待提高。

(三)商事调解的司法确认机制存在的问题

民商事调解作为有别于民商事诉讼、仲裁的非诉讼纠纷解决机制,如何获得司法上的确认是该机制发展的核心。有别于仲裁制度、民事调解制度存在成文法的明确规定,商事调解的司法确认缺乏系统、明确、独立的规范法基础,仍处于寄居于民事调解领域的曲折发展阶段。

鉴于调解具有多方面的优势和特殊性,加强商事调解的司法确认有很大必要性,但目前的司法确认机制存在较大不足。

一方面,现行司法确认机制不足以发挥商事调解的效用。一是商事调解司法确认的适用范围有限,申请主体只能由双方当事人共同向法院申请,单方申请者无效;申请司法确认也有严格的期限限制,不符合商事调解协议所认可的期待利益。二是商事调解司法确认的管辖不合理,容易形成事实上的

---

① 《国务院服务贸易发展部际联席会议办公室关于印发全面深化服务贸易创新发展试点"最佳实践案例"的函》(商服贸函〔2021〕163号),2021年5月12日发布。

集中管辖,造成受理法院的小案压力过大。同时,立法仅规定基层人民法院具有商事调解司法确认的管辖权,降低了重大复杂案件的法院管辖级别。三是商事调解司法确认的配套机制滞后,商业调解组织缺乏统一资质认定,商事调解可能达不到专业化水平,法院对此进行司法确认具有很大的风险;缺乏经济杠杆激励机制,有偿调解在我国尚未被广泛接受。

另一方面,现行司法确认机制适用于商事调解存在一定风险。一是法院对于调解协议的达成存在疑虑,认为对此进行司法确认具有很大的风险。二是法院难以把握审查标准,过宽则易助长虚假诉讼,过窄又限制了机制效率和活力。三是救济机制不完善,难以在第三人保护等方面给予大标的商事调解足够救济机制支撑,也增加了虚假调解的风险。

(四) 商事调解协议执行方面存在的问题

第一,我国目前尚未制定商事调解方面的相关法律,对于商事调解制度的基本内容缺乏相应规定,对国际商事调解协议效力的规定亦付之阙如。当然,随着我国深入推进"一带一路"建设、深入参与国际商事合作以及商事争议的日益复杂化,商事调解的重要性也日益得到重视,在最高人民法院印发的《最高人民法院关于建立健全诉讼与非诉讼相衔接的矛盾纠纷解决机制的若干意见》《最高人民法院关于人民法院进一步深化多元化纠纷解决机制改革的意见》中亦均有涉及商事调解[①]。但这些文件一方面仅仅属于司法指导性文件,并非法源意义上的法律规范,另一方面就其内容亦无法为商事调解提供具体规则,因此依然无法改变我国目前缺乏商事调解法律规范的现状。对于商事调解组织及人员资格的认定、调解程序的规范、调解人员行为准则的确立等基本内容,亦处于立法空白状态。

三、我国民商事调解制度优化建议

BR 关于调解制度的价值观以及推荐参考的《联合国贸法会国际商事调解示范法》和《新加坡调解公约》中的相关规定,与我国多元化争议解决机制的要求相契合,其中的调解理念亦为我国民商事调解制度的完善提供了有益借鉴。

[①] 《最高人民法院关于人民法院进一步深化多元化纠纷解决机制改革的意见》(法发〔2016〕14号)第9条规定:"加强与商事调解组织、行业调解组织的对接。积极推动具备条件的商会、行业协会、调解协会、民办非企业单位、商事仲裁机构等设立商事调解组织、行业调解组织,在投资、金融、证券期货、保险、房地产、工程承包、技术转让、环境保护、电子商务、知识产权、国际贸易等领域提供商事调解服务或者行业调解服务。完善调解规则和对接程序,发挥商事调解组织、行业调解组织专业化、职业化优势。"

(一) 民商事调解与诉调对接机制的完善建议

可考虑从以下五大方面入手,进一步推进民商事多元化纠纷解决机制的实施与规范,加强诉讼与非诉讼纠纷解决机制的衔接。

一是完善民商事案件多元化纠纷解决与分流调解速裁一体化机制。加强诉调与繁简分流的对接,对适宜调解的一审案件,积极引导当事人在登记立案前先行由法院委派调解,调解不成的实行繁简分流;在一、二审案件立案后,对适宜调解的,委托商业调解组织或法院专职调解员调解,调解不成的实行繁简分流;对于繁简分流后或案件审理过程中发现适宜调解的案件,也可以委托商业调解组织或法院专职调解员调解。

二是明确诉调对接机构、审判管理机构以及其他相关机构的职责。对委派调解和委托调解的全流程分别梳理。加强调解、仲裁的司法审查,引导当事人诚信调解。细化案件管理制度与调解工作保障,对调解期限、调解组织和调解员的培训、评估、投诉处理等均予细化规范。

三是为有偿调解创造空间,充分发挥诉讼费用杠杆作用,进一步促进民商事调解发展。国际上,调解组织提供有偿调解服务并不鲜见。但有偿的调解要以当事人的自愿为原则。同时,依照最高人民法院的要求及相关规定,还可以通过减免诉讼费用的方式推动调解,以经济杠杆引导案件分流。

四是探索无争议事实确认机制、发展在线调解,创新调解机制。调解协议虽未达成,但经征得当事人确认,可以用书面方式记录无争议的事实,从而节约后续庭审时间,优化诉讼效率。充分运用大数据、人工智能等技术,推动构建纠纷解决申请、调解员确定、调解过程、调解文书生成等为一体的在线调解平台,促进多元化纠纷解决机制的信息化发展。

五是探索示范诉讼,推动民商事纠纷案件多元化解。法院可探索确立诉前单方承诺调解机制、(支持诉讼)示范判决机制,并对实践中调解组织与证券类商事主体事先签订协议,由主体承诺发生纠纷即接受该调解组织调解的做法予以肯定;对涉众证券案件出现裁判预期不明无法达成调解的情形确立(支持诉讼)示范判决机制,以选择代表性案件作出示范判决的方式促进争议双方理性评估诉求,有序引导群体性证券纠纷的多元化解。

(二) 商事调解司法确认机制的完善建议

我们应在商事调解司法确认的适用范围上进行明确与拓展:一是拓宽申请主体,明确个人有权单独提出商事调解协议的司法确认申请,从而降低司法确认程序的启动难度,加强急需赋予强制执行力的商事调解协议的司法确认。二是延长申请时间，只有当事人未履行调解协议达到一定期限向法院申请司法确认，才可以满足当事人对于司法确认的现实需求。三是将商事调解司法确认案件的地域管辖与普通案件的地域管辖进行统一，同时与司法调解的级别管辖保持一致。四是推进商事调解组织的专业化，完善商事调解与司法确认对接的关键环节，加大对存疑案件的全面审查力度，过滤虚假诉讼。同时，强化立案阶段的审查和责任告知，积极审查申请人是否存在关联诉讼、执行等事项，积极识别虚假诉讼疑点。五是建立和完善救济程序。司法确认的救济程序可以从当事人的救济程序和第三人的救济程序两个方面进行完善，当事人的救济程序又包括当事人对不予司法确认的救济程序、当事人对于司法确认确有错误的司法救济程序。六是建立与升级商事调解司法确认配套机制，包括建立诉讼费用激励机制、设定商事调解组织的资质、落实惩戒机制等，鼓励商事主体选择在专业有资质的商事调解组织中专业有资质的调解员主持下先行调解商事纠纷，同时加大对虚假调解的惩戒力度，完善和落实虚假诉讼中各方当事人及调解组织的责任。

（三）商事调解协议执行制度的完善建议

依据最新修正的《民事诉讼法》第271条国际条约优先之规定，[①] 在《民事诉讼法》的规定同国际条约发生冲突时，优先适用国际条约。目前，我国的商事调解组织、调解人员认证、调解守则等配套制度与商事调解法律制度较成熟的国家存在差距，我国短期内尚不具备在商事调解协议的执行制度上做到国内国际完全一致。根据国情，我国可采取"双轨制"，即直接赋予国际商事调解协议执行力，由执行机关审查后作出准予或不准予执行的决定；但在国内的商事调解协议效力上，仍需司法确认制度赋予其执行力，以保障国内商事主体的利益诉求，[②] 等相关条件成熟后，再考虑商事调解制度的并轨。

对于完善国际商事调解协议法律规范的具体措施，学界普遍认为应当制定专门的商事调解法；但综合考虑立法难度以及司法解释的地位和作用，亦可采取"两步走"方法，以制定司法解释的方式赋予国际商事调解协议执行力。

---

① 《民事诉讼法》第271条规定："中华人民共和国缔结或者参加的国际条约同本法有不同规定的，适用该国际条约的规定，但中华人民共和国声明保留的条款除外。"
② 赵泽慧：《〈新加坡调解公约〉的衔接困境与突围：从调解协议效力的冲突切入》，载《商事仲裁与调解》2020年第4期。

（四）民商事调解配套制度的完善建议

1. 强化民商事调解的监督

民商事调解中，经常会发生两类情形：一是当事人恶意串通，通过虚构民事法律关系或事实凭空制造纠纷，同时利用司法确认程序予以执行的虚假调解；二是一方以调解为名义恶意拖延其本应当承担的义务，达成调解协议后又反悔并拒不履行，致使调解协议形同虚设。为有效遏制上述情形的发生，发挥调解制度化解纠纷的功能，进而维护良好的法律秩序，有必要对民商事调解予以司法监督。

具体可从以下两方面着手：其一，对于虚假调解的司法监督。与虚假诉讼一样，虚假调解同样侵害案外人的利益，严重妨害司法秩序，应对此予以审查和打击。对此，我国《民事诉讼法》第115条规定了对虚假调解行为的司法处罚，① 我国《刑法》亦规定了虚假诉讼罪，后续对于民商事调解制度的完善亦应明确审查制度与相应处罚规则的衔接。此外，还应在调解协议审查程序中突破合同相对性原则的限制，允许调解协议可能涉及的第三方参与调解程序并听取其意见，利益受到损害的第三方可通过诉讼等方式维护自身权益，进而使虚假调解无法实现其目的。其二，对于调解协议的敦促履行。对此，可发挥信用惩戒作用，将拒不履行调解协议的当事人纳入失信人惩戒范围，以促使其履行。具体而言，若参与调解的主体无故拖延调解、调解中违反保密义务、拒不履行协议等，对其可予以信用记录、信用评级、信用约束，以惩戒失信当事人。当然，鉴于虚假调解中的当事人也有违信用，故信用惩戒机制亦可应用于虚假调解情形。

2. 建设高水平的民商事调解员队伍

调解制度的发展自然离不开优秀的调解员队伍的建设。对于民商事调解，特别是其中的商事调解，其调解内容具有复杂性高、专业性强的特点，这就对调解员提出了更高的职业要求，其不仅需要具备必需的各方面的法律专业知识、遵循调解员基本的职业规则和伦理规范，同时也需要有跨学科背景，具备心理学、社会学、谈判学等除法律专业之外的其他知识。建设高水平的民商事调解员队伍，应当建立统一的、严格的调解员认证机制，一方面着力提高调解员的专业门槛，加以必要的考核和资质认证，另一方面也要注重对

---

① 《民事诉讼法》第115条第1款规定："当事人之间恶意串通，企图通过诉讼、调解等方式侵害国家利益、社会公共利益或者他人合法权益的，人民法院应当驳回其请求，并根据情节轻重予以罚款、拘留；构成犯罪的，依法追究刑事责任。"

调解员的教育培训，从而为调解员提供多元化、体系性的职业提升路径。

3. 助力市场化调解组织的发展

在未来民商事调解组织的扶持和发展中，可考虑从以下几方面着手：一是制定更具吸引力的收费制度。借鉴域外经验，民商事调解组织在发展之初通常需要依赖政策推动和财政保障才能顺利开展，在之后随着调解需求不断发展，调解组织则逐步开始市场化的尝试。① 对于受法院委托或者邀请的调解，通过当事人仅需支付低于案件受理费的费用减免的方式，引导当事人通过调解解决纠纷。二是提供高质量的调解服务。对此，一方面可以借鉴新加坡国际调解中心，通过建立四级认证结构辨识调解员的技能、知识和经验层次，② 从而保障调解服务的高质量；另一方面鼓励调解组织进一步细分专业，充分发挥自身特色，从而形成较强的竞争力。三是实行调解行业的自身监管。行业组织可以针对自身行业制定行业规范与调解规则，以约束自身行为，同时发挥行业自律组织的统筹协调功能，助力市场化调解组织的健康发展。

第三节　营商环境场域中公共服务资源供给制度的完善

一、BR方法论引导下的公共服务资源供给理念

（一）构建行之有效的ADR机制

由上可知，我国民商事诉讼、仲裁、调解制度均围绕BR体系进行了理念的更新以及相应制度的重塑，而公共服务资源供给若无法与之相匹配，则势必导致上述纠纷解决制度陷入低效运行、成本过高、各自为战的不利情境，影响我国营商环境法治化的实现。

Alternative Dispute Resolution（ADR）③，通常翻译为替代性纠纷解决机制，我国通说将除诉讼程序外的仲裁、调解、协商、磋商、谈判、投诉等纠

---

① 宣一洲、郁玥：《法经济学视域下非诉讼纠纷解决机制市场化运行的现状检视与优化路径——以S市经贸商事调解中心为样本》，载《〈上海法学研究〉集刊》2021年第15卷。
② 张金凤：《中国国际商事调解市场的国际化：开拓与反哺》，载《商事仲裁与调解》2021年第4期。
③ Alternative Dispute Resolution（ADR）概念源于美国，即替代性纠纷解决方式或非诉讼纠纷解决程序。原指20世纪逐步发展起来的各种替代诉讼的纠纷解决方式，现在已引申为世界各国各种非诉讼纠纷解决程序或机制的统称。

纷解决方式均包含于 ADR 之内。

ADR 机制的实施通常有赖于 ADR 中心的设置，依主导 ADR 中心的主体区分，ADR 中心通常可识别为市场型（或称民间型、自我主导型等）和附设型（如法院附设型、行政附设型等）。① 前者指由与所涉纠纷无利益关系的公益组织或民间机构组成 ADR 中心，并完全由当事人选定纠纷解决的人员组成、规则选定等程序事项；后者则指由国家根据特定法律或规则所附设的纠纷解决机构。我国目前的 ADR 中心，基本以法院附设型为主。② 不过，我国目前正逐步探索建立市场型，如淘宝电商平台的"大众评审团"纠纷化解机制。

根据 ADR 本身的价值，我们在追求法治化营商环境时，应更加注重 ADR 机制与民商事诉讼制度的有机衔接、协调发展。在此目标导向下，我国更在逐步探索建立多元化纠纷解决机制，即由各种性质、功能、程序和形式不同的纠纷解决机制共同构成整体解纷系统，以满足社会和各类市场主体多元化解纷需求和选择自由的程序体系及动态调整系统，通常包含诉讼机制和 ADR 机制在内。③ 而域外 ADR 建构过程中，更加追求除诉讼程序外的其他替代性纠纷解决机制的发展及完善，始终以非诉讼纠纷解决机制为基本内涵，以减轻诉讼机制的负荷为原始初衷。④ 由此可见，我国多元化纠纷解决机制的内涵及外延均宽于 ADR。

（二）信息的公开和共享理念

BR 理念追求公共信息的共享以及法律信息的公开。具体而言，关于公共信息的共享，我国目前的国家企业信用信息公示系统仅能够满足对企业基本工商信息的查询，加之企业必须在登记机关进行登记备案或变更后方能对企业基本信息进行更新，由此导致该系统内显示的企业工商信息存在一定的滞后。⑤ 不仅如此，就商事纠纷而言，其不仅发生在企业之间，还发生在各类商

---

① 参见龙飞：《替代性纠纷解决机制立法的域外比较与借鉴》，载《中国政法大学学报》2019 年第 1 期。
② 李楠楠：《论我国替代性纠纷解决机制的问题与完善》，载《法制与经济》2020 年第 10 期。
③ 参见范愉：《当代世界多元化纠纷解决机制的发展与启示》，载《中国应用法学》2017 年第 3 期。
④ 参见王生长：《仲裁与调解相结合的理论与实务》，法律出版社 2001 年版，第 100~102 页。
⑤ 参见曹朝阳、陆诗秦、袁驰：《国家企业信用信息公示系统归集相关部门涉企信用信息的工作考量》，载《中国市场监管研究》2017 年第 9 期。

个人之间，因此建立统一的商事主体信息共享查询机制有其必要性。① 在 BR 理念下，无论此前相关主体通过诉讼、仲裁、调解等任一方式解决纠纷，均可对其中涉及的财产信息、送达信息等建立统一的共享查询机制，有助于此后解决该主体所涉的其他纠纷。关于法律信息公开，BR 理念追求最新版本的法律是否免费公开、判决是否公开发表等。目前，我国存在裁判文书公开、庭审公开、审判流程公开、执行信息公开等制度，但上述公开仅为诉讼公开，对调解、仲裁等其他纠纷解决机制则极少涉及，与 BR 追求的信息公开理念存在差异。

（三）成本的合理化配置

为了纠纷解决的便利性及满足效率规则，BR 又提出了成本合理化的理念。具体而言，主要包括两大方面的成本合理化。一是时间成本的合理化。BR 体系注重民商事纠纷解决的实践成本，在一审法院的审判中包括立案、向被告送达诉状、提出临时措施请求、准备专家证词和作出判决的时间；在上诉阶段的审理过程中则包括提起上诉、复审和发布最终裁决的时间；在执行阶段则包括承担给付义务一方民商事主体准备履行金钱或非金钱债务的时间、解纷机构查控承担义务方民商事主体财产的时间、扣划资金或公开拍卖非货币财产的时间，以及当承担义务方民商事主体无法经主动履行或强制执行程序向对方给付而终止程序后可能再次启动的时间等成本。二是费用成本的合理化。BR 体系强调解决纠纷过程中发生的费用成本，包括聘请律师参与解纷程序的费用、解纷机构受理纠纷案件所收取的费用、在解纷过程中进行委托鉴定、审计、评估等所产生的费用，以及在履行或执行程序中所需支付的费用等成本。② 此外，此类费用成本的适用标准是否合理设置以及是否存在有效监督机制的情况亦被纳入 BR 理念的考察范围之内。③

二、我国公共服务资源供给的现状与存在的问题检析

（一）多元化纠纷解决机制的立法问题亟须关注

第一，针对多元化纠纷解决机制方面的立法存在不足。我国当前涉及 ADR 机制的法律仅有《人民调解法》和《仲裁法》，前者仅是关于人民调解

---

① 参见张梁、冯果：《商个人营商环境的优化：被忽视的中国问题及其破解》，载《湖北社会科学》2020 年第 12 期。
② 参见黄静如：《民事纠纷救济机制成本分析》，载《广西质量监督导报》2020 年第 3 期。
③ 参见杨婷：《民事诉讼成本控制的域外考察与借鉴》，载《齐鲁学刊》2021 年第 4 期。

制度的规定,且不涉及商事调解、律师调解、其他行业调解等,而后者因颁布的时间较早,故规范指引的作用具有局限性,"选定的仲裁委员会"作为我国仲裁法规定的仲裁协议必备生效要件,限制了临时仲裁制度在我国民商事ADR机制中的合法尝试,同时也造成我国在面临境内承认和执行境外临时仲裁裁决时处于尴尬境地。① 此外,我国ADR中的协商、磋商、谈判、投诉等纠纷处理方式也无法律规范。

第二,缺乏多元化纠纷解决机制的统一立法。依上所述,我国ADR机制单行立法仅有《人民调解法》和《仲裁法》,虽有《公证法》《劳动争议调解仲裁法》等配套法律,但仍缺乏对民商事调解、仲裁等ADR机制的规范指引,而各自为政的法律规范更是难以解决解纷部门杂乱、解纷职能划分模糊、衔接机制不协调、解纷标准混乱等难题,故亟须出台统一的立法。② 我国当前已实施的全国性多元化纠纷解决机制建设系列意见法律效力层级过低,加之内容片面化、混杂化,难以规范并指引我国营商环境法治化视域下多元化纠纷解决机制的实际建设需求。③ 2009年7月,最高人民法院发布《关于建立健全诉讼与非诉讼相衔接的矛盾纠纷解决机制的若干意见》,之后中共中央办公厅、国务院办公厅于2015年12月联合发布《关于完善矛盾纠纷多元化解机制的意见》,为多元化纠纷解决机制的建设、诉讼与非诉讼纠纷解决机制的衔接提供了设计理念。2016年6月,最高人民法院发布《关于人民法院进一步深化多元化纠纷解决机制改革的意见》,进一步就多元化纠纷解决机制的改革提出了意见。2019年7月,最高人民法院发布《关于建设一站式多元解纷机制一站式诉讼服务中心的意见》。但上述意见主要表现为阶段式意见。从相关文件的性质而言,其也仅属于司法政策范畴,并非正式的法律,存在效力性不足的问题。此外,我国多元化纠纷解决机制的地方性立法在推进过程中存在内容同质化、针对性不强、缺乏统一标准等问题,对于现阶段全国统一大市场建立背景下民商事纠纷多空间、多地域发生的现状难以实现全国统一化、标准化解决,在性质上更接近促进型立法,缺乏整体性框架。④

---

① 参见廖永安、王聪:《我国多元化纠纷解决机制立法论纲——基于地方立法的观察与思考》,载《法治现代化研究》2021年第4期。

② 参见龙湘元、刘洋:《我国多元化纠纷解决机制的思考》,载《湖南人文科技学院学报》2021年第6期。

③ 参见胡平仁、彭园琛:《改革开放四十年来多元化纠纷解决机制的成就、问题及完善对策》,载《湖南行政学院学报》2019年第3期。

④ 参见龙飞:《多元化纠纷解决机制立法的定位与路径思考——以四个地方条例的比较为视角》,载《华东政法大学学报》2018年第3期。

综上所述,由于缺少全国性统一法律规定,我国多元纠纷解决机制的建立缺乏有效指引,而立法不足致使上述机制适用时主动权和积极性的欠缺,限制了解纷活力的释放。

(二)信息的公开和共享机制有待完善

如前所述,BR 理念追求公共信息的共享以及法律信息的公开。就公共信息的共享而言,当下在我国的实践中主要存在以下不足:一是缺少统一的公共信息共享查询系统。目前的国家企业信用信息公示系统、全国组织机构统一社会信用代码公示查询平台等查询系统联动性不足,无法有效满足相关主体信息查询的便利性需求。二是现有的查询系统中存在功能重叠的状况,如国家企业信用信息公示系统针对企业工商信息查询,而全国组织机构统一社会信用代码公示查询针对企业、事业单位、机关、社会组织等的信息查询,该二者就存在主体和信息混杂的情况,更遑论各级行政机构设立的其他信息查询平台。三是现有公共信息查询系统中存在信息滞后性、单一性的问题,如企业工商信息变更登记程序的滞后性。

此外,就法律信息公开而言,当前存在以下几方面的不足:一是我国并未建立统一的法律信息公开制度。二是现有的法律信息公开举措缺乏联系,民商事主体无法通过统一平台全面、系统了解纠纷进展信息。三是现有法律信息公开举措所涉领域为诉讼解纷机制模式下的信息,基本未涉及 ADR 机制,从而造成其他 ADR 机制的公信力不足。

(三)相关成本欠缺合理设置

成本主要包括两个方面,即解纷的时间成本和费用成本。

就时间成本而言,当下的实践中主要存在以下问题:一是目前我国缺乏对民商事仲裁、调解等 ADR 机制的时间设置,在无法预先判定相关时间成本的情况下,往往会限制民商事主体主动选择 ADR 机制的可能性。二是目前解纷机制中设置的时间未得到严格执行,存在变相增加时间成本的状况,对解纷机制的严肃性和权威性造成了消极影响。三是监督机制缺乏,对于解纷机构拖延或变相拖延的情况,民商事主体难以获得有效救济。四是相关人才缺乏,并由此导致解纷的时间成本增加。

至于费用成本,其主要存在以下问题:一是类似于上述解纷的时间成本,我国亦缺乏对民商事 ADR 机制费用成本的明确设置,在无法预先判定相关的费用成本的情况下,也会限制相关主体选择该机制解决纠纷的可能性。二是因未设置监督机制,故实践中存在部分机构随意设置费用的情况,损害了民商事主体的权益。三是由于人才缺乏,致使资源不足,同时也变相提高了解纷的费用成本。

三、涉外民商事纠纷"一站式"解决机制的完善建议

2018年,最高人民法院出台的《最高人民法院国际商事法庭程序规则(试行)》《最高人民法院国际商事专家委员会工作规则(试行)》《最高人民法院办公厅关于确定首批纳入"一站式"国际商事纠纷多元化解决机制的国际商事仲裁及调解机构的通知》等文件正式提出了"一站式"纠纷解决平台。所谓一站式纠纷解决平台,是指通过诉讼、仲裁、调解等纠纷处理方式的有效衔接,搭建涉外民商事纠纷处理"一站式"争议解决平台,以实现法治化营商环境的建设。

(一)涉外民商事纠纷"一站式"解决机制的价值目标

我国的"一站式"纠纷解决机制并非对西方ADR模仿照搬,也绝非对传统诉调结合方式的简单延续,它是以中国特色社会主义法治的发展经验为依据,依靠各纠纷解决机构的实践经验创设的多元化纠纷解决中心。通过对诉讼、仲裁、调解程序协调及有机衔接,为当事人提供更加多样且合理的纠纷解决方案和服务。

1. 涉外民商事纠纷审判质量的专业化

"一站式"纠纷解决平台设立后,能够有效促进原本相对独立的法院、仲裁中心以及调解中心加强沟通交流,有利于培养组建一批具有优秀涉外纠纷解决经验的专业人员,从而推动涉外民商事纠纷解决质量的不断提高,使纠纷解决结果具备高效性、专业性和统一性。

2. 涉外民商事纠纷处理流程的便捷化

"一站式"纠纷解决平台建成后,必然将形成专门的涉外民商事纠纷解决程序指引。该程序方面的规定能够破除过去自成体系的不同纠纷解决方式之间存在的程序空白和矛盾。完整且统一的规范能够有效减少因程序性问题导致的拖延,从而使纠纷的化解能够真正实现司法便民、司法为民的法治要求。

3. 涉外民商事纠纷处理模式的多元化

"一站式"纠纷解决平台成立后,涉外民商事纠纷的解决必然将从过去的主要以诉讼为主,转变为当事人选择更为合理便捷的纠纷解决机制进行有效处理。该平台建成后,能够在为民商事主体提供更多选择的同时,有效化解司法体系内部存在的人案矛盾等问题。

第四章 营商环境场域中民商事多元化纠纷解决机制的现实思考

(二) 涉外民商事纠纷解决方式的现状分析

1. 以诉讼方式解决纠纷的利弊分析

诉讼作为典型的依托国家公权力的争端解决方式,其所具有的公正性和权威性对特定当事人具有很强的吸引力,同时诉讼也是争议解决的最后方案。海牙《选择法院协议公约》于2015年10月1日生效后,在很大程度上也为协议管辖下法院判决的国际承认与执行带来了新的契机。[1]

诉讼虽然有着无可替代的优点,但其并不是万能的。[2] 因传统诉讼存在的程序灵活性不足及判决的域外承认与执行存在不确定性等弊端,在经济快速发展的当下社会,若过于单一地选择适用诉讼解决涉外民商事争议将导致以下两方面的问题:

一是案件数量庞大、处理周期长。当前,法院民商事案件的收案数量呈现逐年大幅度增长态势,而法院现有的审判力量不足。同时,随着经济的不断发展,许多新类型案件层出不穷。这些都导致了案件无法及时得以解决,既不利于纠纷的及时化解,也会影响司法公正在社会中的认可度,影响法治社会的建设。

二是跨境判决承认与执行存在困难。根据现行法律的规定,法院判决的承认与执行是有严格的程序要求的。国外法院的判决要在我国得以承认与执行,主要依据的是公约、双边条约或者互惠原则。虽然我国现已加入了海牙《选择法院协议公约》,但实践中我国法院承认和执行境外判决或我国法院判决在国外承认和执行的主要依据仍是互惠原则。而我国对互惠原则只是在《民事诉讼法》中作出了原则性规定,缺乏具体适用标准。实践中,通过最高人民法院对"五味晃案"作出的《最高人民法院关于我国人民法院应否承认和执行日本国法院具有债权债务内容裁判的复函》看出,我国法院在互惠原则的适用问题上坚持事实互惠原则。此外,在具体的承认和执行过程中,还会牵涉办理相应材料的公证认证,外国法查询、境外送达等问题,每一程序所需要的时间都十分漫长。在经济高度发展、涉外交往极其频繁的当下社会,影响跨境判决承认与执行的因素都会影响对当事人合法权益的有效维护与救济。

---

[1] 初北平:《"一带一路"多元争端解决中心构建的当下与未来》,载《中国法学》2017年第6期。
[2] 张珉:《诉讼和非诉讼相结合纠纷解决方式与民诉法修订》,载《法学评论(双月刊)》2011年第6期。

2. 以仲裁方式解决纠纷的利弊分析

仲裁具有现代司法所不具有的独特优势：（1）秘密性。仲裁庭向来以不公开审理为原则，这减少了交易秘密泄露的可能性，因此仲裁成为众多商事主体首选的解决纠纷方式。（2）自愿性。仲裁必须建立在双方合意的基础上，这种自愿性体现了当事人的意思自治。（3）终局性。仲裁的一裁终局提高了解决纠纷的效率，[①] 与商业主体的需求高度契合。此外，1958 年《承认及执行外国仲裁裁决公约》为仲裁裁决在全球范围内的可执行性提供了有效保障，这都使仲裁更易得到商业社会的选择。

虽然仲裁存在上述优势，但我国现阶段仲裁仍然存在以下两方面的问题：一是仲裁的司法审查程序滥用导致执行周期延长。据了解，每年法院立案的仲裁司法审查案件占仲裁审结案件的比例不容小觑。实际上，大多数当事人对于撤裁诉讼的定位并不能准确地把握，多数当事人往往将法院对仲裁的司法审查当作仲裁的二审程序，有些当事人甚至利用撤裁程序，恶意拖延仲裁裁决的生效执行从而起到转移资产等目的。这些行为都严重阻碍了仲裁解决纠纷的有效性。二是仲裁机构的国际吸引力较低。我国仲裁机构在世界范围内的影响力和竞争力还存在短板。自 1995 年实施《仲裁法》以来，我国仲裁事业走过了近三十年的发展历程，已经取得了令人瞩目的成就，但与国际知名机构相比，我们在仲裁意识、仲裁理念、仲裁机制等方面仍然存在着许多不足和需要改革完善之处。[②]

3. 以调解方式解决纠纷的利弊分析

调解具有自愿性、灵活性和契约性等特征，在降低争端解决成本，维系当事人之间合作关系等方面具有独到的优势。调解能提供一种灵活的谈判协商方式，其侧重于合作关系的考量而非法律上的权利义务与证据规则，能够避免非对即错的结果模式，有利于促成一揽子解决问题的方案，这与"一带一路"所倡导的合作共赢的理念不谋而合。因此，调解必然也是"一带一路"背景下"一站式"平台建设的必要部分。[③]

虽然近年来调解发展迅猛，但现阶段仍然存在许多问题影响着调解的效率。一是调解的启动标准较低。调解过程中，只要当事人表示出愿意调解的意向，案件就可以进行调解。正因如此，有时争议的一方可能存在恶意利用

[①] 郑少华：《中国（上海）自由贸易试验区的司法经验》，载《法学》2013 年第 12 期。
[②] 参见卢鹏起：《中国仲裁谋求增强国际竞争力》，载《中国贸易报》2017 年 1 月 9 日，第 1 版。
[③] 初北平：《"一带一路"多元争端解决中心构建的当下与未来》，载《中国法学》2017 年第 6 期。

调解程序，拖延案件的审理进而达到转移债务、逃避法律责任的目的。上述情况虽非调解程序的初衷所在，但极其不利于从实质上保障当事人的合法权益，不利于司法公正的实现。二是第三方调解机构整体发展尚不成熟。我国现阶段存在的第三方调解机构主要包括中国国际贸易促进委员会调解中心和上海经贸商事调解中心，两者分别成立于1987年和2010年，发展时间较短。因此，一方面，大多数社会公众对第三方调解机构的存在并不知晓，导致当其发生纠纷后往往不了解该解决途径。即使当事人在法院的引导下选择了上述纠纷解决方式，也往往不能充分配合调解机构开展工作，甚至产生对法院处理案件效率的怀疑，使得调解机构的功能没有得到有效的发挥。另一方面，因第三方调解机构在运营资金上大部分依靠其调解案件的收入，且很大程度上只与其调解成功的案件有关，而目前为止调解机构的收案数量仍然存在极大的不稳定性，导致调解机构的运营资金并不充足，如此则进一步影响了调解机构的人员配置及其效能发挥，弱化了其本应具备的纠纷解决能力。三是跨地区跨法域调解难。调解中，因需三方之间进行深度沟通，故在三方具有相同或类似的法律文化背景时，较容易达成调解方案。而在民商事案件中，尤其是涉外民商事争端解决中，因当事人所属国家的文化背景不同，故调解工作的难度成倍增长。因此，跨区域文化背景的差异甚至将成为影响调解成败的最直接因素。四是诉调对接机制仍不完善。我国除《人民调解法》中对人民调解协议的司法确认作出了详细规定外，对于其他调解协议的司法确认并未予以明确规定。而在实践中，一些案件在经第三方调解机构调解后因无法直接进行司法确认并得以执行，阻碍了调解效用的发挥。因此，虽然调解在涉外民商事纠纷中具有重要作用，但从当下的情况分析，涉外民商事纠纷调解效率及成功率仍有待提高。

（三）现有模式的优化及向"一站式"平台的升级

"一站式"平台的提出，就是要克服现有各纠纷解决机制存在的问题，打破各纠纷解决机制间的壁垒，尊重各类纠纷解决模式的优势，以最大限度发挥各类机制的纠纷解决效能，提升整体纠纷解决能力。

一是发挥法院主导作用，建立涉外民商事纠纷"一站式"平台。充分利用包括但不限于民商事仲裁、民商事调解、行政调解、行业调解等多种纠纷解决方式，推动相关纠纷解决机制的有机衔接，形成"一站式"争议解决平台，满足各方当事人纠纷解决的多元化需求。

二是规范涉外民商事纠纷多元化解决机制。从目前来看，主要是规范涉外民商事纠纷调解机制，需明确行业调解和民商事调解的法律地位，确立新的调解规则和相应的对接程序，确立涉外民商事调解的职业化、专业化优势，提高调解的公信力。同时，注重资源整合，将调解、诉讼、仲裁三者有机融合，形成"三位一体"的"一站式"争议解决机制。

三是加强涉外民商事纠纷多元化解决机制的信息化建设，搭建在线调解平台。对此，一方面要构建稳定、安全、保密的网络设施，便于隐私和数据的保护；另一方面要形成一套有效、可行的操作规则，以提高在线调解的公正与效率。通过平台视频会议、电话、邮件等方式"在线调解"，可以提供经济、方便的法律服务，同时也可有效减少当事人"面对面"冲突，为调解留有余地。

四是提高涉外民商事纠纷多元化解决机制的国际化水平。国际化是涉外民商事纠纷多元化解决机制的发展趋势。为了对我国自贸区和"一带一路"等建设提供法律保障，需要与世界或者共建国家的司法机构、仲裁机构或者调解组织加强交流与合作，法院为涉外民商事纠纷提供必要的司法协助，包括财产保全、执行等。同时，考虑到外国或者国际公约确立的审查标准与我国司法确认审查标准不尽相同，因此可根据司法互助和对等原则，通过立法或司法解释专门设立国外或国际民商事调解、和解协议的司法审查和确认程序。

五是提升涉外民商事纠纷多元化解决机制的专业化水平。涉外民商事纠纷调解中，化解商业矛盾、恢复商业正常经营秩序需要调解员精通解决民商事纠纷相关的包括国际法在内的各项法律法规，利用自身能力与技巧进行推动，并提供和实现最佳的纠纷解决方案。[①] 办理涉外民商事纠纷的法官和仲裁员同样如此，必须加强自身专业技能和国际视野的培养，提升专业水平。加强法院与科研以及相关专业机构的交流合作。一方面要"请进来"，邀请专家学者来法院进行业务的培训和指导，以更好地学习和应对涉外民商事专业问题。另一方面也要"走出去"，加强国际交流，了解和分析涉外民商事纠纷解决的最新原则和理念，提升涉外民商事审判专业人员的理论、学术水准，培养集综合性、专业性、实践性于一身的专业人才。对于涉外民商事纠纷的调解员还要推动统一资质认证职业化调解员制度，建立并完善涉外民商事纠纷调解员职业水平的评价体系，打造专业化、职业化、国际化的调解员队伍。

---

① 王威：《国际商事争端解决机制》，载《社会科学家》2019年第1期。

案例 1

积极认定仲裁协议效力，构建"仲裁友好型"营商环境

——A 公司申请承认和执行乌兹别克斯坦工商会
国际商事仲裁院仲裁裁决案①

基本案情

申请人：A 公司

被申请人：B 公司

2017 年 9 月，乌兹别克斯坦的 A 公司与我国 B 公司通过互联网订立国际货物买卖合同，约定因 B 公司未按合同约定交付货物，A 公司（乌）可根据仲裁协议向该公司所在地仲裁机构乌兹别克斯坦工商会国际商事仲裁院提起仲裁申请。A 公司（乌）申请仲裁后，乌兹别克斯坦工商会国际商事仲裁院依法作出仲裁裁决，裁令由 B 公司向 A 公司（乌）返还相应货款、承担赔偿金及仲裁费。A 公司（乌）向广东省佛山市中级人民法院提出承认案涉仲裁裁决的申请。B 公司抗辩称签署合同的人员刘某并非其公司员工，无权代表其对外订立买卖合同，故其与 A 公司（乌）不存在仲裁协议，案涉仲裁裁决不应被承认。

法院裁判

法院经审查认为，中国和乌兹别克斯坦共和国均为《承认及执行外国仲裁裁决公约》缔约国，本案应适用《承认及执行外国仲裁裁决公约》相关规定进行审查。根据《承认及执行外国仲裁裁决公约》第 2 条、第 4 条之规定，判断案涉仲裁裁决是否符合《承认及执行外国仲裁裁决公约》第 5 条不予承认和执行条件的前提是当事人之间是否存在合法有效的仲裁协议。结合案涉买卖合同的磋商情况、合同加盖 B 公司业务章已经具备一定的外观形式、合同约定了 B 公司联系地址、B 公司银行账户收取付款等事实，该院认定 A 公司（乌）有理由相信刘某有权代表 B 公司与其订立案涉合同，合同中约定的仲裁协议成立，且效力及于 B 公司，B 公司关于双方不存在仲裁协议以及不应承认本案仲裁裁决的主张不能成立。该院据此裁定承认案涉外国仲裁裁决。

案例评析

该案入选我国最高人民法院于 2024 年 1 月发布的十大仲裁司法审查典型

---

① 参见广东省佛山市中级人民法院（2021）粤 06 协外认 1 号国际司法协助裁定书。

案例，案涉仲裁裁决由乌兹别克斯坦仲裁机构作出，涉及中乌两国公司之间的国际货物买卖合同纠纷。在中方当事人加盖的印章为非经登记备案公章的情况下，本案法院结合合同的磋商、签订以及履行情况，认定外方当事人已尽到合理的注意义务，严格执行《承认及执行外国仲裁裁决公约》，确认中外双方当事人之间存在有效的仲裁协议，依法承认和执行外国仲裁裁决，逐步营造仲裁友好型的司法环境，也有助于国际化营商环境的打造。

通常而言，纠纷的彻底解决取决于裁决的实际执行，因此外国的仲裁裁决必须经过国内法院的认可并被有效执行才能真正化解商事纠纷。BR指标中专列"3.3承认与执行"，最终执行效果对于案件的重要性不言而喻，我国将该案列为典型案例将进一步统一全国法院仲裁司法审查尺度，不断提升我国仲裁的公信力和影响力，从而提高我国该项指标的评分，为高质量共建"一带一路"提供服务保障。

案例2

依法承认与执行行业协会裁决，提升仲裁效率
——A公司与B公司申请承认和执行外国仲裁裁决案[①]

基本案情

申请人：A公司

被申请人：B公司

案外C公司与B公司签订了3份棉花销售合同。经三方同意，A公司于2011年11月1日替代C公司成为上述合同的卖方。根据合同约定，A公司分别向B公司出售700公吨、300公吨、400公吨的美国原棉，B公司分别在装运月15天前开立以A公司为受益人的不可撤销即期信用证。合同还约定，如双方发生争议，应将争议提交至国际棉花协会有限公司（以下简称国际棉花协会）通过仲裁解决。合同签订后，虽经A公司催促，B公司未根据合同约定开具信用证，对A公司履约要求不予理睬。2013年6月3日，A公司向国际棉花协会提出仲裁申请，B公司全程参与了仲裁程序，国际棉花协会于2014年4月17日出具了仲裁裁决书，双方均未在申诉期内提交申诉，该仲裁裁决发生法律效力。该仲裁裁决在英国作出，中英两国均属于《承认和执行

---

① 参见江苏省无锡市中级人民法院（2015）锡商外仲审字第4号民事裁定书。

外国仲裁裁决公约》的缔约国。A公司于2015年12月23日向我国法院申请承认与执行国际棉花协会的仲裁裁决。

法院裁判

我国法院经审查，认定双方当事人签订了有效的仲裁条款，案涉合同争议应由国际棉花协会根据其规则通过仲裁解决，国际棉花协会在仲裁过程中给予了B公司在指定仲裁员及进行仲裁程序方面的适当通知，B公司未在规定的申诉期内提起申诉，该仲裁裁决已经生效。

法院于2016年3月15日裁定：承认和执行国际棉花协会于2014年4月17日就A公司和B公司的棉花销售合同纠纷作出的仲裁裁决第7点第1至13项裁决和第8点裁决。

案例评析

本案中，无锡市中级人民法院根据《承认及执行外国仲裁裁决公约》，裁定承认和执行国际棉花协会的仲裁裁决，确认了外国仲裁裁决的法律效力，使申请人的合法权益得到有效保障。BR指标中包含了承认外国仲裁裁决的时间和费用及承认和执行仲裁裁决，仲裁效率是BR新增的3项测评点之首。如果我国法院能够有效承认和执行外国法院的仲裁裁决，并且该承认与执行程序能够保持较高效率，将有利于外商投资、国际贸易，优化营商环境，同时提升我国BR指标的得分。

本案中，不同于专门的国际商事仲裁机构，国际棉花协会系非营利性贸易联合会，同时提供仲裁服务。对于此类行业协会作出的仲裁裁决，我国法院依法适用《承认及执行外国仲裁裁决公约》，在不到3个月的时间里完成审查并作出裁定，且最终裁定承认和执行国际棉花协会的仲裁裁决，确认了外国仲裁裁决的法律效力，使申请人的合法权益得到有效保障，是提升仲裁效率的典型案例。

案例 3

聚焦仲裁"关键要素",提升仲裁程序独立与公正性
——A 公司与 B 公司申请撤销仲裁裁决案[①]

基本案情

申请人:A 公司

被申请人:B 公司

2017 年 3 月,A 公司因与 B 公司建设工程施工合同纠纷一案,向某仲裁委员会提出仲裁申请,A 公司提出仲裁反请求。仲裁庭经审理后,认为案情复杂,争议额大,遂就双方争议问题于 2018 年 4 月向该仲裁委员会专家咨询委员会进行了咨询。2018 年 7 月,仲裁庭作出裁决。A 公司以仲裁庭的组成违反程序等为由向浙江省温州市中级人民法院申请撤销上述仲裁裁决。

法院裁判

浙江省温州市中级人民法院认为,B 公司在仲裁案件中的代理人杨某与仲裁员陈某曾在同一律师事务所工作。杨某担任某仲裁委员会专家咨询委员会主任期间,陈某及仲裁案件首席仲裁员均系该委专家咨询委员会专家成员。但某仲裁委员会官网页面上对杨某的仲裁员概况介绍中,并未显示其为专家咨询委员会主任,仲裁过程中亦未对其系专家咨询委员会主任情况进行过相应披露。根据该仲裁委员会仲裁规则第 56 条第 1 款第 3 项的规定,与本案当事人或其代理人有其他关系,可能影响公正裁决的,仲裁员应当自行向仲裁委员会披露并请求回避,当事人也有权提出回避申请。

仲裁过程中,陈某等人未按照仲裁规则披露其与 B 公司代理人之间的关系,一定程度上影响了当事人回避权利的行使,属于可能影响公正裁决的情形。虽然某仲裁委员会专家咨询委员会称 2018 年 4 月召开的专家咨询委员会成员由该委摇号确定,但因其拒绝向人民法院提供此次会议的会议记录,且目前在仲裁案件卷宗材料中并无有关摇号的相关记录,故不能排除担任专家咨询委员会主任的杨某对此次讨论施加不当影响的合理怀疑。据此,该院裁定撤销某仲裁委员会作出的上述裁决。

案例评析

本案作为最高人民法院发布的仲裁司法审查十大典型案例之一,涉及仲

---

① 参见浙江省温州市中级人民法院(2018)浙 03 民特 63 号民事裁定书。

裁程序中的诸多关键要素。将实现仲裁的关键要素置于法律框架的保护下，仲裁结果才将更加有效和可靠，其中独立性和公正性的保障在仲裁中至关重要，仲裁员公正、独立行使仲裁权是商事纠纷通过仲裁程序得到有效解决的保障，这一点在BR指标"1.2.2仲裁的关键要素"中有所体现。保证仲裁员的独立性与公正性系保障仲裁程序正当、结果公正的关键要素之一，独立性要求仲裁员不与任何一当事方存在可能影响仲裁员决定的关系，公正性要求仲裁员不对任何一当事方存在偏见或倾向。

本案仲裁员未按照仲裁规则充分履行披露义务，一定程度上影响了当事人回避权利的行使，属于可能影响公正裁决的情形，故人民法院以"仲裁庭的组成或者仲裁的程序违反法定程序"为由撤销仲裁裁决，确保了仲裁的程序公正，对于提升公众对我国仲裁制度和仲裁机构的信心大有裨益。

案例4

调诉无缝对接，强化非诉解纷优先性

——A公司与B、C公司等申请司法确认调解协议案[①]

基本案情

申请人：A公司

被申请人：B、C公司等

申请人与被申请人因一起涉及2.4亿余元的货款纠纷致讼，经上海市第二中级人民法院综合评估，并经各方当事人同意，决定在纠纷进入诉讼程序之前，直接协调社会调解组织先行调解。

案例评析

2021年5月7日，在法院商事庭指导下，由专业调解组织主持调解，各方当事人达成调解协议，申请人不再提起诉讼，转而向法院申请确认调解协议的效力。法院基于当事人申请，第一时间对当事人之间的调解协议进行司法确认。

在BR指标中，"承认和执行调解协议"是判断调解机制有效性的重要参考之一，在实践中加强对于调解协议的认可可以强化其有效性，使调解更具

---

① 参见上海市第二中级人民法院（2021）沪02民特164号裁定书。

吸引力，有利于实质化解矛盾纠纷，实现诉调的有机衔接、协调联动，促进矛盾纠纷有效分流、及时调处、形成合力。

本案商事调解与确认的成功，以及商事纠纷先行调解机制的创设，是贯彻落实习近平总书记关于"把非诉讼纠纷解决机制挺在前面"重要指示精神①的有益探索和生动实践，也充分体现了 BR 指标中对"调解机制有效性"的要求。在保障当事人诉权和尊重当事人意愿的前提下，法院经过科学综合研判后，鼓励引导当事人在进入审判程序之前选择非诉讼纠纷解决方式，不仅加强了诉调的联动配合，强化了非诉讼纠纷解决方式的优先地位，从源头上化解矛盾纠纷，更进一步认可调解协议的效力，为当事人调解结案的选择保驾护航，提升纠纷解决的效率。

---

① 《习近平主持召开中央全面深化改革委员会第十八次会议强调：完整准确全面贯彻新发展理念 发挥改革在构建新发展格局中关键作用》，载《人民日报》2021 年 2 月 20 日，第 1 版。

第五章 健全市场出清制度：以破产司法能力的全面提升为视角

第一节 法经济学视角下破产程序之应然性与必然性

从营商环境的角度看，破产程序是市场主体全生命周期中的最后一环，破产制度是市场退出机制，有助于化解执行难，使执行不能案件退出执行程序，有助于优化营商环境。破产法的本质是一种市场制度的法律安排，是公权力框架下私有产权博弈的过程。破产程序对于资源配置的作用非常关键，通过产权界定的重新划分，释放固化的剩余资源，促进资源流动性的重塑以激发市场活力。法经济学视角下，以破产法为代表的相关法律制度及其程序自身，是市场经济发展的必然产物，也是进一步促进其发展的重要渠道。

一、破产程序之必然性论述

（一）基于有限理性主体的客观需要

基于新古典主义经济学的视角，理性的经济人在"成本—效益"机制的分析下，以经济效益最大化为判断标准将作出最合适的选择。换而言之，在理想世界的破产阶段中，债权人及债务人自身通过完全契约的订立，明确并遵守自己的权利与义务，对一切企业在破产情况下可能发生的情况、支付的成本和预期的收益，能够通过协商作出最正确的决定。在这种情况下，当事人通过意思自治的协商过程，能够达到经济效益最大化的目标，制定可执行的破产程序而不需要国家制度的干预以提供一套破产程序。

然而，随着新制度经济学对于有限理性的认知和交易成本概念的提出，赋予以破产法为代表的法律制度在企业破产重整过程中的意义。人的局限性在于其对成本的无法全然预见，以及当多数人追求自身效益最大化的情况下，对集体效益存在选择性取舍。在现实世界中，进入破产清算程序的企业往往会存在多个债权人，例如以企业职工为代表的优先债权人，为企业维护全体债权人利益可能而产生的共益债务债权人，以及一般的财产担保债权人和普通债权人。

继而在此情况下，多个债权人之间、债权人和债务人之间基于各自利益，和谈判协商过程中产生的额外交易成本，无法通过契约的订立形成在双方自愿原则下完整的破产程序。此时，如果没有法律制度作为补充的"兜底条款"，则可能出现债务人恶意转让债权给第三方以实现对到期债务的抵消；亦会出现个别债权人基于自身利益，与债务人签订有损其他债权人利益的提前受偿契约。根据囚徒困境原理①，如果某个个别的债权人基于自身利益会作出这样的选择，则可能也会是其他相同处境债权人的策略。在这样的竞争结果之下，最终会导致债务企业仅存在拆分资产以单独出售，完成对个别债权人清偿的选择，从而破坏企业剩余营业价值及重组继续经营的可能。

从这个角度看，破产法等社会制度的存在，最大化节省了双方在清算过程中因各自利益的追求而产生的谈判成本，通过优先受偿、平等受偿等机制的运作，协调公平与效益之间存在的矛盾和冲突。

（二）基于交易成本的自动选择

1. 基于降低交易成本而存在的企业

在前文中，笔者基于成本收益理论，对法经济学视角下企业诞生之缘由加以分析：最小化交易成本。伴随交易行为的发生会产生相应的交易成本，如对合同订立方的搜寻过程，在合同订立过程中双方协商的成本消耗等。因该成本的存在，合约的成就与否取决于其订立过程中可能的交易成本和合约成就后可获得的预期收益。故交易成本的大小直接决定了商行为主体对是否进行商事活动的判断。

为最小化交易成本，去除达成交易过程中的重复性成本支出，企业作为一系列契约的集合体，以其对资源的整合能力，有助于简化合同订立过程中的烦琐性流程，如对订立方的搜寻过程、以企业信誉为背书的合约磋商过程

---

① 所谓囚徒困境是指两个共谋犯罪的人人狱后，在不能互相沟通的情况下，如果两个人都不选择揭发，则基于证据的不确定，两人各获刑 1 年；若一人揭发而一人沉默，则揭发者因立功而立即获释，沉默者因对事实的隐瞒而将会加重获刑 10 年；若双方互相揭发，则因证据确凿而各获刑 8 年。此种情况下，两个囚徒往往倾向于互相揭发，而不是共同沉默。

等。继而，企业之所以存在，是因为存在交易成本，且通过企业的整合可以最小化交易成本的支出。

然而，当企业存在资不抵债、信誉下降，甚至如同波斯纳在《法律的经济分析》一书中描绘的"公司产品的唯一市场衰退到了市场价格低于公司任何产量的可变成本"①之程度，此时企业之存续所能带来的经济效益，相较之其存在所需要承担的交易成本，以及从个人角度，与企业订立所需的交易成本高于在市场背景下以个人之名义订立契约的交易成本之时，则无法达到企业存在的意义。此时，契约之集成无法降低交易成本，反而受牵制于"集成"这一整体的情况下，则应对该企业开启重整甚至清算程序，最大化利用其剩余价值，避免资源的进一步损耗。

2. 基于降低交易成本而存在的法律制度

先前以法律为代表的社会制度所体现对成本降低的功能分析，同样也适用于破产法。例如，当一个企业已经存在经营不能的破产状况下，通过破产法对"经营不能"加以认定，有助于债务人的自我识别和债权人清算请求的提出。通过对破产程序的快速启动，以避免在僵局状况下交易成本的持续增加。与此同时，破产法对于"优先受偿权"概念的提出，也是为了解决在僵局状况下因程序的无法启动而造成的额外成本，故为破产者提供维持其财产价值所必需的贷款（用以重整）或给予提供其他必要服务的人特别清偿的优先权（用以清算）。②

此外，当进入破产清算环节时，相对于债权人的个别申报，与债务人及其管理人单独就清偿事宜进行磋商，在破产法制度下的统一申报、按比例受偿，不仅有助于节约个别磋商所带来的谈判成本，更有助于在信息量更全的情况下对债务人有限的价值资产进行有效的及时分配，避免因债权遗漏所导致的重新清偿。在节约交易成本的基础上，更有利于促进破产程序的公平公正，为企业出清、投资人转投提供便利。破产法可以看作是一个标准合同，破产法作为标准合同是为了解决破产中的多个债权人问题而设计的。如果没有事先约定或法律规定的合同约束，每一个债权人都有激励争先实现自己的债权，以实现自己利益的最大化，却不愿意为最大化破产价值而付出。债权人之间以及债权人和债务人之间通过事先签约可以解决这些问题。破产法就

---

① ［美］理查德·A·波斯纳：《法律的经济分析（下）》，蒋兆康、林毅夫译，中国大百科全书出版社2003年版，第523页。

② ［美］理查德·A·波斯纳：《法律的经济分析（下）》，蒋兆康、林毅夫译，中国大百科全书出版社2003年版，第525页。

是这种事先签订的标准合同,这种合同降低了交易成本:债权人和债务人不必为可能的概率很低的破产进行谈判。根据破产法,法院指定中立的管理人作为所有普通债权人的代表处理破产财产。①

二、破产程序之应然性论述

（一）经济发展的手段:"成本—效益"机制的运作

破产法所体现的,是制度安排对经济效益的促进作用。破产程序的成本和收益与破产的公平和公正息息相关。具体而言,破产程序导致了权利（资源）的重新分配。在重整程序开始时,债权人暂时无法行使其债权,而企业可以通过资产重组继续经营。这可能导致企业的再生,也可能导致企业无法再生但资产增加,或者资产减少。从公平的角度来看,只有破产程序带来的财富增长（收益）大于程序的执行成本,才能确保权利重新配置是合理的。

理想状态下最优的破产程序,通过对风险的合理分担,例如普通债权的平等受偿、个别优先清偿的撤销,减小债权人之间和债权人与债务人之间就风险承担协商所造成的额外成本,以实现破产程序成本的最小化;并通过对利益相关人员的有效激励,例如对超级抵押受偿权的赋予以尝试融资重组的可能,对未履行合同的选择权赋予,增加破产程序过程中债务人可增值资产的使用度,以最大化提升破产程序所能带来的经济效益总和。

如果说"成本—效益"是一切理性经济人活动之根本原则,那么破产过程中的可能成本及破产流程完结后的预期收益则是整个破产程序的选择依据,也是破产程序结果评判的最大影响因素。

1. 破产成本

理论上讲,破产成本包括启动破产程序所要花费的直接成本和因破产程序的启动而可能造成损失的间接成本两方面。具体来说,直接成本指在破产程序中实际支出的费用,包括对剩余财产处置的花销、破产管理人的报酬、资产评估、财务审计等专业人员的聘请费用;而间接成本,即在程序启动过程中可能造成的损失费用,包括但不限于如资产清算相较资产投资所能获得的收益,资产长时间未能变现导致的管理费用,因市场调整、政策变化等造成的资产价格波动,破产清算期间对员工福利保障的下降,以及破产清算期间不能获得的债权债券利息等。

由此可见,直接成本易于预测,而间接成本和程序效率对破产的社会影

---

① 李曙光、王佐发：《中国破产法实施的法律经济分析》，载《政法论坛》2007 年第 1 期。

响至关重要。首先，直接成本通常是可以较容易地预测和控制的，这涉及直接与破产程序相关的费用。其次，间接成本的控制程度会直接影响债权人如何处理债务人的资产。因此，从程序启动到结束破产程序的效率也会对间接成本总量产生影响，并最终决定企业的破产对社会总效益的影响。破产成本主要是时间成本和不确定性成本。

因此，降低间接成本对于破产法制度的构建至关重要。建立健全破产启动机制、完善债权申报渠道、增加破产财产处置方式、提升破产程序执行效率，是有效降低间接成本的具体路径，也是以破产法为代表的法律框架、制度构建之意义所在。

2. 破产收益

破产程序的收益表现在企业资产能够及时从闲置状态或没有效率的状态流向能够发挥其最大用处的部门，提高生产效率和资源配置效率。如果重整能够成功，雇员专用资本的节约、债权人债权和股东股权的全部实现，以及重整后公司价值的提升，都是破产程序的巨大收益的直接体现。[①]

在法经济学原理视角下，法律及各类社会制度，其本质是一种提前拟定的"格式条款"，以明确权利义务为目的，通过对产权的划分以设定在不可确定交易成本中的法定最小值。故从法律之本质出发，若未有此法定的规范框架，则会出现如上文所述债权人之间构成的囚徒困境，不同主体（如员工和企业、债权人和债务人）之间因利益不统一而引发道德风险。通过破产程序限制和规避为解决这些问题而产生的成本，从某种意义上来说，以集体清偿代替个人求偿就是一种广义的破产收益。

从微观经济角度分析，就债权人而言，破产程序保障了债权人整体收益相比于个别清偿的总量，同时规避了个人清偿中基于道德风险、囚徒困境所产生的部分债权人求偿权被剥夺之可能。就债务人而言，破产程序最大程度上降低了债务人因与不同数量、种类债务人之间就债权清偿情况进行单独谈判所消耗的成本资源，以及因谈判破裂而可能造成的额外诉讼（仲裁）费用。

此外，从宏观经济考察角度分析，基于新制度经济学视角，法律制度的制定与修改将在一定程度上对法律关系主体存在激励作用，从而改变相关主体之间的相互关系及其经济活动行为，最终影响社会福利的总体提升。具体有以下三种可能：（1）通过破产重整程序，对经营存续出现困难但具有可持续发展性的企业来说，通过对经营结构的调整、对人员构成的优化以及通过

---

① 李曙光、王佐发：《中国破产法实施的法律经济分析》，载《政法论坛》2007年第1期。

重整程序修整资金结构，有助于企业自身的转型升级和修复信用，以更好应对新常态下的经济市场，激发其市场竞争力。（2）通过大规模一次性解决债权债务纠纷，从债务人手中释放可流动性资金加入市场资源配置之总量，以最大限度实现债权的受偿重建债权人对市场投资的信心。（3）通过破产程序，加快对无法存续企业的出清，通过高效的退出机制减少对司法审判执行资源、金融融资借贷等公共资源的消耗情况。①

（二）经济发展的目标：社会整体效益最大化

诚然，在传统破产流程中，债权人之利益与债务人之利益往往处于天平的两端。一个企业从市场运行走向破产清算，其必然会对一部分群体的经济利益带来损害和影响。然而，当将破产意义之视角放之于整个市场经济发展之大背景下，对无能力继续经营的企业开启破产清算程序，是最大化对剩余资源进行有效分配，是市场主体在博弈机制下寻找平衡的最佳路径。

在现行破产流程中，债务人破产重整制度、对履行不能债务的合理解除权是基于对债务人利益的考量角度。此外，对破产清算前个别偿还的撤销制度，在共益债务、超级优先权、优先债权和普通债权的清偿顺位的安排问题上，都体现出对债权人整体经济效益综合之追求，而非倾向于对个别债权人权利的保障。

当企业出现资不抵债的破产可能时，对于债务人资产的最优化处理方式成为实现债权人经济效益最大化的具体举措。也正是基于整体效益最大化的目标追求，债权人集体将会从资产拆分受偿、企业整体出售及重组以继续经营这三种路径中作出最合理的分配方案。

可以说，现代破产法的价值追求是在债权人集体利益最大化的过程中，尽力保障债务人的合法利益。以债权人、债务人经济效益之总和作为破产法律制度对实体正义的具体追求。

---

① 以胶卷企业来说，电子技术的发展必然导致胶卷企业的没落，而以柯达为代表的胶卷企业的存续，需要依赖银行等金融机构的贷款。这样一来，这一部分"僵尸企业"的存在将降低中小企业向银行融资的可能，无法实现资金效益的最大化配置。通过对胶卷企业的出清，将这一部分融资机会还归于具有发展前景的中小企业，以减少缺少资金或通过民间高利借贷等方式融资对中小企业发展造成的阻碍。

第二节　破产司法能力评价标准

　　破产程序的诞生，是市场经济发展的必然所趋，也是我国新常态经济发展背景下供给侧改革的重要举措。如果市场经济的本质是在"供给—需求"作用下价格机制自发对资源进行优化配置，则基于优胜劣汰的竞争原则，妥善有效处理好退出市场的具体路径是破产程序诞生的客观要求。我国经济目前正处于"高速发展放缓期、结构调整适应期、前期刺激政策消化期"的"三期重叠"之际。在经济增速放缓的背景下，更注重从产量性供给侧转向质量性供给侧，这也意味着大批不符合可持续发展要求的企业将被迫进行重整、出清。

　　一个良好运作的市场，不仅需要自由宽松的准入渠道，同时也需为所有主体提供体面完善的退出方式。让每一个商事主体可以放心地进入、安全地退出，通过消除从进入、参与到退出的各要素壁垒，进一步促进市场活力的释放。

　　随着我国供给侧结构性改革政策的提出，以"去产能"为三大手段之一，依法处置"僵尸企业"，进一步发挥破产在优化市场资源配置中的积极作用。《2023年最高人民法院工作报告》中亦指出，2022年中国法院审结破产案件4.7万件，涉及债权6.3万亿元，审结破产重整案件2801件，盘活资产3.4万亿元，帮助3285个企业摆脱困境，稳住92.3万名员工就业岗位。由此可见，破产制度的构建与完善，是推动我国供给侧结构性改革的重要一步，提高破产司法审判、执行之能力更有助于营造进出自由、稳定透明，充满活力且可预期的法治化营商环境。

　　建立衡量破产制度的科学标准是需首先解决的基础性问题。该标准既应反映破产法律制度的国际发展趋势，亦应符合本国市场经济的发展阶段的现实。故基于此，破产程序的效率性、适用性和实践性也成为是世界银行评价营商环境质量的重要指标之一，用以考量各国经济制度的市场出清能力。

一、对标世界银行报告的普遍性衡量标准

　　自2003年开始，世界银行通过对包含"办理破产"在内的10个量化一

级指标①的评价,以评估全球 100 多个国家经济体营商环境的适宜程度。按照得分的高低进行排序,并将具体细化打分表以年度营商环境报告的形式发布。作为目前最为权威、客观的评价体系,该报告在一定程度上影响各经济体吸引资本投资的能力,反映出各经济体在法律制度构建及实践应用层面存在的问题,促进其对自身法律制度规范的完善,以更好地激活市场经济活力。在世界银行评价各地营商环境所考量的因素中,破产司法能力是其中的一项重要指标,因此提升我国的破产司法能力,是优化我国营商环境的必由之路。目前看来,我国在世界银行《营商环境报告》中的排名并不尽如人意。如何改善我国的司法环境、优化营商因素、提高我国在世界银行报告中的排名,进而为我国经济的世界性发展提供有利条件,是我们必须要研究的问题。②

BR 对 DB 的企业破产指标同样予以保持,具体落实到市场出清能力,在 DB 体系下,世界银行建立了包括绝对顺位规则、债权人控制权制度,以及破产程序时长、成本等在内的一系列指标来判断经济体"办理破产"能力的强弱。BR 体系比 DB 体系的评估范围更广,BR 评估破产前程序、跨境破产、小微企业的专门程序、破产管理人的专业知识以及破产程序的制度基础设施等若干新的方面。这些指标将侧重于清算和重整程序。基于世界银行评价主体的专业性,及该评价体系、评价方法论的客观性和普遍性,该报告为众多国家所接受。而其用以量化办理破产能力强弱的指标亦代表着国际层面对破产退出机制的期许。

(一)评价理念

国际化、法治化、便利化是世界银行对营商环境的概括要求,也是其指标制定的核心理念。应用于对经济体办理破产能力标准之评价上,以 Simeon Djankov 等撰写的《Debt Enforcement Around the World》作为方法论之基础,对破产退出机制加以衡量。③ 具体来说,其评价理念覆盖对破产程序中可能涉及的主体的利益保护:(1)从破产主体债务人角度考量,其利益在于有益资本重整以存续和在存续不能的情况下对剩余资本的妥善处理两部分构成;(2)从

---

① 根据世界银行发布的 BR 体系文件,10 个一级指标分别是市场准入、经营场所、公共事业服务、劳动就业、金融服务、国际贸易、缴纳税费、纠纷解决、市场竞争、办理破产。
② 李帅:《论我国破产司法能力的优化——以中日营商环境破产指标的对比为视角》,载《中国应用法学》2018 年第 5 期。
③ 世界银行官网,https://chinese.doingbusiness.org/content/dam/doingBusiness/media/Methodology/Supporting-Papers/DB-Methodology-Debt-Enforcement-around-the-World.pdf,最后访问时间:2024 年 6 月 3 日。

债权人角度考量,基于债权的最大化清偿程度;(3)从投资人角度考量,在于对因融资而产生的可能风险的管控;(4)从因破产程序的启动而可能造成外部影响的主体角度考量,其主要涉及债务人员工的工作机会和报酬保障;(5)从整体市场经济体发展角度考量,其核心在于对价值资源的合理分配。

概而言之,在世界银行评价框架下,良好的破产制度最大化保障各类涉及主体的经济效益,其能力具体体现在对可存续企业的重组、"僵尸企业"的有效出清、债权的最大化清偿、风险贷款成本的降低、企业员工的妥善安置以及市场环境的相对稳定。

(二)评价方法

BR 通过咨询私营部门的专家来收集"办理破产"指标下支柱Ⅰ、Ⅱ、Ⅲ的相关数据,并提供了一份筛选问卷,用于选择回答问卷的专家。被认可的专家行业为律师、法官和其他相关行业(包括但不限于书记员、破产公职管理人、破产管理人、破产事务委员会工作人员等);领域为公司破产、公司法、商法、程序法。回答问卷的专家还需要具备与公司破产法律制度和实践相关的知识或经验,比如,过去 3 年内,具有涉及公司债务人或债权人的正式司法程序(清算或重组)经验,特别是涉及内资小微企业的经验;具有联合国贸易法委员会《破产法立法指南》和世界银行《关于有效破产与债权人/债务人制度的准则》基本框架方面的经验或知识;具有处理破产领域内环境债务方面的经验或知识等。

BR 在"办理破产"主题使用了三套指标:(1)破产程序规则的质量(规则支柱);(2)破产程序中机构和运行方面基础设施的质量(公共服务支柱);(3)实际中解决司法破产程序的效率(效率支柱)。

破产程序规则的质量评估与破产程序有关的规则的有效性,它涵盖了破产规则框架的法律上特征,而这些特征对结构化的债务解决程序和有效的债权人和债务人制度是必需的。共有三个类别,分别为法律和程序标准、资产和利益相关者及特别程序。

法律和程序标准有三个子类别:破产程序启动前和启动、清算和重整程序、破产管理人的专业性要求。破产程序启动前和启动重点考察公司管理层破产前义务、庭外解决方案、正式重整程序的启动、正式清算程序的启动和启动正式破产程序的依据。一个全面的法律框架将确保当公司面临即将破产时,管理层有明确的义务保护债权人和其他利益相关者的合法利益,并鼓励公司及时采取行动以尽量减少公司财务困境的影响。① 清算和重整程序重点考察要求债权人申报债权的通知、重整计划的表决规则、重整计划的表决手段、重整中异议债权人的保护和重整程序向清算程序的转换。破产框架应考虑到正式破产程序中的各方参与者,确保提供解决债务人财务困难最恰当的正确程序,使各方能够预见到在破产程序中其法律权利将受到何种影响。② 破产管理人的专业性要求重点考察资格要求、取消资格的要求和选任及罢免机制。一个有效的破产框架应确保破产管理人的选择标准是客观的、明确的和公开的。重要的是,破产管理人必须具备相应的资质,拥有充足的知识、经验和自身素质(如公平公正)。这不仅可以保证破产程序的有效和高效进行,还可以确保破产制度本身的可信性。③

资产和利益相关者有两个子类别:债务人资产的管理和债权人参与。债务人资产的管理重点考察程序自动中止、程序自动中止的例外和救济、继续履行现有的重要合同、解除或放弃现有负担性合同和资产、偏颇性交易行为及不公允低价交易的撤销,以及破产程序启动后信贷的可得性及优先性。破产程序的主要目标是实现债务人资产的最大化。④ 因此,能够实现这种最大化的条款是设计良好的破产法律框架有效运作的关键。强有力的破产框架能够处理任何正在进行的活动,以保全破产财产,并在清算或重整程序结束后使债权人公平受偿。⑤ 债权人参与重点考察债权人代表、债权人的知情权、担保债权的优先性、职工债权及环境债权的优先性和职工债权的专门制度。债权人在债务人的业务⑥和资产⑦中有着重大的利益。因此,一方面要明确界定和保障债权人的权利和利益,另一方面要确保债权人代表机制保持高效和成本效益,这二者需要取得平衡。⑧ 这种关系越平衡,破产程序就将越成功,因为债权人合作的可能性加大,会有利于他们对破产程序可能被滥用情况的监督检查,从而促进破产程序的实施。⑨

特别程序有两个子类别:小微企业和跨境破产。小微企业重点考察特别

---

① See UNCITRAL Legislative Guide on Insolvency Law (Part Ⅳ) (UNICTRAL 2005) on Directors' obligations in the period approaching insolvency.
② Cirmizi, Klapper, and Uttamchandani (2012).
③ UNCITRAL Legislative Guide (UNCITRAL 2005), pp. 174-75.
④ UNCITRAL Legislative Guide (UNCITRAL 2005), p. 10.
⑤ UNCITRAL Legislative Guide (UNCITRAL 2005), p. 12.
⑥ UNCITRAL Legislative Guide (UNCITRAL 2005), p. 190.
⑦ UNCITRAL Legislative Guide (UNCITRAL 2005), p. 190.
⑧ UNCITRAL Legislative Guide (UNCITRAL 2005), p. 190; Tomasic (2007).
⑨ UNCITRAL Legislative Guide (UNCITRAL 2005), p. 190; Tomasic (2007).

程序的存在与适用、程序的可转换性和债务清偿。从各经济体的企业规模情况来看，小微企业数量占明显优势，不仅解决了大量就业问题，还为经济发展作出重要贡献。但小微企业承受风险能力较差，缺乏有吸引力的针对小微企业的退出渠道甚至可能会阻碍许多企业家创业。当小微企业债务人启动破产程序时，公司已经无法生存，这将导致价值损失，以法律程序的确定性为代价牺牲了公司的保全。[①] 有效挽救具有重整价值的小微企业，对于经济与社会稳定具有重要意义。跨境破产重点考察跨境破产法律框架的存在和对域外破产程序的认可以及与域外法院和破产管理人展开合作的法律框架。一个全面的跨国界破产框架是促进实现以下目标的关键，如提高贸易和投资的法律确定性，实现债务人的资产价值最大化，促进对陷入财务困境企业的救助，从而保护投资和维持就业。[②]

破产程序中机构和运行方面基础设施的质量注重衡量破产程序的机构和运行基础设施的质量，从而评估破产解决机制的实际运行和实施破产法律框架所需的基础设施。共有两个类别，分别为数字化和在线服务、公职人员和破产管理人。

数字化和在线服务有两个子类别：电子法院、破产程序服务（电子化服务）的协同性和信息公开。电子法院重点考察在线申请、法院费用的电子支付、法官和律师的电子化案件管理、破产管理人的电子化案件管理、网络拍卖、在线庭审。信息通信技术的使用可以用于提升效率、可访问性、及时性、透明度以及问责制，从而帮助司法人员提供适当的服务。[③] 包括网络拍卖在内的数字化改革能够显著增加参与拍卖的人数从而提升拍卖资产价值的回收率。破产程序服务（电子化服务）的协同性和信息公开重点考察与外部系统的协同性、破产程序相关裁判的公开、破产程序信息的公开和破产从业人员注册信息公开。在一个透明的破产框架中，包括破产管理人、判决的执行方（比如执行法官）以及债权人在内的所有破产程序参与者，都应该有权获知相关的登记信息，并且法院能够与其他专业机构交换数据信息，从而提高破产程序的司法效率。

公职人员和破产管理人有两个子类别：破产法院或破产法官的专业化、破产管理人专业性要求的践行。破产法院或破产法官的专业化重点考察专门

[①] IMF（2014）.

[②] See UNCITRAL Model Law on Cross-Border Insolvency with Guide to Enactment and Interpretation (2013).

[③] Velicogna（2007）.

法院的设立,即在经济体的最大商业城市中,设立专门的破产法院,或者在商事法院中设立专门处理破产事务的法官/合议庭/审判庭。由于破产案件不仅牵涉数量众多、类型多样的债权人,也牵涉破产管理人、破产从业人员、面临着财务困难的债务人等诸多相关者的切身利益,破产案件尤为复杂,专门法院的设立有助于高效解决破产案件复杂的法律问题。破产管理人专业性要求的践行重点考察资格要求,即是否在实践中落实对破产管理人特殊资格要求,以及是否在实践中对破产管理人进行专门培训。破产管理人需要具备适当的资质,综合掌握法律知识、商业和金融经验,方能更好地应对破产程序的复杂性。

实际中解决司法破产程序的效率注重衡量解决庭内清算和重整程序所需的时间和费用。共有两个类别,分别为清算程序的实践情况和重整程序的实践情况。

清算程序的实践情况有两个子类别：解决庭内清算程序所需的时间和解决庭内清算程序所需的费用。解决庭内清算程序所需的时间以日历月为单位,从申请之日起计算,直至向债权人支付部分或全部所欠款项。解决庭内清算程序所需的费用按假定的公司价值的百分比记录,其中包括法院费用、律师费用、破产管理人费用以及其他费用（拍卖费、会计师费和其他杂费）。破产程序花费时间缩短、费用降低,能提高低效企业退出效能,促进市场主体新陈代谢,激发市场经济活力。①

重整程序的实践情况有两个子类别：解决庭内重整程序所需的时间和解决庭内重整程序所需的费用。与清算程序的实践情况类似,重组和业务剥离时间过长是导致企业价值损失的重要因素。解决庭内重整程序所需的时间以日历月为单位,从申请之日起计算,直至重整计划获得批准。解决庭内重整程序所需的费用按假定的公司价值的百分比记录,其中包括法院费用、律师费、破产管理人费用以及其他费用（拍卖费、会计师费和其他杂费）。

二、对照我国经济发展现状的阶段性标准

（一）评价理念

我国《企业破产法》自1988年开始试运行、2007年正式施行,至今已有三十多年的实践经验。《企业破产法》的出台,是中国特色社会主义市场经济

---

① Elena Cirmizi, Leora Klapper and Mahesh Uttamchandani, *The Challenges of Bankruptcy Reform*, The World Bank Research Observer, Vol. 2012 (27), pp. 185-203.

认识的重大转变，也是中国经济与世界经济发展框架衔接的重要转折。相较于欧美发达国家，我国《企业破产法》实施的时间虽然较短，但过去的二十年是我国经济发展最快的时期，尤其党的十八大之后，国家推行供给侧结构性改革，加快建立和完善市场主体退出和挽救机制，再加上办理破产被世行列入评价一国营商环境的重要指标，我国《企业破产法》得到广泛的运用，办理破产的各项配套制度日臻完善。

从2018年3月最高人民法院发布的《全国法院破产审判工作会议纪要》对破产审判中存在的困难、取得的经验及成果的分析，到2019年6月国家发展改革委、最高人民法院等联合发布的《加快完善市场主体退出方案》提出的"四个坚持"基本原则，[①]再到2023年6月召开的全国法院破产审判工作座谈会强调的"各级法院要树立符合高质量发展要求的能动司法、市场化法治化、兼顾公正与效率、强化整体协同等现代化破产审判理念，创新完善现代化破产审判工作机制，重点抓好营商环境建设、房地产企业重整、小微企业快速挽救和退出、队伍建设等重点工作"[②]，可以看到我国破产司法实践中从审判理念到审判环境、内容、对象及焦点的侧重。故笔者认为，破产制度的独立性、科学性，配套制度的完善性和审判队伍的专业性是目前我国破产制度及司法实践评价的核心理念。

（二）评价背景

在我国法律制度发展的历史上，对于破产领域制度的研究几乎伴随着民法的发展。但无论从理论层面相较于民法体系的完善程度，还是从受理案件数量上反映出的其对公众生活的影响程度，我国破产制度都较为单一化，无法解决应对以下"两个复杂"的实践情形：首先，因我国市场经济发展历史之特殊而造就的企业类型复杂。伴随着从计划经济到市场经济再到中国特色社会主义市场经济形态的转变，构成了以公有制经济为主体、多种混合所有制并存的特殊市场环境，造就了多元化的企业类型。在这个问题上，公司法就有限责任公司、股份有限公司等不同主体有针对性地进行框架调整，而在破产法框架下对所有的破产主体都是采用统一的制度设计。其次，是基于不同企业类型造就的财产权属复杂。企业资产有如货币、设备、产品等易于定

---

① 四个坚持即坚持市场化改革、坚持法治化方向、坚持约束与激励并举、坚持保护各方合理权益。

② 张小洁、许静：《全国法院破产审判工作座谈会在成都召开》，载《人民法院报》2023年6月8日，第1版。

价并直接变现的财产，亦有如专利、品牌等不易直接变现且无明确市场价格的资产。而对于不同财产的处理方式未能在破产法中予以清晰分类。

（三）评价目标

目前，经济大发展的背景亦对我国破产法的完善和实践提出了更高的要求。供给侧结构性改革背景下的破产审判视角的转变中"三去一降一补"是结构性改革的核心内容，去产能、出清"僵尸企业"就是其中的主要内容。实现市场化出清，须遵循市场规律，以法制体系之完善构建助力中国新常态下经济结构的转型升级。

1. 专业化队伍的建设

审判队伍专业化、审判程序规范化、裁判规则标准化、绩效考评科学化是我国破产实践努力之重要方向。欲全面提升破产司法能力，必须加快构建更加专业的破产审判队伍；此外，加快建立全国性的破产管理人协会，通过制定统一的行业规范和业务操作规则等制度，提高破产管理人群体的业务素养，形成一个符合现代破产制度要求的破产职业共同体。

2. 以智慧法院形式推动破产案件信息化

推进智慧法院的建设，将破产案件进行电子化、信息化改革，以大幅度提升我国破产案件的处理效率。并通过信息可视化操作，提升破产程序的透明性，通过保障债权人的相关知情权，对标世界银行标准。

（四）评价方法

因此，在世界银行制定的评价体系的基础上，应突破对一般企业破产效率及清偿率的审查，叠加符合我国国情的评价指标，使标准既反映破产法律制度的国际发展趋势，亦符合本国市场经济发展阶段的现实情况。

具体来说，一方面，增加对于破产法律制度在特定环节、特定类型企业及特定资产变现中的处置能力的审查。首先，我们需要详细审查破产法律制度在破产过程各个环节中的运作情况。这包括破产申请的受理、债务清算、资产变现、债务重组等不同环节。对于每个环节，需要明确法律规定、程序要求以及实际执行情况，以确保破产程序的流程能够高效、公平地进行。其次，我们应该针对不同类型的企业进行审查，如小微企业、跨国公司、国有企业等。不同类型的企业在破产过程中可能面临不同的挑战和需求。因此，法律制度需要考虑到这些差异，以确保它们在破产程序中能够获得合适的支持和保护。最后，特定资产的变现也是一个关键环节，需要进行详细审查。这包括对不同类型资产（如不动产、股权、知识产权等）的变现方式和程序的审查。法律制度应该为不同类型的资产提供明确的处置规定，以确保它们能够最大限度地受益于破产程序。

另一方面，增加对于破产重整企业在账户解封、信用更新、税收减免等后续配套措施方面的审查。首先，需要详细审查破产法律制度中关于账户解封的规定。包括哪些账户可以被解封、解封的条件和程序、解封后的监管机制等。审查应该强调如何确保企业在解封后能够恢复正常经营，以及对账户解封过程中的潜在风险的管理。其次，需要深入审查破产重整企业在信用更新方面的政策和措施。包括如何评估企业的信用状况、建立信用记录、重新建立与供应商和金融机构的信任关系等。审查应强调如何确保企业在破产程序后能够逐渐恢复其信用，以便继续获得融资和与其他企业合作的机会。最后，需要详细审查与税收减免有关的政策和实施措施。包括哪些税收减免可以提供给破产重整企业、减免的条件和期限、税务监管等。审查应强调如何通过税收政策来鼓励企业的复苏和发展，以及确保减免措施的公平性和透明性。

通过引入这些评价方法，我们可以更全面、详细地评估破产法律制度的有效性，以便更好地满足国际发展趋势和国内市场经济的需求，从而为我国的破产法律制度的不断完善提供有力的指导。

第三节 我国破产司法能力的实证分析

一、破产案件的审理现状检视

（一）破产案件受理量大幅上升，地区收案量差异明显

依据最高人民法院司法数据平台统计、最高人民法院工作报告及各省份法院历年工作报告中公布的数据来看，自2016年以来我国破产案件结案数量呈现总体高、差异大的特点。具体来说，从总体数量来看，2022年全年总结案数量为4.7万件，相较于2016年的3373件，在7年期间达到了总量1393%的增长（见图5-1）。

相较于总体受理量的大幅提升，通过对各省、自治区、直辖市具体受理数量的收集和分析（见表5-1），可见受理案件的分布不均，各省、自治区、直辖市在受理总量、增长速度之间存在较大差异等特点。从表中可见，2022

年受理案件最多的浙江、江苏、广东三省，2022年全年受理的破产案件总量即占了全国受理案件总量的67.4%。2022年全年受理量最少的内蒙古自治区、吉林省两地，2022年全年受理量之和仅为浙江省的0.4%。

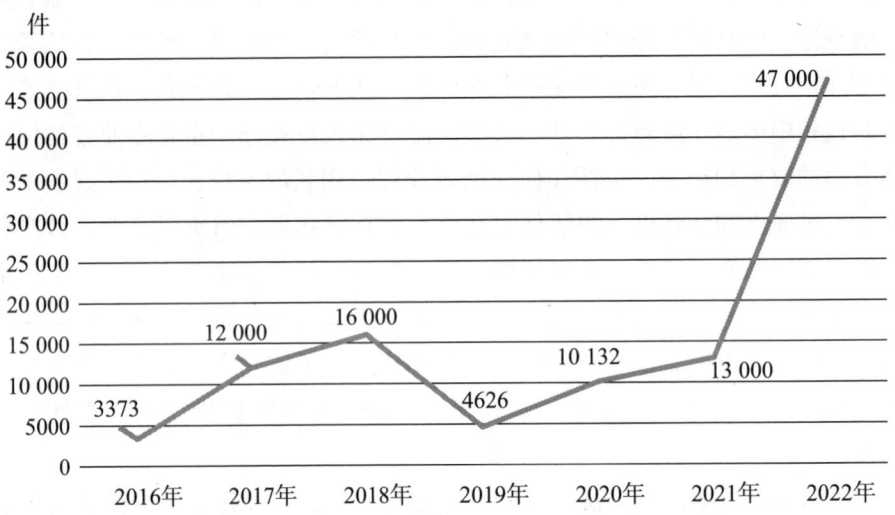

图5-1 2016—2022年全年破产类案件结案数量增长趋势

表5-1 2015—2022年各地破产类案件结案数量

地区	2015年	2016年	2017年	2018年	2019年	2020年	2021年	2022年	总计	2022年占比（%）	总占比（%）
浙江省	1682	1704	2269	2623	1027	2828	3119	3375	12133	19.03	24.50
江苏省	499	754	1011	1329	437	2267	4307	6596	6297	37.19	12.71
山东省	160	361	653	972	312	1750	600	469	4208	2.64	8.45
广东省	717	438	405	1014	113	428	2072	1986	3115	11.20	6.29
湖北省	36	251	268	1030	187	123	294	366	1895	2.06	3.81
四川省	84	1347	316	801	218	436	542	491	3202	2.77	6.42
河北省	29	94	390	743	90	278	194	187	1624	1.05	3.28
湖南省	115	564	471	741	105	174	319	592	1996	3.34	4.03
重庆市	43	210	512	640	222	1248	370	405	2875	2.28	5.81
河南省	88	152	163	526	147	666	488	818	1733	4.61	3.50
安徽省	390	186	452	328	221	325	220	891	1902	5.02	3.84

续表

地区	2015年	2016年	2017年	2018年	2019年	2020年	2021年	2022年	总计	2022年占比（%）	总占比（%）
辽宁省	130	218	216	272	169	300	253	349	836	1.97	1.68
上海市	34	55	45	71	49	1250	517	809	1504	4.56	3.03
北京市	67	59	110	65	57	933	335	310	1291	1.75	2.60
吉林省	265	68	40	61	23	102	75	16	559	0.09	1.12
内蒙古自治区	208	64	82	53	15	67	84	75	489	0.42	0.09
总计	4942	7146	8158	12861	3746	12656	13789	17735	49509	100.00	100.00

此外，结合各省、自治区、直辖市发展之特点来看，破产案件受理总量及其发展速度与该区域经济发展之速度密切相关（见表5-2）。从表中可见，从2022年受理量相较于2015年受理量的增长速度来看，上海、江苏、湖北是增长速度最快的三个地区；就受理总量来看，以第二产业工业发展为主要产业结构构成的地区（如山东省、重庆市），其破产案件的总受理量相较经济相对没有其发达的地区（如吉林省、内蒙古自治区）更多。究其原因笔者分析认为，一方面以法律为代表的社会制度的完善与制定取决于该地区经济发展之状况。一般来说越为发达的地区，其对法律保障市场秩序的需求越高。另一方面，我国目前的产业结构仍处于以第二产业工业为主导，向以第三产业为主导的产业结构模式优化升级的过程中，基于新常态经济发展的背景，以供给侧结构性改革为主要手段的产业结构优化，其核心在于对过剩产能的转化和处理。故对于以第二产业发展为主的地区，应基于产业结构升级转型之需求，促进该地区破产程序及相关法律制度的完善。

表5-2 2015—2022年各地破产类案件结案数量及其增长速度

地区	2015年	2022年	增长速度
浙江省	1682	3375	200.65%
江苏省	499	6596	1321.84%
山东省	160	469	293.13%
广东省	717	1986	276.99%
湖北省	36	366	1016.67%
四川省	84	491	584.52%

续表

地区	2015年	2022年	增长速度
河北省	29	187	644.83%
湖南省	115	592	514.78%
重庆市	43	405	941.86%
河南省	88	818	929.55%
安徽省	390	891	228.46%
辽宁省	130	349	268.46%
上海市	34	809	2379.41%
北京市	67	310	462.69%
吉林省	265	16	6.04%
内蒙古自治区	208	75	36.06%

我国破产案件的结案量大幅增长，归因于受理案件数量的增长，亦取决于司法审判效率的提升。具体来说：

（1）从受理案件数量增长情况来看，基于商行为主体自身破产观念的变化，促使其自主启动破产程序审判。通过对成功破产清算、重整案例的宣传，进一步提升商主体对破产程序价值的认识，致使更多企业在出现资不抵债、缺乏继续经营之可能时，债务人及其相关债权人愿意通过破产程序的启动，合理分配其剩余财产，厘清其债权债务关系，以实现可能的重整或及时的良性退出。而其观念的转变，也有助于我国构建常态化破产流程。与此同时，破产法律体系的完善也明确了破产案件受理之门槛，进一步提升了案件受理的概率。[①] 破产法律体系的完善有助于申请人对经营状况进行初步判断，及时启动相应破产程序；就其启动程序所需达到的标准、提供的材料、证明的程度进行明确的说明，亦有助于节约启动破产程序的人力、物力及时间成本，提升破产程序所能带来的可能收益。

（2）从司法审判效率的提升来看，司法体系构建的完善以及专业化司法审判队伍的构建有助力于结案数量的提升。2016年最高人民法院就设立清算与破产审判庭的建议，从政策层面提出了破产案件审判规范化、专业化的要求，明确健全司法审判组织，增强专业审判力量，强化破产案件审理之意义。

---

① 《最高人民法院关于适用〈中华人民共和国企业破产法〉若干问题的规定（一）》第1条第1款规定："债务人不能清偿到期债务并且具有下列情形之一的，人民法院应当认定其具备破产原因：（一）资产不足以清偿全部债务；（二）明显缺乏清偿能力。"

截至2023年底,全国超100家法院设立破产审判庭,确保破产类案件集中规范、公正高效审理。2019年年初,深圳、北京、上海三地率先试点设立破产法庭,而后天津、广州、温州相继设立,截至2023年底,全国共成立17家破产法庭。专门破产法庭的成立,有利于集中有限的破产审判资源,完善破产案件集中管辖,健全执行转破产程序衔接、破产府院联动等机制,降低办理破产案件的司法成本,其收结案量的大幅上升带动世界银行指标中的破产启动指标分值也呈现上升趋势。

(二)涉诉案由多样,破产债权确认纠纷为占比最大案由

除破产程序受理的客观情况,笔者就申请人提请破产程序之案由也进行了相关数据的收集和处理。2011年4月,最高人民法院发布的《民事案件案由规定》中,就破产类案件规定了16个案由,具体可分为3个"与破产程序相关"案由和13个"破产衍生诉讼"案由两大类。[①] 就笔者所能收集到的最新数据,以2015—2018年各类破产案件案由数量的统计来看,目前我国受理的破产案件之案由主要涉及11类,包括1个"与破产程序相关"和10个"破产衍生诉讼"。其中,以破产债权确认纠纷、对外追收债权纠纷及请求撤销个别清偿行为为涉诉最多的案由,分别占4年累计破产类案件诉讼的52.42%、17.48%和8.23%,总计占全部案件的78.13%(见表5-3)。

表5-3 2015—2018年各案由破产类案件收案数量

案由	2015年	2016年	2017年	2018年	总计	占比(%)
破产债权确认纠纷	2128	2854	4266	7740	16988	52.42
对外追收债权纠纷	1052	1344	1465	1803	5664	17.48
请求撤销个别清偿行为纠纷	370	535	969	793	2667	8.23

---

① 申请破产清算、申请破产重组、申请破产和解为与破产程序相关的3个具体案由。但最高人民法院于2020年12月29日发布了《最高人民法院关于印发修改后的〈民事案件案由规定〉的通知》,对破产程序案件的案由进行了修订,与破产相关的三级案由改为17个,包括4个"破产程序案件"案由和13个"与破产有关的纠纷"案由,其中与破产程序相关的二级案由"四十三、破产程序案件"项下增加1个三级案由"424.申请对破产财产追加分配"。需要注意的是,虽然该通知对2011年《民事案件案由规定》进行修改,新增了1个三级案由,但对本文结论影响不大。

续表

案由	2015年	2016年	2017年	2018年	总计	占比（%）
与破产有关的纠纷	172	210	270	638	1290	3.98
破产撤销权纠纷	256	1367	343	606	2572	7.94
取回权纠纷	69	150	109	385	713	2.20
请求确认债务人行为无效纠纷	72	86	176	179	513	1.58
追收未缴出资纠纷	39	46	89	170	344	1.06
管理人责任纠纷	74	88	113	149	424	1.31
追收抽逃出资纠纷	40	49	54	109	252	0.78
申请破产清算	504	242	133	104	983	3.03

由此可见，就我国目前破产程序实践情况来看，在实际操作过程中，其难点不在于破产清算、重整、和解程序的提出，而在于程序具体进行过程中如何对债权人可得利益进行最大保护以及减少损害债权人利益之行为。具体来说，首先，可以通过完善破产重整程序中对债权人的信息披露制度，充分保障债权人的知情权。可将申请重整时以及重整计划提交后表决前两个节点设为重整阶段信息披露的关键节点，并结合实际情况进行细化规定。其次，可以吸收财产保全制度域外经验，诸多国家和地区都在破产程序启动阶段设立了临时性财产保全制度，如限制债权人对财产的自由处分权，或规定债务人在破产程序启动间隔期间作出的违反禁令的财产处分行为无效。可参考防止债务人利用空档期不当处分财产的思路，将财产保全制度纳入破产程序的法律规定之中。还要注重平衡保护破产重整程序中债权人的程序与实体权利。在程序权利上，对于债权金额较大的债权人的程序权利，鉴于其在重整中的重要作用，实践中往往通过在符合条件的情况下给予其临时表决权等措施对

其程序性权利给予保护。在实体权利上,同样应当受到充分尊重,特别是在债权金额、性质及时间上,不应仅根据书面材料简单认定,而是应充分考虑其债权债务发生的背景,避免债权人因实体权利认定问题遭受不必要的损失。①

通过对申请案由类型及数量的分析,可以看出我国目前破产程序制度规范上的不足,以及制度规范与实际落实过程中衔接的问题所在,为后续完善制度规范,出台相应配套措施并具体落实提供了具体的方向。目前的案由类型只有3类在实践中大量使用,且过半数的案件使用破产债权确认纠纷作为案由,案由的使用不均衡,很可能是由于案由的划分不够科学,可以进一步完善案由分类,以更准确地反映实际破产案件的多样性。这包括根据企业类型、破产原因、资产类型等因素,进一步划分案由,以更好地适应不同类型的案件。对于案由使用较多的案件,除了可以进一步细分案由之外,也可以考虑制定更多相关规范和配套措施,为该类型的破产案件审理提供更多指引。

(三) 破产案件审理时间较长,法院积压存案较多

破产案件审理的时间问题,一直是我国目前推进破产程序适用性的难点所在。涉案人数多、审理时间长、财产变现难等问题共同提高了审理时间规范化的难度。2020年4月,最高人民法院就进一步提升破产审判效率,降低破产程序成本等问题出台了相应的指导意见,其着力从程序自身简化、财产交接简化、方案表决简化、案件审理简化、强化追债力度五个方面,对进一步提升破产类案件审理效率提供指引和参考。②然而现行破产法未明确对破产总体审理期限加以规定,而基于实际情况考虑,对执行财产变现、分配方案执行等具体环节的期限也难以确定。破产类案件审理周期难以管控,增加了其使用成本,也造成了各地法院破产清算案件积久未结的情况,对有限的司法资源造成浪费。

以2019年公布的《2018年上海法院破产案件情况大数据》和上海破产法庭2012—2022年公布的年度审理数据中的最新情况来看,破产案件的审理呈现出审理期限难以缩短,但具有某几年呈现一定下降之态势(见图5-2)。具

---

① 王毓莹:《企业破产重整中债权人利益的保护》,载《人民法院报》2023年9月7日,第7版。
② 《关于推进破产案件依法高效审理的意见》中具体指出,从优化案件公告和受理流程、完善债务人财产管和调查方式、提升债权人会议召开和表决效率、构建简单案件快速审理机制、强化强制措施和打击逃废债力度五个方面,推进破产案件依法高效审理。

体来说，2012—2022年的10年间，上海法院的平均审理周期长达423天。结合破产案件受理案件数量的增加，其审理周期也具有延长之趋势。但从长远来看，其对审理期限在一定时间内的控制，也体现了上海法院为缩短破产案件审理周期所作的努力。

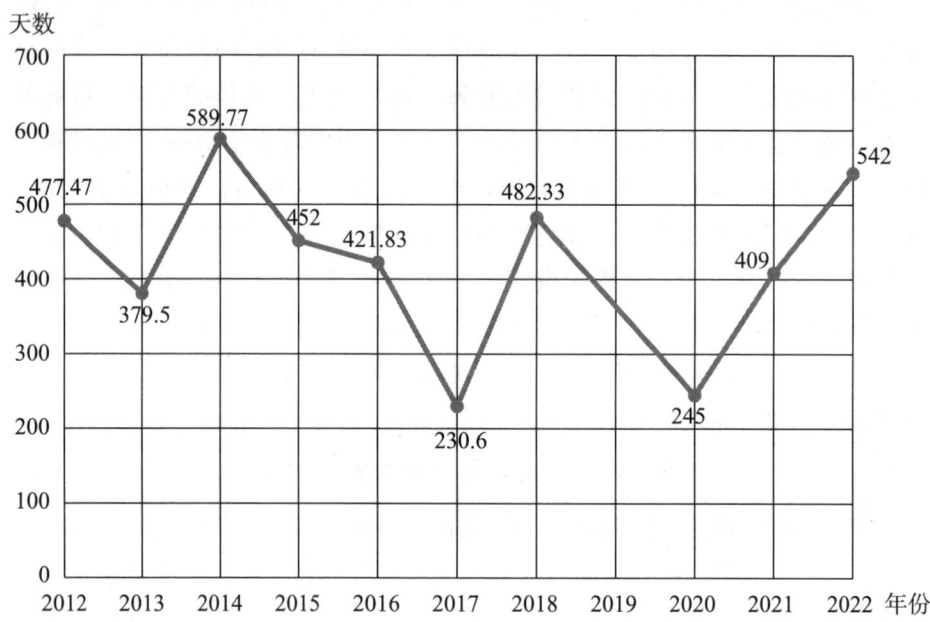

图5-2 2012—2022年上海地区破产案件历年平均审理周期的变化情况①

此外，就各省、自治区、直辖市法院公布的和世界银行在《2020年营商环境评估报告》中有关我国"办理破产"实践指标中破产类案件的平均审理周期来看，目前我国存在总体审理时间长、区域之间审理能力差异较大等问题（见表5-4）。

表5-4 2020年我国部分省市平均审理周期情况

地区	上海市	重庆市	河南省	江西省	全国
平均审理周期（天）	245	205	441	801	621

---

① 数据来源于《2018年上海法院破产案件情况大数据》《上海破产法庭2020年度审理数据》《上海破产法庭2021年度审理数据》和《上海破产法庭2022年度审理数据》。其中，2019年度仅公开了适用简化审程序的平均受理期限，与其他统计数据口径不统一，因此本文暂不统计2019年数据。

目前，我国正加快破产案件快速审理审结制度的构建。早在2017年12月1日，广东省高级人民法院就曾发布《关于推进企业破产清算案件快速审理的若干意见》，对企业破产的快速审理作出指导，2020年2月，广州市中级人民法院制定了《推进破产案件快速审理的工作指引》，明确快速审理的适用标准及具体的操作流程。据统计，2020年广州破产法庭共计受理案件517件，其中305件案件采取快速审理流程，其平均结案时间仅为140天，相较于我国在营商环境报告中认定的621天整整缩短了481天。此外，据上海破产法庭发布的审理数据显示，2022年上海破产法庭共计受理案件3412件，其中适用快速审理流程的案件占比44.5%，平均审理天数为117天，最短审理天数仅需82天，为我国破产审理简化流程的构建提供了宝贵的参考经验。重庆法院制定《破产案件快速审理指引》，大力推广适用快速审理方式办理债权债务关系明确、债务人财产状况清楚、案情简单的破产清算、和解案件，特别是针对无人员、无财产、无账簿的"三无企业"采用"一堂清"审理；探索预重整机制，创新性地将中小企业一并纳入预重整的适用范围，同时规定了"破产申请前的预重整"和"破产申请审查阶段的预重整"两种方式，分别对应法院"不介入"和"弱介入"两种模式。据统计，重庆破产法庭通过预重整程序转入重整程序的案件平均审理时间66天、最短用时仅32天，极大缩短破产重整的审理时间，提升破产重整的成功率。笔者认为，目前破产案件审理周期长主要基于以下原因：首先，破产程序涉案主体多、法律关系复杂客观导致其可节约时间有限。笔者经计算，在理想状态下的破产清算，自申请、审查、公告受理、申报债权、债权人会议召开、变价方案讨论、执行分配程序到注销登记整个流程，最少需要110天以上。其次，"府院联动"机制构建之不完善也使破产程序中涉及与工商、税务等政府行政部门之间信息资料调取不便利，加长了破产案件的审理时间。最后，债务人剩余资产变现难度大。以制造业为例，在实际工作开展过程中，债务人可供变现财产往往存在型号陈旧、技术落后、库存产品长期积压等情况，导致其理论价值与实际剩余价值之间存在较大的贬损情况；而其能够以拍卖变现的固定资本亦受拍卖策略、市场行情等诸多因素影响。

二、破产案件的审理难点

（一）破产企业的识别与破产案件受理难

对破产情形的识别及破产案件的受理是企业进入司法破产程序的第一步，

也是最为关键的一步。在我国现有破产法律制度下,实行破产申请主义原则,即人民法院依据当事人的申请启动破产程序。从目前实际情况和司法实践来说,破产法律制度的不完善一定程度上影响了当事人及司法审判对破产情形的识别,也制约了后续破产程序的开展。具体体现在:

(1)从破产法之功能来说,其未能从主观上树立商事行为主体对"市场出清"这一常态化程序的正确理念。从目前的立法目的和具体举措来看,"破产法"这一制度更多被视作一种"工具"来解决企业存在的资不抵债、存续不能状况。而公众对"破产"这一概念的固守成见一定程度上也阻碍了债务人对自身经营状况的客观评价。应该认识到,在市场对资源进行合理优化配置的过程中,"出清"这一行为的必然性,以及其对释放企业剩余价值、激发市场活力之重大意义。故此,推进破产程序法治化、市场化、常态化,转变公众固有对"破产"概念的既定成见将有助于改善当下破产企业识别难之现状。

(2)从破产法之内容来说,其未能从客观上对破产可能的情形加以具体的规范。依据《企业破产法》第 2 条的规定,企业法人不能清偿到期债务,并且资产不足以清偿全部债务或明显缺乏清偿能力的,依照企业破产法规定清理债务。由此可见,企业申请破产重整需要满足双重标准:资不抵债且明显缺乏清偿能力。就实践情况来看,对"明显缺乏清偿能力"的认定没有一个客观且统一的标准;加之缺乏对典型案例的宣传以分析"明显缺乏",导致债务人对自身清偿能力难以客观识别。同时,客观标准的缺失也导致审查重整、执行案件的法官未能就企业客观清偿能力作出及时的判断,降低了执行案件移送破产审查的效率。

(二)破产管理人选择及管理难

管理人通过对市场、风险、信息等因素的收集,对破产程序中存在的产权进行合理的划分,将有效降低破产程序成本,提高破产程序效率并最大化破产收益。作为破产程序重要的参与主体,其素质和能力或将直接决定破产程序的经济效益。

根据《企业破产法》第 22 条第 1 款、第 2 款的规定,我国破产管理人的选任方式采取以法院为主,以债权人为辅的模式。具体而言,依据《最高人民法院关于审理企业破产案件指定管理人的规定》第 20 条的规定,人民法院往往通过轮候、抽签、摇号等随机方式在现有管理人名册中公开指定管理人。

目前,从我国司法实践角度分析,在破产管理人的选择和管理上存在以下问题。

1. 选择范围小且无明确标准

目前，我国虽初步建立了破产管理人名册，但无论从名单数量还是候选人质量上都存在不足。从数量上而言，基于缺乏系统的破产管理人选拔制度，加之社会对破产程序价值的认识及破产管理人对于破产程序运行意义的理解较少，导致我国破产管理人名册上可供选择的数量总体偏少。从质量上而言，通过对管理人种类进行调研，目前我国法院可供选择的破产管理人名单主要由律师事务所、资产管理公司及会计师事务所构成，而未有专门负责破产清算的专业团队。一方面，这导致了破产管理人业务能力的专业性不够；另一方面，此类团队成员同时承担如诉讼、审计等破产案件以外的工作，可能影响破产程序整体的执行效率。

此外，通过轮候、抽签、摇号等方式指定破产管理人，虽然在一定程度上保障了破产管理人选择过程中的公平和效率，然而却忽视了破产管理人自身专业背景与待执行企业从事业务的关联性。因管理人自身专业背景知识不够，会导致其在处置债务人剩余财产的过程中花费更高的时间和财力成本对处置方式及市场价格进行额外的学习和了解。并且，该种随机产生破产管理人的方式，也无法有效兼顾管理人和债权人、债务人之间合作的融合性。

2. 缺乏相应管理评价体系

基于破产管理人在破产程序中的关键地位及管理人履职情况对破产效益的影响程度，对破产管理人的考核评价体系显得尤为重要。目前在实践中，未有此类规范化评价体系就管理人履职情况进行相应的考核；此外，现有更换管理人的途径仅有经债务人或债权人申请，由人民法院批准后才可更换。因缺乏对管理人履职能力的客观评价系统，进而影响对更换管理人的决定程序及相应的配套措施。而管理人名册制度未规定退出机制，管理人名册未及时更新，也容易产生机构固化、廉洁风险等问题。

（三）优先债权人保护力度统一难

基于交易成本原理，公司由一系列不完整契约之集合而构成。因契约签订之主体、内容和方式的多样，导致的复杂法律关系进一步妨碍对破产清偿程序的审理和决定。具体来说，基于债权产生的时间和产生的目的，可分为普通债权和共益债务；基于债权有无特殊优先权，可分为优先债权人和普通债权人；基于债权有无担保性，可分为超级优先权、优先受偿权和普通平等受偿权。继而产生对不同种类债权人之间及债权人与债务人之间利益顺位的广泛争议。

举例来说，《企业破产法》第109条对担保权人优先受偿的别除权加以规定，但就提供担保物之属性是否当然享有别除权这一问题却存在争议。有学者认为，当债权人以定金形式提供担保，基于定金自交付起与债务人之财产混同，故此时就该笔债权，担保权人不享有优先受偿权。还有对非典型担保物权中的让与担保，对担保物保留所有权的基础上是否同等享有别除权的认定存在争议。此外就《企业破产法》第113条职工债权优先受偿之范围，以及对税收债权性质的认定、其是否享有优先受偿权及其效力登记、适用形式也存在不同程度的争议。

除法律条文中《企业破产法》与其他相关法条冲突适用的学理争议外，在实践中，对同一性质的债权是否享有优先受偿权的认定也存在一定的差异。

（四）债务人财产管理及处置难

破产权利实现的基本方式是财产分配，如果没有债务人财产，那么这一切都无法进行。① 在破产程序中，债务人财产是债务人承担债务的责任财产，也是债权人得以公平、有序受偿的重要物质保障。对债务人财产的认定将直接决定破产收益的大小、债权人公平受偿之可能以及剩余价值资本优化配置的情况。依据《企业破产法》第30条的规定，债务人财产应包括债务人的所有财产，② 包括债务人基于各处资产拥有的权益，不区分财产的位置，不区分财产的形式，亦不论在破产程序启动时是否实际占有。就目前实践情况而言，对债务人财产的认定方面，由于法律条文规定界限尚不明确，故而增加了财产识别的困难。

此外，对争议财产的认定也是债务人财产管理的难点之一。例如对已完成支付对价但未办理所有权转移登记的不动产的认定；在融资租赁合同项下，承租人破产时租赁物所有权的认定，以及出租人对保留所有权的融资租赁物设立抵押权时租赁物所有权的归属认定等。

对债务人剩余财产的认定及其未来保值、增值范围的判定，一定程度上决定了破产程序启动的时间、启动的走向以及可供重整的最大承受时间等。基于此，法院如何在债权人实现债权的效率与清偿率上作出衡平，确定有利

---

① "Every creditor wants the firm to choose the bankruptcy system that maximizes the monetary return", Alan Schwartz, *A Contract Theory Approach to Business Bankruptcy*, The Yale Journal, Vol. 1998 (107), p. 1837.

② 根据我国现行企业破产法的规定，债务人财产应包括债务人的所有财产，既包括破产申请受理时现有的财产，也包括破产申请受理后管理人行使撤销权、取回权、抵销权等依法追回的属于债务人的财产，还包括债务人继续营业新取得的财产。

于全体债权人的债务人财产处理方式是对管理人及法院的极大考验。

(五) 执行转破产程序衔接难

长期以来,大量"执行难"和"僵尸企业"问题困扰着法院,执行转破产程序是衔接执行和破产程序的桥梁,破产程序的介入可以有效弥补执行程序的不足。执行程序旨在通过强制手段对于诉讼积极主张的债权进行个别清偿,重点在于实现具体个案的公平正义,而破产程序旨在通过多方沟通探索使全部债权获得相对公平的清偿从而更加公平地实现债权人利益。虽然二者在立法理念和司法目的上大相径庭,但是二者也存在价值关联,破产程序的介入不仅可以使善意的债务人获得重整机会,法院还可以对债务人的资金状况、经营方向进行全方位的把控,使全体债权人利益最大限度地得以实现,通过司法手段维护社会经济的健康发展。现阶段,执行转破产程序在操作上依然存在一些问题。

一方面,破产程序转化阻碍较多。执行法院需取得相关利益当事人的同意方可开始准备转化程序。对于作为债权人的申请执行人来说,如果债务人进入破产程序,债权人最终能得到分配的标准、比例皆不确定,且一旦债务人清算,其法人身份消失,债权人可能无法实现全部债权,同时也失去了追索的对象,这种结果导致债权人申请破产程序转化的积极性不高。对于债务人而言,企业决策可能已经失灵,难以作出同意破产的决定,且一旦进入破产程序,将对包括企业经营状况、人事变动、财务状况进行全方位的审查,这进一步降低了债务人申请的积极性。

另一方面,缺乏标准统一的双向衔接机制。一个案件的执行部分与破产部分势必会被分归两个法院或是同一法院的不同部门管理。根据《企业破产法》第11条的规定,债务人的财产状况等信息是由债务人主动向法院提供,法院仅对此进行形式审查。这将导致破产程序中法官对债务人的情况并不了解,导致衔接难度增加的同时也造成司法资源的浪费。

第四节　全面提升我国破产司法能力的对策建议

一、提高破产司法实践的便利性

（一）保障破产案件有效受理

就我国目前对破产案件的受理情况来看，相较于形式审查相关规定的完善性，[①] 对破产情形的实质性认定是制约破产案件申请、受理数量的关键所在。具体来说，基于对"明显缺乏清偿能力"情况的认定不明，导致债权人及债务人对自身经营状况认定不清，继而造成其提请破产申请时间节点的推后。此外在司法实践中，因其定义宽泛，故人民法院对于破产案件审理的实质要件是否达成缺乏明确而统一的受理标准。例如，人民法院出具的终止执行裁定书是否当然构成债务人明显缺乏清偿能力的依据；又如，对债务人剩余财产中所持有的明显无法回收的债权或股权，此类受偿权的丧失是否必须以债务人就该笔债权或股权先行提起诉讼为依据而认定。如果该部分无法明显回收的债权或股权不当然认定构成债务人剩余财产的一部分，此时对债务人何时可以提请破产清算重整亦造成实践认定上的困难。

1. 明确破产情形以保障破产案件有效受理

在司法实践中，有关部门应有针对性地对案件中可以被认定为具备破产清算重整之情况进行类型化总结，通过对典型案例的宣传、典型破产模式的构建，以破产审判形式将主流意见予以固定，以保障破产案件可以得到实质性的有效受理。目前，很多地区的法院均针对破产审判问题进行总结并发布年度白皮书。例如，成都市中级人民法院在《2022年成都法院破产审判工作白皮书》中，对该年度的破产案件总结了8个破产典型案例。沈阳市中级人民法院对2019年至2023年沈阳两级法院的破产类案件进行了全面梳理、调研，形成《破产审判白皮书》及《破产审判典型案例》。在《破产审判白皮书》中，分析全市破产审查案件、破产案件特点以及案件涉及的破产企业特点，介绍沈阳法院破产审判的主要做法及成效并对现阶段破产审判遇到的相

[①] 2016年，最高人民法院发布《关于破产案件立案受理有关问题的通知》，要求法院不得在法定条件外设置附加条件，限制、剥夺当事人的破产申请权，对于债权人、债务人等法定主体提出的破产申请材料一律接收、进行形式审查、移交业务庭。

关问题提出司法建议和工作措施。在《破产审判典型案例》中，选取多个典型案例，注重典型案例的多样性，从审理方式看，包括执转破、预重整、实质合并等审理方式；从企业所有制形式看，既包含国有企业、集体企业，又包含民营企业和混合所有制企业；从破产企业行业看，涵盖制造、农牧、服务、金融等众多领域。这些法院的司法实践对于破产审判工作的有效受理起到了极大的促进作用。

2. 简化破产案件审批流程以提升受理效率

此外，笔者认为，基于司法行政"服务为民、高效便民"之宗旨，为进一步提升破产案件的受理效率，可以通过建立健全完善的信息发布平台，对于破产类案件受理之标准，以及申请人所要提供的材料进行明确的公示。针对破产类案件申请主体复杂、多元的特点，可以通过开通网上破产案件受理平台，允许一个或多个申请人通过网络提交材料的方式，对破产程序提请初步申请，并通过债权人之间相关资料的整合，来完善破产申请资料，提升破产案件受理效率。

(二) 建立健全执行移送破产机制

强制执行体系和破产法律体系都是债权实现体系的两大重要渠道。以债务人财产清偿之可能为划分，通过明确执行体系和破产体系的现实背景，完善执行移送破产机制的构建，使该两项制度能够分工协作、各就其位，在合理保障各方权益的基础上，最大化节约有限的司法资源。

在目前法律框架规定下，我国采取以当事人申请为原则、以法院依职权启动为辅助的执行转破产程序驱动。根据《最高人民法院关于执行案件移送破产审查若干问题的指导意见》的规定，经法官明确释明后，当事人均不同意移送破产审查的，执行法官就执行变价所得的执行财产，在扣除执行费用及清偿优先受偿的债权后，对于普通债权按照顺位进行清偿。

虽然执行和破产程序在理论基础上存在一定的关联，实践中我国部分地区通过"执转破"机制解决了大量困扰法院数年之久的执行难及"僵尸企业"问题，但由于各地经济发展和司法审判水平存在差异，"执转破"机制在一些地区仍无法发挥应有的制度价值，在实践中也存在一些操作上的问题，例如破产程序转化阻碍较多、缺乏标准统一的双向衔接机制、破产案件缺乏按需分类的操作方法，同时也存在执行人员参与度不高、单一债权人同意便可进入破产程序造成其余债权人不满、移送审查过程缺乏有效监管等问题。①在实践中，基于破产费用支付规则的不确定、多个执行申请人相互利益冲突之可能以及对债务人相关财产的查封具有先后顺位等情况，债权人基于自身成本和收益之考量，未能积极促进其推动"执转破"工作程序之进程。

对可能的"执转破"案件，经执行法官释明后当事人均不同意移送破产审查的，可依据债务人的财产情况区别对待。通过对破产原因识别的规范化、执行中止及例外的规范化、财产保全措施的规范化、破产费用界定的规范化，从法律制度的构建层面，尽可能提升债权人对"执转破"程序意义的认识，进而激发其积极性，推动"执转破"程序的启动。

解决上述问题可以从破产案件繁简分流与受理机关建设两个方面入手：一方面，应加大对破产案件繁简分流的力度。对此，我国部分地区发布了相关政策，例如河南省高级人民法院发布的《关于探索破产案件繁简分流建立简单破产案件快速审理机制的指导意见》、四川省南充市中级人民法院发布的《关于实施破产清算案件繁简分流的意见（试行）》等。另一方面，受理机关应加大力度促进人才专业化。目前，我国许多法院设立了破产法庭，这是市场现状对司法机关提出的分类要求。对"执转破"转化而来的破产案件，在执行程序中就应做好分类，分类标准可以参照注册资本、所欠债务总额等因素，专业的破产法庭一旦接手，便可以将已经分类完成的案件分别处理。此种调整对促进审判效率大有裨益。②

（三）探索破产案件简化审理模式

推进简化民事审理流程，以繁简分流机制促进民事诉讼程序的改革，是我国目前司法案件审理过程中，基于审判团队与待审案件数量不匹配之问题的重要解决措施，也是营造良好营商环境，促进其制度化、法治化、稳定化的必然选择。

与普通民事案件相比，以经济效益最大化代替传统标准用以衡量司法判决的公正性是商事案件审判过程的重点所在。与普通的商事案件相比，法律关系复杂化、利益主体多元化、矛盾纠纷多维化是破产类案件的特点，也是其审理过程中的难点所在。故相较于传统简化商事案件审理流程的普适性做

---

① 马更新：《我国执行转破产程序衔接机制完善路径探索——从破产案件审理信息化出发》，载《法学家》2023年第5期。

② 马更新：《我国执行转破产程序衔接机制完善路径探索——从破产案件审理信息化出发》，载《法学家》2023年第5期。

法，对于不同类型企业的破产案件，以及对于"执转破"等特殊类破产案件的审理若不加以区分而使用相同的简化审理，既不利于办案效率的提高，也不利于审判质效的落实。

从审判程序简化上来说，通过网上公告、电子送达等形式简化送达的方式；通过对债权人会议召开方式的补充（如可以采取视频会议的方式）、召开次数的限制，简化债权人会议流程；通过对破产流程中机构的按需设置，例如当债权人数量较少时则无须设立债权人委员会，以此减少审理过程中信息的重复收集、烦琐送达；通过建立严格的10日立案审查期限，以摇号的方式及时完成随机指定管理人以及不超过6个月审理期限的硬性规定，缩短办案期限。

从审判内容简化上来说，通过对案件类型的具体划分，针对资产清楚、债权债务关系明确的小微企业破产案件采用简化程序、预重整等手段提升中小微企业资产处置与重整效率；通过破产程序的及时终结与民事主体责任追究制度的构建，对于债务人下落不明或者财产状况不清的破产案件，在穷尽追查手段后仍不能获取的，法院可以裁定终结破产程序，并赋予债权人对破产清算过程中存在过错导致程序无法顺利进行的债务人及相关人员追究民事责任的权利。目前，已有不少地区就破产案件的快速审理机制制定了相关规则，如上海市高级人民法院出台的《关于探索破产案件繁简分流建立简单破产案件快速审理机制的指导意见》，各地法院开始积极探索如何优化破产案件简易审理程序。

二、保障破产司法供给的充实性

（一）大力推进以破产审判庭设立为载体的破产专业化建设

实践应用，人才先行。目前，我国在破产类司法案件的审理中存在破产情况识别难、破产案件立案难、案件审理时间长、财产执行效率低等现实状况，一定程度上阻碍了当事人和审理法官的积极性。究其根源，在于破产审判人力资源在数量上及专业性上存在的"短板"问题未能得到有效的化解。在法院层面上，对破产类案件的识别、受理未能单独成立专业化庭审部门及审判组织，降低了破产类案件处理的效率；在审判队伍构建层面上，缺乏一支专业且数量稳定的审判队伍，致使法官在处理该类案件的过程中因专业知识背景的缺乏，延长审理时间，也给破产财产处置变现的路径选择以及对破产重整计划的审理造成了一定的困难。人数少、案件繁、专业性强构成了目前我国该类案件审理的主要矛盾。

因此，对于具有专业知识法官团队的选拔、构建和培养是解决此类问题的关键所在。同时，亦可增加社会化服务的购买程度，增添具有专业知识背景的破产审判辅助人员，为提升破产类案件处理效率、最大化破产效益作出重要贡献。目前，已有不少地区设立专门的破产审判庭并运行良好，2022年1月，《上海市浦东新区完善市场化法治化企业破产制度若干规定》开始实施，为贯彻落实该规定的相关内容，上海市浦东新区人民法院（以下简称上海浦东法院）破产审判庭正式揭牌成立。同时，破产专业化审判组织的建设并非破产法庭一家之责，例如，在重庆专业化破产审判组织体系的构建中，以重庆破产法庭为重心，重庆三级法院协同共建，形成"1+1+N"专业化破产审判组织体系：在重庆市高级人民法院民二庭成立1个专门破产审判合议庭，对破产审判工作进行专业化指导；在重庆市第五中级人民法院设立1个专门破产审判庭，即重庆破产法庭，集中管辖全市范围内的破产案件和强制清算案件；各重大破产案件的债务人所在地基层法院派员到破产法庭协助办理相关案件。真正实现了对重庆市全部破产案件的集中管辖、专业化审理，同时又协同了三级法院力量，极大保障了破产案件的审判质量和效率。①

（二）建立司法与行政统一协调机制

企业破产处置过程中，参与或者涉及的主体众多，法院需要与管理人、债权人、债务人、重整投资人、审计机构、评估机构和相关政府部门进行积极沟通，解决职工安置、企业信用修复、股权变更、企业注销、解除保全、维护社会稳定、安全保障、税收减免、刑事追责等众多问题与矛盾，因此企业破产处置无法通过人民法院单独解决，需要寻求当地党委、政府的支持，积极构建司法与行政协调配合机制，形成破产处置合力。浙江省、江苏省、甘肃省、河南省、福建省、广东省惠州市、河南省漯河市等诸多省、市先后出台"僵尸企业"的处置办法，并明确要求建立企业破产处置过程中的司法与行政协调配合机制。更进一步，有些学者主张要成立破产服务局的政府职能部门，从而使司法与行政协调配合机制机构化。可以通过促进地区之间就破产法律的制定方法及破产案件审理经验进行经常性、常态化沟通，通过对如江苏省、浙江省等破产法律制度较为完善地区先进经验的学习和借鉴，提升其他省市在立法、审判及执法上的能力和水平。

---

① 孙海龙：《关于破产审判工作现代化的几点思考》，载微信公众号"重庆破产法庭"，2023年6月13日。

例如，浙江省建立了企业破产处置"府院联动"机制。2016年10月31日，浙江省促进企业兼并重组工作部门联席会议办公室、浙江省高级人民法院、浙江省经济和信息化委员会联合出台《关于成立省级"僵尸企业"处置府院联动机制的通知》（浙并购办〔2016〕8号），该通知确定了"府院联动"机制的职责、成员单位的构成，"府院联动"机制由省高院、省经信委、省检察院、省公安厅等20个部门和单位组成。其中省高院和省经信委分管领导担任"府院联动"机制共同召集人，各成员单位指定其相应处室主要负责人为"府院联动"机制成员，构成情况详见图5-3。"府院联动"机制成立联络处，联络处分别设在省高院民二庭和省经信委政策研究室，负责办理"府院联动"过程中的具体事务。为了切实发挥"府院联动"机制的作用，该通知要求协调会议原则上每半年召开一次全体会议，必要时可根据工作需要，不定期召开全体会议或部分成员单位会议。

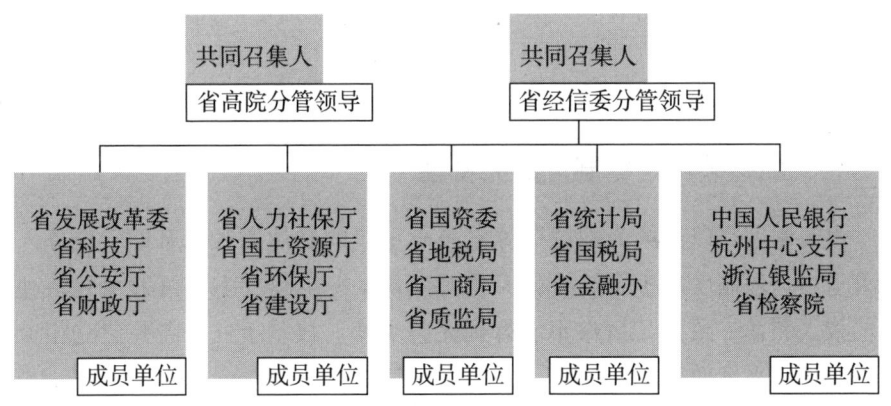

图5-3 浙江省企业破产处置"府院联动"机制构成示意图①

此外，就各省市自身而言，根据自身实际情况因地制宜，加强完善破产程序中各部门相互配合、衔接的工作机制，统筹破产相关工作。通过程序化、有序化的一体化执行框架，解决破产案件中的司法审判、职工安置、企业注销、税收监管等问题，提升破产程序整体效益，加快破产企业出清效率。

（三）将大数据、云计算等现代信息技术引入破产案件的审判实践

破产成本及破产程序效率的高低将直接影响债务人及其债权人对破产程

---

① 张炜顾、季园琴：《企业破产案件中司法与行政协调配合机制的构建研究》，载微信公众号"破产法实务"，2019年11月24日。

序的选择。

第一，通过大数据、线上视频电话会议等现代技术的引入，将有助于破产成本的降低，进一步提升破产程序整体执行效率。例如，通过全国企业破产重整案件信息平台对债务人相关信息进行公开，保障投资人的知情权，从而有助于其作出投资选择，提升破产企业重整的可能性，促进资源的有效流动，以公开、透明树立司法权威。

第二，利用网络平台对分散的债权人召开线上债权人会议，一方面有助于提高债权人会议参与的便利性，节约破产费用；另一方面有助于对债权统一申报，加快推进破产案件进程并减少执行过程中因遗漏债权申报而可能产生的额外人力、物力成本。

第三，通过线上财产拍卖平台的构建，做好资产评估及价值维护，提高破产财产的拍卖成交率。

此外，对成功应用破产重整程序从而实现企业重整的优秀案例进行宣传，从而增进公众对破产程序的认识，增加对破产程序的信任及选择，实现破产程序常态化建设。

三、加强破产法律制度的完备性

出清制度是以市场为配置资源之核心手段的必然路径，有助于债务人的妥善退出。该制度基于总效益最大化的视角，一定程度上不可避免地将会损害债权人利益，致使其债权不能得到完整受偿。故基于此，需要建立相应配套机制达到平衡效果。

（一）建立防范借企业破产逃避债务机制

在破产案件的审理过程中，一方面须及时启动对经营不能企业的破产清算程序；另一方面亦应提高对恶意破产以损害债权人利益情况出现之可能的敏锐性。具体而言，可以通过以下三方面建立防范机制。

1. 健全破产管理人和检查人制度

从债务人角度，通过成立专业的破产清算事务组，使其成为破产企业债权人会议的监督审查机构，以保障破产管理人正确行使职权，最优化对债务人剩余财产进行妥善处理和合理分配。

从债权人角度，通过建立检查人制度，对债务人实际经营状况及其所有申报债权的真实性、合法性进行监督检查，防止债务人与案外人利用虚假交易构成高额债务，实现清偿不能之状况以恶意逃避债务人其他合法债务；亦可防止恶意债权人通过虚假申报以损害其他普通债权人利益。

2. 建立债务公示制度和强制破产制度

现行《企业破产法》规定了债务人在申请破产前6个月之内的财产转移及其他恶意减少剩余资产的行为无效。但在实践过程中,债权人往往无法通过一个公开、完善的信息平台对债务人所有的转移行为及财务状况充分进行了解。故笔者认为,对可能破产之债务人的财务监管情况应当通过常态化信息申报平台予以构建。例如当债务人负债达到资产的一定比例时,主动公开债务人的财务状况于全体债权人,以保证当债务人存在资不抵债可能情况下,债权人可以及时采取强制手段申请破产,使债务人无法利用破产达到逃债的目的。

3. 加大对企业利用破产逃债行为的打击力度

从现行的破产法、刑法、公司法的具体法律制度来看,对严重侵害公司及债权人利益导致资不抵债情形存在过错的人员,追究其违法行为的民事、刑事责任。但对公司及其股东利用破产达到逃避债务目的的行为,未制定相关的法律制度以规避此类现象的存在,一定程度上降低了恶意破产行为的法律成本。故笔者认为,对此类非法欺诈,致使债权人合法利益受损之行为,情节严重的应当构成犯罪,以此提高违法行为法律成本,威慑此类不良行为。

(二) 建立管理人履职任务清单机制

破产管理人作为破产程序的主要推动者和破产事务的具体执行者,其知识背景的专业程度、财产变现执行能力的高低亦将直接影响破产程序的经济效益和执行效率。为促进破产程序的规范化、专业化,有效地指引管理人依法勤勉履职是当下的重点所在。在《关于推动和保障管理人在破产程序中依法履职进一步优化营商环境的意见》的指导下,建立管理人工作服务清单,有助于推进管理人履职规范化,明确管理人的各项任务职责并通过对其职责边际的划分,厘清主次责任从而强化协调配合,避免产生职权交叉、权责不匹等情况。通过清单的建立,将对管理人工作进行事后监督审查转向事前批准,对其工作职责的具体化一定程度上也能指引管理人工作方向,进一步激发其工作主动性。

此外,管理人服务工作清单的构建,也能最大程度实现社会监督,扩大债权人乃至社会公众对管理人履职情况了解的广度和深度。对管理人工作实施长期培训、全程监督、事后评价,督促管理人按照破产程序要求、节点及时推进各项工作。从而加强债权人的参与意识,强化其在破产程序中的主导地位。通过对债权人利益的保护，从而转变债权人对于"破产"这一概念的既定偏见，以及时启动对企业的重整与清算。

明确化的工作服务清单，一方面是对债权人利益之保障，依据法律法规和相应的制度规章，推动追责程序的标准化；另一方面亦是对破产管理人利益之保障，以避免因与破产法相关的管理制度的缺失，导致其在履行过程中屡受阻碍，影响破产程序整体之进程而被债权人要求承担相应的法律责任。

（三）完善重整企业信用修复机制

市场经济的发展基于信用体系的构建。近年来，我国高度重视对企业信用的评价和公示，积极推进全国信用信息共享平台及信用联合奖惩机制的构建。促进各类商事行为主体信用状态的公开化、信息化、透明化，助力于构建更为安全的良好营商环境。在此情况下，失信状态的确认将为企业带来更高的交易成本与更低的交易空间。

在实践过程中，破产重整之企业大多因其先前的纳税瑕疵而导致整体信用评价降低，故若未能有效地及时构建受损信用恢复机制，将会直接影响重整企业之后续经营，提高其银行贷款、注册登记、政府采购、安全许可准入等的门槛，从而丧失重整计划的意义。

基于此，笔者认为，对成功通过重整计划的破产企业信用恢复机制的构建至关重要，需要通过各界的协同合作。例如，从人民法院角度上来说，加快对重整企业执行黑名单的撤销，通过出具相关公函及法律文书，为重整企业的信用修复提供重要的法律依据；从税务机关角度上来说，加强其与人民法院的常态化联系以确保信息的及时公开与更新，介入企业重整方案制定阶段从而提前对重整后企业能力进行提前的预估和及时的更新；从政府角度上来说，对于特殊行业的重整企业更应出台相应的配套保障措施，以帮助其重新恢复市场竞争力[①]。通过"府院联动"机制将重整企业信用修复机制落到实处，通过完善健全社会信用体系建设以优化营商环境，以体系化、现代化、法治化促进国家治理体系和治理能力的现代化建设。

实践中，企业在金融机构的信用修复并未有非常具体的全国统一的实操规定，但是在省、市等不同层级，许多法院也已出台了相关规定。以浙江省为例，浙江省高级人民法院、中国人民银行杭州中心支行、中国银行保险监督管理委员会浙江监管局联合发布《关于优化营商环境完善破产程序配套金

---

① 如建筑类企业在参与招投标过程中可经住建委等部门审核，确认其招投标资格，并适当给予一定的政策优惠。

融服务若干问题的纪要》，对信用修复作出细化规定。该规定中明确重整投资人可依据人民法院作出的批准重整计划裁定书向人民银行申请重整企业信用修复，为企业在征信方面的信用修复作出了良好示范。

案例1

积极推进"执转破"，优化破产程序规则

——广东某旅游休闲服务有限公司执行转破产清算案[①]

基本案情

广东某旅游休闲服务有限公司成立于2009年4月28日，经营预付卡的发行与受理等。2014年9月，中国人民银行广州分行发现该公司超出《支付业务许可证》核准范围经营"加油金"业务，涉嫌非法吸收公众存款罪，向公安部门移交相关线索。2017年9月25日，职工债权人石某在执行程序中申请对该公司进行破产清算，广州市越秀区人民法院（以下简称越秀区法院）将该公司为被执行人的执行案件一并移送至广州市中级人民法院（以下简称广州中院）进行破产审查。广州中院于2017年11月1日裁定受理该公司破产清算案，指定德勤华永会计师事务所（特殊普通合伙）广州分所担任管理人。

法院裁判

2018年5月14日，广州中院裁定宣告该公司破产。2019年3月6日，广州中院裁定确认了债权人会议通过的《广东某旅游休闲服务有限公司破产财产分配方案》，于同年10月18日裁定终结该公司破产程序。截至2017年8月10日，以该公司为被执行人在越秀区法院的执行案件共计25 624件，执行标的额共计2.9亿余元。此外，其他法院以该公司为被执行人的执行案件有14件，执行标的额约3.6亿元，以上执行标的额合计约6.53亿元。

案例评析

该公司破产案的审理成功化解25 638件执行案，有效化解约6.5亿元的债务，充分体现了我国破产程序有关规则的有效性，是广东省以执转破机制化解执行积案最多的案件。

同时，本案通过网络解决675名债权人会议问题，降低了债权人参会成

---

① 参见广东省广州市中级人民法院（2017）粤01破100-1号民事裁定书。

本，提高了会议出席率，充分保障了债权人的程序参与权。案件的顺利审结对完善"执转破"衔接机制，切实解决"执行难"提供了有益的经验。充分体现了 BR 理念的线上司法指标以及破产清算和重整程序指标，通过在线化方式提高破产效率，进行远程表决保障债权人利益。该案广州中院运用执行回转制度和破产取回权制度，最大限度地保障了债权人的合法权益，职工债权与税款债权均得到 100% 清偿。处理过程中，广州中院加强与金融监管部门的协作，妥善处理预付卡客户备付金账户资金的定性与混同问题，及时化解众多"加油金"债权人的不安情绪，为人民银行非金融支付风险处置提供了司法保障。

案例 2

合理保障利益相关者权益，兼顾债权人代表机制成本效益

——杭州萧山某彩印包装有限公司重整案①

基本案情

杭州萧山某彩印包装有限公司（以下简称 A 公司）的债权人向杭州市萧山区人民法院申请 A 公司破产清算，2020 年 1 月 21 日，A 公司债权人会议召开，对重整计划草案进行表决，部分债权人因对重整程序和重整计划草案了解不够，未投赞成票或未及时投票，导致担保债权组及普通债权组未表决通过。经管理人、重整投资者与未通过重整计划草案的表决组再次协商，在充分保障其权益的基础上，获得了上述债权人的认可。2020 年 6 月 28 日，A 公司债权人会议再次召开，对重整计划草案进行二次表决。在本次重整计划草案分组表决中，因重整计划草案未作实质性调整，担保债权组及普通债权组第一次表决中同意的债权人不再参加本次表决。重整计划草案最终在二次表决中获得各表决组通过。

法院裁判

2019 年 2 月 1 日，因企业具有重整可能及重整价值，经债务人申请，法院依法裁定 A 公司由破产清算程序转为重整程序。2020 年 8 月 3 日，法院裁定批准 A 公司重整计划。

---

① 参见浙江省杭州市萧山区人民法院（2019）浙 0109 破 8 号之二民事裁定书。

案例评析

本案是重整计划草案未作实质性调整时，先前已表决同意该重整计划草案的债权人不再参与表决的典型案例，在落实 BR 指标要求的保障债权人知情与参与的前提下，有效提升了债权人代表制度的运行效率及成本效益。

重整中的利害关系人是指重整计划草案对其权益产生影响的债权人或股东等。一般而言，权益未受到重整程序影响的债权人或股东，属无利害关系人，重整计划草案当然无须由其进行表决。而对于第一次表决中已投票赞成的债权人，虽属利害关系人，但因其已经主动同意重整计划草案对其权益的影响，在管理人未对重整计划草案进行实质修改的前提下，也无须参加二次表决。

本案中，因再次协商未对重整计划草案进行实质性调整，表决组中此前已同意的债权人无须参加二次表决，仅由未投票及未投赞成票的债权人进行二次表决。如此的表决规则设计，在保障债权人知情权与表决权的同时，大大缩短了表决时间，降低了重整成本，体现了重整制度快速拯救企业的价值和功能。本案还充分体现了 BR 理念中的债权人参与和实践中的重整程序指标，在保证债权人参与权的前提下，实现重整程序的成本的最小化。

案例 3

整体处置压缩成本，最大化维护企业营运价值

——惠州市某有限公司破产清算案[①]

基本案情

惠州市某有限公司（以下简称某公司）成立于 2005 年 12 月 28 日，在惠州港码头经营丙酮、石脑油等危险化学品仓储及运输业务，同时是铁路危险货物托运人单位，属大型民营危险化学品仓储及运输企业。受经济结构调整、所处行业整体环境变化等因素影响及存在大额担保行为，最终无力清偿到期担保债务，债权人遂向广东省惠州市中级人民法院（以下简称惠州中院）申请对某公司进行破产清算。惠州中院于 2017 年 11 月 16 日裁定受理债权人对某公司的破产清算申请，并指定 A 律师事务所为管理人。

---

① 参见广东省惠州市中级人民法院（2017）粤 13 破 18-5 号民事裁定书。

法院裁判

　　清算过程中，本案债权申报金额合计 10 亿余元，经审查认定的债权总额为 5.7 亿元。2019 年 1 月 29 日，惠州中院裁定宣告某公司破产。由于某公司名下库区内放置有 134 个危险化学品储罐及管线系统，另有 2400 米的管线系统自库区连接至惠州港码头，并且储罐和管线中仍留存有易燃易爆的危险化学品，系重大危险源。惠州中院围绕债务人资产安全管控、资产整体处置及职工安置等问题，经多方协调筹集资金并妥善安置职工，促使持有危险化学品从业资质的职工集体平稳转隶到破产财产买受人企业继续工作，并对特殊资产进行整体打包处置、积极引进同行业买受人，实现破产财产价值最大化，让某公司危险化学品库区整体资产价值功能得到有效延续并最终以 8000 多万元成功处置。同时，管理人收回某公司对外应收债权约 300 万元，在大部分资产已设定抵押权的情况下，某公司破产财产已足额清偿破产费用及职工债权。

案例评析

　　本案作为广东省高级人民法院发布的优化营商环境破产典型案例之一，在坚持破产财产处置价值最大化原则的基础上，通过对债务人危险化学品库区严格采取安全管控措施及留用必要专业技术人员，保障了破产财产安全，消除了惠州港区的安全隐患。通过灵活区分抵押财产价值的方式，有效解决财产重叠抵押的价值区分问题，实现抵押优先债权的公平清偿。本案积极推进清算程序中的企业整体处置方式，不仅让企业资产原有危险化学品仓储与运输的各项功能完整保存和有效延续，同时让专业技能人才全部转隶到新买受人企业，实现职工再就业，有效维护企业整体营运价值。该案充分体现了 BR 理念中的破产清算程序指标项下的内容，通过积极推进清算程序中的企业整体处置方式，将破产清算程序的时间缩减到最短，同时将破产清算程序的成本压缩到最低。

案例 4

综合采取股权调整及解冻措施，最大限度优化债务人资产
——上海某机器人有限公司重整计划执行案[①]

基本案情

2021 年 7 月 12 日，法院裁定批准上海某机器人有限公司重整计划并终止重整程序。在重整计划执行中，破产管理人提出书面申请称：山东省青岛市崂山区人民法院冻结了上海某投资有限公司持有的上海某机器人有限公司 78.84% 的股权，该部分股权同时质押给江苏某公司，故申请法院对上海某投资有限公司持有的上海某机器人有限公司在重整计划中已调整的 25.15% 股权予以全部解冻，注销相应质押登记，以保障重整计划的执行。

法院裁判

经审理，法院裁定：解除山东省青岛市崂山区人民法院对上海某投资有限公司持有的上海某机器人有限公司 78.84% 的股权中的 25.15%（对应 12 788 136 元出资）部分的冻结；解除其他司法机关对本裁定第一项财产的全部冻结；注销本裁定第一项财产的质押登记。之后，法院向市场监管部门送达民事裁定书、协助执行通知书，办理上述股权冻结及质押登记手续。

案例评析

破产程序的主要目标是实现债务人资产的最大化，因此债务人资产的管理是评估破产程序的重要指标。关于债务人资产的管理，又将重点考察解除或放弃现有负担性合同和资产等方面。能够处理任何正在进行的活动以保全破产财产，是强而有力的破产框架的直接体现。

股权调整是破产重整的主要方式，本案重整计划即含有股权调整方案。在资不抵债情形下，尽快排除重整计划的股权负担，完善民营企业重整机制，为重整计划的执行提供了法治化司法保障，维护了全体债权人合法权利。本案是上海市首例作出解除其他法院对重整企业股权冻结并注销相应质押登记的案例，也是完善民营企业退出机制、优化营商环境的案例，入选全国"2023 年民营企业产权司法保护协同创新百佳实践"。企业因资不抵债进入破产重整程序的，股东权益为零。重整计划中的股权调整不同于基于意思自治

---

① 参见上海市徐汇区人民法院（2020）沪 0104 破 4 号之三民事裁定书。

的股权转让。破产企业股权负担之相关权利人对已被调整的股权不应享有任何权利。破产管理人申请破产案件受理法院解除对破产企业被调整股权的冻结，注销相应质押登记的，应予准许。破产案件受理法院，有权决定解除对债务人的财产保全或民事执行中的查封、扣押、冻结措施。本案体现了 BR 实践中的重整程序指标，通过解除股权负担，进行股权调整，实现重整程序的成本最小化。

案例 5

企业通过"预重整"成功脱困，探索符合国情的重整制度
——A 公司破产重整案[①]

基本案情

2021 年 7 月 27 日，因陷入经营困境和债务危机，A 公司向江苏省苏州市吴江区人民法院（以下简称吴江法院）提出重整申请，并请求在申请审查期间进行预重整。经审查，A 公司提交的材料可初步证明其已出现破产原因，且已有部分意向投资人表达投资意向，债权人亦希望通过与债务人协商的方式实现利益最大化，故为准确识别债务人的重整价值和重整可能性，提高重整成功率，吴江法院决定对 A 公司进行预重整，并根据债务人、出资人和主要债权人的推荐，选定管理人名册中的某会计师事务所和江苏某律师事务所担任预重整期间的联合临时管理人。

法院裁判

预重整期间，临时管理人积极履职，监督债务人充分披露信息，协助债务人通过"公开招募+现场竞价"的方式引入意向投资人，引导债务人制作预重整方案并获得出资人和多数债权人的同意，预重整债权人会议还通过了确定临时管理人为转入重整程序后的管理人的决议。2021 年 11 月 29 日，根据临时管理人提交的预重整工作报告，吴江法院裁定受理 A 公司破产重整一案，并直接指定临时管理人为重整管理人。得益于预重整期间的良好工作基础，2021 年 12 月 31 日，管理人将根据预重整方案制作的重整计划草案提交第一次债权人会议表决，对预重整方案的同意视为对重整计划草案的同意，重整

[①] 参见江苏省苏州市吴江区人民法院（2021）苏 0509 破申 140 号裁定书。

计划草案获高票通过。根据重整计划，有财产担保债权、职工债权将获得全额清偿；普通债权将获得 24.31% 的清偿，是模拟清算状态下清偿率的 3.3 倍。同日，吴江法院裁定批准重整计划，终止重整程序。

案例评析

本案是积极探索符合我国国情以及企业实际情况、灵活运用各项破产制度的典型案例。本案自受理重整申请至批准重整计划，用时仅 32 天，充分展示了预重整简化重整程序的功效，以及重整程序固定庭外协商成果的价值。

同时，本案也是适用预重整提升重整案件审理质效、赋予债权人管理人选任推荐权的典型案例。审理法院赋予债权人对选任管理人的推荐权，具体表现为以预重整债权人会议决议的形式，决定临时管理人在转入重整程序后是否为正式管理人。此举有利于提升债权人对重整程序的参与度，完善债权人对管理人履职的监督机制，也是 BR 指标中关于债权人参与破产程序程度的有力体现。

附录一

优化营商环境条例

(2019年10月8日国务院第66次常务会议通过 2019年10月22日
中华人民共和国国务院令第722号公布
自2020年1月1日起施行)

第一章 总 则

第一条 为了持续优化营商环境，不断解放和发展社会生产力，加快建设现代化经济体系，推动高质量发展，制定本条例。

第二条 本条例所称营商环境，是指企业等市场主体在市场经济活动中所涉及的体制机制性因素和条件。

第三条 国家持续深化简政放权、放管结合、优化服务改革，最大限度减少政府对市场资源的直接配置，最大限度减少政府对市场活动的直接干预，加强和规范事中事后监管，着力提升政务服务能力和水平，切实降低制度性交易成本，更大激发市场活力和社会创造力，增强发展动力。

各级人民政府及其部门应当坚持政务公开透明，以公开为常态、不公开为例外，全面推进决策、执行、管理、服务、结果公开。

第四条 优化营商环境应当坚持市场化、法治化、国际化原则，以市场主体需求为导向，以深刻转变政府职能为核心，创新体制机制、强化协同联动、完善法治保障，对标国际先进水平，为各类市场主体投资兴业营造稳定、公平、透明、可预期的良好环境。

第五条 国家加快建立统一开放、竞争有序的现代市场体系，依法促进各类生产要素自由流动，保障各类市场主体公平参与市场竞争。

第六条 国家鼓励、支持、引导非公有制经济发展，激发非公有制经济活力和创造力。

国家进一步扩大对外开放，积极促进外商投资，平等对待内资企业、外商投资企业等各类市场主体。

第七条 各级人民政府应当加强对优化营商环境工作的组织领导，完善优化营商环境的政策措施，建立健全统筹推进、督促落实优化营商环境工作的相关机制，及时协调、解决优化营商环境工作中的重大问题。

县级以上人民政府有关部门应当按照职责分工,做好优化营商环境的相关工作。县级以上地方人民政府根据实际情况,可以明确优化营商环境工作的主管部门。

国家鼓励和支持各地区、各部门结合实际情况,在法治框架内积极探索原创性、差异化的优化营商环境具体措施;对探索中出现失误或者偏差,符合规定条件的,可以予以免责或者减轻责任。

第八条 国家建立和完善以市场主体和社会公众满意度为导向的营商环境评价体系,发挥营商环境评价对优化营商环境的引领和督促作用。

开展营商环境评价,不得影响各地区、各部门正常工作,不得影响市场主体正常生产经营活动或者增加市场主体负担。

任何单位不得利用营商环境评价谋取利益。

第九条 市场主体应当遵守法律法规,恪守社会公德和商业道德,诚实守信、公平竞争,履行安全、质量、劳动者权益保护、消费者权益保护等方面的法定义务,在国际经贸活动中遵循国际通行规则。

第二章 市场主体保护

第十条 国家坚持权利平等、机会平等、规则平等,保障各种所有制经济平等受到法律保护。

第十一条 市场主体依法享有经营自主权。对依法应当由市场主体自主决策的各类事项,任何单位和个人不得干预。

第十二条 国家保障各类市场主体依法平等使用资金、技术、人力资源、土地使用权及其他自然资源等各类生产要素和公共服务资源。

各类市场主体依法平等适用国家支持发展的政策。政府及其有关部门在政府资金安排、土地供应、税费减免、资质许可、标准制定、项目申报、职称评定、人力资源政策等方面,应当依法平等对待各类市场主体,不得制定或者实施歧视性政策措施。

第十三条 招标投标和政府采购应当公开透明、公平公正,依法平等对待各类所有制和不同地区的市场主体,不得以不合理条件或者产品产地来源等进行限制或者排斥。

政府有关部门应当加强招标投标和政府采购监管,依法纠正和查处违法违规行为。

第十四条 国家依法保护市场主体的财产权和其他合法权益,保护企业经营者人身和财产安全。

严禁违反法定权限、条件、程序对市场主体的财产和企业经营者个人财产实施查封、冻结和扣押等行政强制措施;依法确需实施前述行政强制措施的,应当限定在所必需的范围内。

禁止在法律、法规规定之外要求市场主体提供财力、物力或者人力的摊派行为。市场主体有权拒绝任何形式的摊派。

第十五条 国家建立知识产权侵权惩罚性赔偿制度,推动建立知识产权快速协同保护机制，健全知识产权纠纷多元化解决机制和知识产权维权援助机制，加大对知识产权的保护力度。

国家持续深化商标注册、专利申请便利化改革，提高商标注册、专利申请审查效率。

第十六条 国家加大中小投资者权益保护力度，完善中小投资者权益保护机制，保障中小投资者的知情权、参与权，提升中小投资者维护合法权益的便利度。

第十七条 除法律、法规另有规定外，市场主体有权自主决定加入或者退出行业协会商会等社会组织，任何单位和个人不得干预。

除法律、法规另有规定外，任何单位和个人不得强制或者变相强制市场主体参加评比、达标、表彰、培训、考核、考试以及类似活动，不得借前述活动向市场主体收费或者变相收费。

第十八条 国家推动建立全国统一的市场主体维权服务平台，为市场主体提供高效、便捷的维权服务。

第三章　市场环境

第十九条 国家持续深化商事制度改革，统一企业登记业务规范，统一数据标准和平台服务接口，采用统一社会信用代码进行登记管理。

国家推进"证照分离"改革，持续精简涉企经营许可事项，依法采取直接取消审批、审批改为备案、实行告知承诺、优化审批服务等方式，对所有涉企经营许可事项进行分类管理，为企业取得营业执照后开展相关经营活动提供便利。除法律、行政法规规定的特定领域外，涉企经营许可事项不得作为企业登记的前置条件。

政府有关部门应当按照国家有关规定，简化企业从申请设立到具备一般性经营条件所需办理的手续。在国家规定的企业开办时限内，各地区应当确定并公开具体办理时间。

企业申请办理住所等相关变更登记的，有关部门应当依法及时办理，不得限制。除法律、法规、规章另有规定外，企业迁移后其持有的有效许可证件不再重复办理。

第二十条 国家持续放宽市场准入，并实行全国统一的市场准入负面清单制度。市场准入负面清单以外的领域，各类市场主体均可以依法平等进入。

各地区、各部门不得另行制定市场准入性质的负面清单。

第二十一条 政府有关部门应当加大反垄断和反不正当竞争执法力度，有效预防和制止市场经济活动中的垄断行为、不正当竞争行为以及滥用行政权力排除、限制竞争的行为，营造公平竞争的市场环境。

第二十二条 国家建立健全统一开放、竞争有序的人力资源市场体系，打破城乡、地区、行业分割和身份、性别等歧视，促进人力资源有序社会性流动和合理配置。

第二十三条 政府及其有关部门应当完善政策措施、强化创新服务，鼓励和支持市场主体拓展创新空间，持续推进产品、技术、商业模式、管理等创新，充分发挥市场主体在推动科技成果转化中的作用。

第二十四条 政府及其有关部门应当严格落实国家各项减税降费政策，及时研究解决政策落实中的具体问题，确保减税降费政策全面、及时惠及市场主体。

第二十五条 设立政府性基金、涉企行政事业性收费、涉企保证金，应当有法律、行政法规依据或者经国务院批准。对政府性基金、涉企行政事业性收费、涉企保证金以及实行政府定价的经营服务性收费，实行目录清单管理并向社会公开，目录清单之外的前述收费和保证金一律不得执行。推广以金融机构保函替代现金缴纳涉企保证金。

第二十六条 国家鼓励和支持金融机构加大对民营企业、中小企业的支持力度，降低民营企业、中小企业综合融资成本。

金融监督管理部门应当完善对商业银行等金融机构的监管考核和激励机制，鼓励、引导其增加对民营企业、中小企业的信贷投放，并合理增加中长期贷款和信用贷款支持，提高贷款审批效率。

商业银行等金融机构在授信中不得设置不合理条件，不得对民营企业、中小企业设置歧视性要求。商业银行等金融机构应当按照国家有关规定规范收费行为，不得违规向服务对象收取不合理费用。商业银行应当向社会公开开设企业账户的服务标准、资费标准和办理时限。

第二十七条 国家促进多层次资本市场规范健康发展，拓宽市场主体融资渠道，支持符合条件的民营企业、中小企业依法发行股票、债券以及其他融资工具，扩大直接融资规模。

第二十八条 供水、供电、供气、供热等公用企事业单位应当向社会公开服务标准、资费标准等信息，为市场主体提供安全、便捷、稳定和价格合理的服务，不得强迫市场主体接受不合理的服务条件，不得以任何名义收取不合理费用。各地区应当优化报装流程，在国家规定的报装办理时限内确定并公开具体办理时间。

政府有关部门应当加强对公用企事业单位运营的监督管理。

第二十九条 行业协会商会应当依照法律、法规和章程，加强行业自律，及时反映行业诉求，为市场主体提供信息咨询、宣传培训、市场拓展、权益保护、纠纷处理等方面的服务。

国家依法严格规范行业协会商会的收费、评比、认证等行为。

第三十条 国家加强社会信用体系建设，持续推进政务诚信、商务诚信、社会诚信和司法公信建设，提高全社会诚信意识和信用水平，维护信用信息安全，严格保护商业秘密和个人隐私。

第三十一条 地方各级人民政府及其有关部门应当履行向市场主体依法作出的政策承诺以及依法订立的各类合同，不得以行政区划调整、政府换届、机构或者职能调整以及相关责任人更替等为由违约毁约。因国家利益、社会公共利益需要改变政策承诺、合同约定的，应当依照法定权限和程序进行，并依法对市场主体因此受到的损失予以补偿。

第三十二条 国家机关、事业单位不得违约拖欠市场主体的货物、工程、服务等账款，大型企业不得利用优势地位拖欠中小企业账款。

县级以上人民政府及其有关部门应当加大对国家机关、事业单位拖欠市场主体账款的清理力度，并通过加强预算管理、严格责任追究等措施，建立防范和治理国家机关、事业单位拖欠市场主体账款的长效机制。

第三十三条 政府有关部门应当优化市场主体注销办理流程，精简申请材料、压缩办理时间、降低注销成本。对设立后未开展生产经营活动或者无债权债务的市场主体，可以按照简易程序办理注销。对有债权债务的市场主体，在债权债务依法解决后及时办理注销。

县级以上地方人民政府应当根据需要建立企业破产工作协调机制，协调解决企业破产过程中涉及的有关问题。

第四章 政务服务

第三十四条 政府及其有关部门应当进一步增强服务意识，切实转变工作作风，为市场主体提供规范、便利、高效的政务服务。

第三十五条 政府及其有关部门应当推进政务服务标准化，按照减环节、减材料、减时限的要求，编制并向社会公开政务服务事项（包括行政权力事项和公共服务事项，下同）标准化工作流程和办事指南，细化量化政务服务标准，压缩自由裁量权，推进同一事项实行无差别受理、同标准办理。没有法律、法规、规章依据，不得增设政务服务事项的办理条件和环节。

第三十六条 政府及其有关部门办理政务服务事项，应当根据实际情况，推行当场办结、一次办结、限时办结等制度，实现集中办理、就近办理、网上办理、异地可办。需要市场主体补正有关材料、手续的，应当一次性告知需要补正的内容；需要进行现场踏勘、现场核查、技术审查、听证论证的，应当及时安排、限时办结。

法律、法规、规章以及国家有关规定对政务服务事项办理时限有规定的，应当在规定的时限内尽快办结；没有规定的，应当按照合理、高效的原则确定办理时限并按时办结。各地区可以在国家规定的政务服务事项办理时限内进一步压减时间，并应当向社会公开；超过办理时间的，办理单位应当公开说明理由。

地方各级人民政府已设立政务服务大厅的，本行政区域内各类政务服务事项一般应当进驻政务服务大厅统一办理。对政务服务大厅中部门分设的服务窗口，应当创造条件整合为综合窗口，提供一站式服务。

第三十七条 国家加快建设全国一体化在线政务服务平台（以下称一体化在线平台），推动政务服务事项在全国范围内实现"一网通办"。除法律、法规另有规定或者涉及国家秘密等情形外，政务服务事项应当按照国务院确定的步骤，纳入一体化在线平台办理。

国家依托一体化在线平台，推动政务信息系统整合，优化政务流程，促进政务服务跨地区、跨部门、跨层级数据共享和业务协同。政府及其有关部门应当按照国家有关规定，提供数据共享服务，及时将有关政务服务数据上传至一体化在线平台，加强共享数据使用全过程管理，确保共享数据安全。

国家建立电子证照共享服务系统，实现电子证照跨地区、跨部门共享和全国范围内互信互认。各地区、各部门应当加强电子证照的推广应用。

各地区、各部门应当推动政务服务大厅与政务服务平台全面对接融合。市场主体有权自主选择政务服务办理渠道，行政机关不得限定办理渠道。

第三十八条　政府及其有关部门应当通过政府网站、一体化在线平台，集中公布涉及市场主体的法律、法规、规章、行政规范性文件和各类政策措施，并通过多种途径和方式加强宣传解读。

第三十九条　国家严格控制新设行政许可。新设行政许可应当按照行政许可法和国务院的规定严格设定标准，并进行合法性、必要性和合理性审查论证。对通过事中事后监管或者市场机制能够解决以及行政许可法和国务院规定不得设立行政许可的事项，一律不得设立行政许可，严禁以备案、登记、注册、目录、规划、年检、年报、监制、认定、认证、审定以及其他任何形式变相设定或者实施行政许可。

法律、行政法规和国务院决定对相关管理事项已作出规定，但未采取行政许可管理方式的，地方不得就该事项设定行政许可。对相关管理事项尚未制定法律、行政法规的，地方可以依法就该事项设定行政许可。

第四十条　国家实行行政许可清单管理制度，适时调整行政许可清单并向社会公布，清单之外不得违法实施行政许可。

国家大力精简已有行政许可。对已取消的行政许可，行政机关不得继续实施或者变相实施，不得转由行业协会商会或者其他组织实施。

对实行行政许可管理的事项，行政机关应当通过整合实施、下放审批层级等多种方式，优化审批服务，提高审批效率，减轻市场主体负担。符合相关条件和要求的，可以按照有关规定采取告知承诺的方式办理。

第四十一条　县级以上地方人民政府应当深化投资审批制度改革，根据项目性质、投资规模等分类规范投资审批程序，精简审批要件，简化技术审查事项，强化项目决策与用地、规划等建设条件落实的协同，实行与相关审批在线并联办理。

第四十二条　设区的市级以上地方人民政府应当按照国家有关规定，优化工程建设项目（不包括特殊工程和交通、水利、能源等领域的重大工程）审批流程，推行并联审批、多图联审、联合竣工验收等方式，简化审批手续，提高审批效能。

在依法设立的开发区、新区和其他有条件的区域，按照国家有关规定推行区域评估，由设区的市级以上地方人民政府组织对一定区域内压覆重要矿产资源、地质灾害危险性等事项进行统一评估，不再对区域内的市场主体单独提出评估要求。区域评估的费用不得由市场主体承担。

第四十三条 作为办理行政审批条件的中介服务事项（以下称法定行政审批中介服务）应当有法律、法规或者国务院决定依据；没有依据的，不得作为办理行政审批的条件。中介服务机构应当明确办理法定行政审批中介服务的条件、流程、时限、收费标准，并向社会公开。

国家加快推进中介服务机构与行政机关脱钩。行政机关不得为市场主体指定或者变相指定中介服务机构；除法定行政审批中介服务外，不得强制或者变相强制市场主体接受中介服务。行政机关所属事业单位、主管的社会组织及其举办的企业不得开展与本机关所负责行政审批相关的中介服务，法律、行政法规另有规定的除外。

行政机关在行政审批过程中需要委托中介服务机构开展技术性服务的，应当通过竞争性方式选择中介服务机构，并自行承担服务费用，不得转嫁给市场主体承担。

第四十四条 证明事项应当有法律、法规或者国务院决定依据。

设定证明事项，应当坚持确有必要、从严控制的原则。对通过法定证照、法定文书、书面告知承诺、政府部门内部核查和部门间核查、网络核验、合同凭证等能够办理，能够被其他材料涵盖或者替代，以及开具单位无法调查核实的，不得设定证明事项。

政府有关部门应当公布证明事项清单，逐项列明设定依据、索要单位、开具单位、办理指南等。清单之外，政府部门、公用企事业单位和服务机构不得索要证明。各地区、各部门之间应当加强证明的互认共享，避免重复索要证明。

第四十五条 政府及其有关部门应当按照国家促进跨境贸易便利化的有关要求，依法削减进出口环节审批事项，取消不必要的监管要求，优化简化通关流程，提高通关效率，清理规范口岸收费，降低通关成本，推动口岸和国际贸易领域相关业务统一通过国际贸易"单一窗口"办理。

第四十六条 税务机关应当精简办税资料和流程，简并申报缴税次数，公开涉税事项办理时限，压减办税时间，加大推广使用电子发票的力度，逐步实现全程网上办税，持续优化纳税服务。

第四十七条 不动产登记机构应当按照国家有关规定，加强部门协作，实行不动产登记、交易和缴税一窗受理、并行办理，压缩办理时间，降低办理成本。在国家规定的不动产登记时限内，各地区应当确定并公开具体办理时间。

国家推动建立统一的动产和权利担保登记公示系统，逐步实现市场主体在一个平台上办理动产和权利担保登记。纳入统一登记公示系统的动产和权利范围另行规定。

第四十八条 政府及其有关部门应当按照构建亲清新型政商关系的要求，建立畅通有效的政企沟通机制，采取多种方式及时听取市场主体的反映和诉求，了解市场主体生产经营中遇到的困难和问题，并依法帮助其解决。

建立政企沟通机制，应当充分尊重市场主体意愿，增强针对性和有效性，不得干扰市场主体正常生产经营活动，不得增加市场主体负担。

第四十九条 政府及其有关部门应当建立便利、畅通的渠道，受理有关营商环境的投诉和举报。

第五十条 新闻媒体应当及时、准确宣传优化营商环境的措施和成效，为优化营商环境创造良好舆论氛围。

国家鼓励对营商环境进行舆论监督，但禁止捏造虚假信息或者歪曲事实进行不实报道。

第五章 监管执法

第五十一条 政府有关部门应当严格按照法律法规和职责，落实监管责任，明确监管对象和范围、厘清监管事权，依法对市场主体进行监管，实现监管全覆盖。

第五十二条 国家健全公开透明的监管规则和标准体系。国务院有关部门应当分领域制定全国统一、简明易行的监管规则和标准，并向社会公开。

第五十三条 政府及其有关部门应当按照国家关于加快构建以信用为基础的新型监管机制的要求，创新和完善信用监管，强化信用监管的支撑保障，加强信用监管的组织实施，不断提升信用监管效能。

第五十四条 国家推行"双随机、一公开"监管，除直接涉及公共安全和人民群众生命健康等特殊行业、重点领域外，市场监管领域的行政检查应当通过随机抽取检查对象、随机选派执法检查人员、抽查事项及查处结果及时向社会公开的方式进行。针对同一检查对象的多个检查事项，应当尽可能合并或者纳入跨部门联合抽查范围。

对直接涉及公共安全和人民群众生命健康等特殊行业、重点领域，依法依规实行全覆盖的重点监管，并严格规范重点监管的程序；对通过投诉举报、转办交办、数据监测等发现的问题，应当有针对性地进行检查并依法依规处理。

第五十五条 政府及其有关部门应当按照鼓励创新的原则，对新技术、新产业、新业态、新模式等实行包容审慎监管，针对其性质、特点分类制定和实行相应的监管规则和标准，留足发展空间，同时确保质量和安全，不得简单化予以禁止或者不予监管。

第五十六条 政府及其有关部门应当充分运用互联网、大数据等技术手段，依托国家统一建立的在线监管系统，加强监管信息归集共享和关联整合，推行以远程监管、移动监管、预警防控为特征的非现场监管，提升监管的精准化、智能化水平。

第五十七条 国家建立健全跨部门、跨区域行政执法联动响应和协作机制，实现违法线索互联、监管标准互通、处理结果互认。

国家统筹配置行政执法职能和执法资源，在相关领域推行综合行政执法，整合精简执法队伍，减少执法主体和执法层级，提高基层执法能力。

第五十八条 行政执法机关应当按照国家有关规定，全面落实行政执法公示、行政执法全过程记录和重大行政执法决定法制审核制度，实现行政执法信息及时准确公示、行政执法全过程留痕和可回溯管理、重大行政执法决定法制审核全覆盖。

第五十九条 行政执法中应当推广运用说服教育、劝导示范、行政指导等非强制性手段，依法慎重实施行政强制。采用非强制性手段能够达到行政管理目的的，不得实施行政强制；违法行为情节轻微或者社会危害较小的，可以不实施行政强制；确需实施行政强制的，应当尽可能减少对市场主体正常生产经营活动的影响。

开展清理整顿、专项整治等活动，应当严格依法进行，除涉及人民群众生命安全、发生重特大事故或者举办国家重大活动，并报经有权机关批准外，不得在相关区域采取要求相关行业、领域的市场主体普遍停产、停业的措施。

禁止将罚没收入与行政执法机关利益挂钩。

第六十条 国家健全行政执法自由裁量基准制度，合理确定裁量范围、种类和幅度，规范行政执法自由裁量权的行使。

第六章 法治保障

第六十一条 国家根据优化营商环境需要，依照法定权限和程序及时制定或者修改、废止有关法律、法规、规章、行政规范性文件。

优化营商环境的改革措施涉及调整实施现行法律、行政法规等有关规定的，依照法定程序经有权机关授权后，可以先行先试。

第六十二条 制定与市场主体生产经营活动密切相关的行政法规、规章、行政规范性文件，应当按照国务院的规定，充分听取市场主体、行业协会商会的意见。

除依法需要保密外，制定与市场主体生产经营活动密切相关的行政法规、规章、行政规范性文件，应当通过报纸、网络等向社会公开征求意见，并建立健全意见采纳情况反馈机制。向社会公开征求意见的期限一般不少于30日。

第六十三条 制定与市场主体生产经营活动密切相关的行政法规、规章、行政规范性文件，应当按照国务院的规定进行公平竞争审查。

制定涉及市场主体权利义务的行政规范性文件，应当按照国务院的规定进行合法性审核。

市场主体认为地方性法规同行政法规相抵触，或者认为规章同法律、行政法规相抵触的，可以向国务院书面提出审查建议，由有关机关按照规定程序处理。

第六十四条 没有法律、法规或者国务院决定和命令依据的，行政规范性文件不得减损市场主体合法权益或者增加其义务，不得设置市场准入和退出条件，不得干预市场主体正常生产经营活动。

涉及市场主体权利义务的行政规范性文件应当按照法定要求和程序予以公布，未经公布的不得作为行政管理依据。

第六十五条 制定与市场主体生产经营活动密切相关的行政法规、规章、行政规范性文件，应当结合实际，确定是否为市场主体留出必要的适应调整期。

政府及其有关部门应当统筹协调、合理把握规章、行政规范性文件等的出台节奏，全面评估政策效果，避免因政策叠加或者相互不协调对市场主体正常生产经营活动造成不利影响。

第六十六条 国家完善调解、仲裁、行政裁决、行政复议、诉讼等有机衔接、相互协调的多元化纠纷解决机制，为市场主体提供高效、便捷的纠纷解决途径。

第六十七条 国家加强法治宣传教育，落实国家机关普法责任制，提高国家工作人员依法履职能力，引导市场主体合法经营、依法维护自身合法权益，不断增强全社会的法治意识，为营造法治化营商环境提供基础性支撑。

第六十八条 政府及其有关部门应当整合律师、公证、司法鉴定、调解、仲裁等公共法律服务资源，加快推进公共法律服务体系建设，全面提升公共法律服务能力和水平，为优化营商环境提供全方位法律服务。

第六十九条 政府和有关部门及其工作人员有下列情形之一的，依法依规追究责任：

（一）违法干预应当由市场主体自主决策的事项；

（二）制定或者实施政策措施不依法平等对待各类市场主体；

（三）违反法定权限、条件、程序对市场主体的财产和企业经营者个人财产实施查封、冻结和扣押等行政强制措施；

（四）在法律、法规规定之外要求市场主体提供财力、物力或者人力；

（五）没有法律、法规依据，强制或者变相强制市场主体参加评比、达标、表彰、培训、考核、考试以及类似活动，或者借前述活动向市场主体收费或者变相收费；

（六）违法设立或者在目录清单之外执行政府性基金、涉企行政事业性收费、涉企保证金；

（七）不履行向市场主体依法作出的政策承诺以及依法订立的各类合同，或者违约拖欠市场主体的货物、工程、服务等账款；

（八）变相设定或者实施行政许可，继续实施或者变相实施已取消的行政许可，或者转由行业协会商会或者其他组织实施已取消的行政许可；

（九）为市场主体指定或者变相指定中介服务机构，或者违法强制市场主体接受中介服务；

（十）制定与市场主体生产经营活动密切相关的行政法规、规章、行政规范性文件时，不按照规定听取市场主体、行业协会商会的意见；

（十一）其他不履行优化营商环境职责或者损害营商环境的情形。

第七十条 公用企事业单位有下列情形之一的，由有关部门责令改正，依法追究法律责任：

（一）不向社会公开服务标准、资费标准、办理时限等信息；

（二）强迫市场主体接受不合理的服务条件；

（三）向市场主体收取不合理费用。

第七十一条 行业协会商会、中介服务机构有下列情形之一的,由有关部门责令改正,依法追究法律责任:

(一)违法开展收费、评比、认证等行为;

(二)违法干预市场主体加入或者退出行业协会商会等社会组织;

(三)没有法律、法规依据,强制或者变相强制市场主体参加评比、达标、表彰、培训、考核、考试以及类似活动,或者借前述活动向市场主体收费或者变相收费;

(四)不向社会公开办理法定行政审批中介服务的条件、流程、时限、收费标准;

(五)违法强制或者变相强制市场主体接受中介服务。

第七章 附 则

第七十二条 本条例自 2020 年 1 月 1 日起施行。

附录二

北京市优化营商环境条例

(2020年3月27日北京市第十五届人民代表大会常务委员会第二十次会议通过 根据2022年8月29日北京市第十五届人民代表大会常务委员会第四十二次会议通过的《关于修改〈北京市优化营商环境条例〉的决定》修正)

目 录

第一章 总　　则
第二章 市场环境
第三章 政务服务
第四章 监管执法
第五章 法治保障
第六章 附　　则

第一章 总　　则

第一条 为了持续优化营商环境，推进首都治理体系和治理能力现代化，推动高质量发展，根据国务院《优化营商环境条例》，结合本市实际情况，制定本条例。

第二条 优化营商环境应当坚持市场化、法治化、国际化原则，以市场主体需求为导向，持续深化简政放权、放管结合、优化服务改革，构建以告知承诺为基础的审批制度、以信用为基础的监管制度、以标准化为基础的政务服务制度、以区块链等新一代信息技术为基础的数据共享和业务协同制度，以法治为基础的政策保障制度，切实降低制度性交易成本，激发市场主体活力，充分发挥市场在资源配置中的决定性作用，打造国际一流的营商环境。

第三条 市场主体在市场经济活动中的权利平等、机会平等、规则平等，依法享有自主决定经营业态、模式的权利，人身和财产权益受到保护的权利，知悉法律、政策和监管、服务等情况的权利，自主加入或者退出社会组织的权利，对营商环境工作进行监督的权利。

市场主体应当遵守法律法规，恪守社会公德和商业道德，诚实守信、公平竞争，履行安全、质量、环境保护、劳动者权益保护、消费者权益保护等方面的法定义务，在国际经贸活动中遵循国际通行规则。

第四条 本市建立健全优化营商环境议事协调工作机制，组建专家咨询委员会，完善优化营商环境政策措施，开展营商环境评价，及时协调解决重大问题，统筹推进、督促落实优化营商环境工作。

市、区人民政府应当加强对优化营商环境工作的领导，政府主要负责人是优化营商环境第一责任人。

市、区发展改革部门主管本行政区域内优化营商环境工作，组织、指导、协调优化营商环境日常事务；有关政府部门依照各自职责，做好优化营商环境的相关工作。

第五条 本市鼓励政府及有关部门结合实际情况，在法治框架内积极探索原创性、差异化的优化营商环境具体措施；对探索中出现的失误或者偏差，符合规定条件的，可以予以免责或者减轻责任。

第六条 市、区人民政府应当每年向同级人民代表大会常务委员会报告优化营商环境工作，人大常委会可以采取听取专项工作报告、执法检查、质询、询问或者代表视察等方式，对优化营商环境工作进行监督。

第七条 本市建立优化营商环境社会监督员制度，聘请企业经营者、有关社会人士作为监督员，发现营商环境问题，及时提出意见和建议。政府及有关部门应当接受社会监督员的监督，及时整改查实的问题。

第八条 本市与天津市、河北省协同推进优化营商环境工作，逐步实现政务服务标准统一、资质互认、区域通办。

第二章 市场环境

第九条 本市以市场主体需求为导向，创新体制机制，为市场主体从事生产经营活动创造国际领先的发展条件。

第十条 保障各种所有制经济平等受到法律保护。保障各类市场主体依法平等使用资金、技术、人力资源、土地等各类生产要素和公共服务资源；保障依法平等适用国家和本市各类支持发展政策；保障在政府采购和招标投标等公共资源交易活动中获得公平待遇。

禁止违反法定权限、条件、程序对市场主体的财产和企业经营者个人财产实施查封、冻结和扣押等行政强制措施；禁止在法律、法规规定之外要求市场主体提供财力、物力或者人力的收费和摊派行为。

因国家利益、社会公共利益需要，政府采取征收征用、变更或者撤回已经生效的行政许可、承诺等措施的，应当依法对市场主体予以补偿。

第十一条 本市按照党中央、国务院批复的《北京城市总体规划》和国家要求，制定符合首都功能定位的产业发展政策和新增产业禁止限制目录。本市新增产业禁止限制目录，由市发展改革部门会同有关政府部门拟订，报市人民政府批准后向社会公布。

各区人民政府、有关政府部门不得制定新增产业禁止限制目录。

本市新增产业禁止限制目录和国家市场准入负面清单以外的领域，各类市场主体均可以依法平等进入。

第十二条 政府有关部门应当采取下列措施简化市场主体注册登记手续，法律、行政法规另有规定的除外：

（一）申请设立市场主体或者变更登记事项，申请人承诺所提交的章程、协议、决议和住所使用证明等材料真实、合法、有效的，市场监督管理部门对提交的材料实行形式审查；

（二）设立一般经营项目，申请人提交材料齐全的，有关政府部门应当即时办结，并根据需要一次性向申请人提供开展生产经营活动所需的营业执照、公章和票据。不能即时办结的，应当在一个工作日内办结；

（三）市场主体按照国家市场监督管理总局发布的经营范围规范目录自主选择一般经营项目和许可经营项目，申报经营范围；

（四）多个市场主体可以使用同一地址作为登记住所；

（五）市场主体可以在登记住所以外的场所开展生产经营活动，但是应当通过企业信用信息系统自行公示实际生产经营场所的地址；

（六）市场主体设立分支机构，可以申请在其营业执照上注明分支机构住所，不再单独申请营业执照。

前款第二项、第三项所称一般经营项目，是指市场主体不需要经过有关政府部门行政许可即可以开展的经营项目。

市场主体超经营范围开展非许可类经营活动的，市场监督管理部门不予处罚。有关部门不得以企业登记的经营范围为由，限制其办理涉企经营许可事项或者其他政务服务事项。

市场主体简化注册登记手续的具体办法，由市市场监督管理部门制定，并向社会公布。

在中国（北京）自由贸易试验区试点商事主体登记确认制改革，最大限度尊重市场主体登记注册自主权。

第十三条 市场主体应当将登记的住所或者通过北京市企业登记服务平台自行填报公示的其他地址承诺作为纸质法律文书送达地址；市场主体同意适用电子送达方式的，在北京市企业登记服务平台中填写的电子邮箱、传真号、移动即时通讯账号等视为电子法律文书送达地址，但法律法规另有规定的除外。

第十四条 本市推进科技、文化重点产业发展。市场主体可以利用国家自主创新示范区和北京经济技术开发区现有资源，建设科技、文化企业孵化器。经依法登记的农村集体经营性建设用地符合规划的，可以用于科技、文化孵化，科技、文化成果转化和产业落地等项目建设。

本市统筹推进应用场景建设，为新技术、新产品应用提供实验空间。科学技术、经济和信息化等有关政府部门应当发布重点领域应用场景项目清单。

支持在本市设立国际科技组织或者联盟、国际知识产权组织或者其分支机构。

第十五条　知识产权等有关政府部门应当健全知识产权保护的举报、投诉、维权、援助平台以及有关案件行政处理的快速通道，完善行政机关之间、行政机关与司法机关之间的案件移送和线索通报制度。

市知识产权部门应当鼓励、引导企业建立专利预警制度，支持协会、知识产权中介机构为企业提供目标市场的知识产权预警和战略分析服务。

市知识产权部门应当建立企业专利海外应急援助机制，指导企业、协会制定海外重大突发知识产权案件应对预案，支持协会、知识产权中介机构为企业提供海外知识产权纠纷、争端和突发事件的应急援助。

第十六条　市人力资源和社会保障部门建立健全人力资源服务体制机制，培育国际化、专业化人力资源服务机构，为人力资源合理流动和优化配置提供服务；畅通劳动者维权渠道，完善调解机制，加大监督执法力度，依法保护劳动者合法权益；按照国家规定取消水平评价类技能人员职业资格，推行社会化职业技能等级认定。

第十七条　市地方金融监督管理部门应当组织协调有关金融机构和中介机构，为市场主体首贷、续贷业务受理和其他金融业务提供服务，提高对中小企业信贷规模和比重。

在确保商业秘密、个人隐私受到保护的前提下，推动不动产登记、税务、市场监督管理、民政等有关政府部门的信息与金融机构共享；建立以区块链为基础的企业电子身份认证信息系统，减少企业需要提供的材料。

第十八条　本市由人民银行动产融资登记系统对动产担保物进行统一登记，航空器、船舶、机动车和知识产权除外。市场主体办理动产担保登记，可以对担保物进行概括性描述。

动产担保双方当事人可以约定担保权益涵盖担保物本身及其将来产生的产品、收益、替代品等资产。市地方金融监督管理部门推动建立担保物处置平台，为债权人实现担保权益提供便利。

第十九条　本市推动区域性股权市场规范健康发展，支持北京股权交易中心完善股东名册托管登记机制，扩大中小微企业股权直接融资规模。

第二十条　政府及有关部门应当严格落实国家各项减税降费政策，及时研究解决政策落实中的具体问题，确保减税降费政策全面、及时惠及市场主体。

第二十一条　发生突发事件的，市、区人民政府应当根据遭受突发事件影响的市场主体损失情况，制定救助、补偿、补贴、减免、安置等措施并组织实施。

第二十二条　政府采购和招标投标等公共资源交易活动，不得有下列限制或者排斥潜在供应商或者投标人的行为：

（一）违法限定潜在供应商或者投标人的所有制形式或者组织形式；

（二）违法要求潜在供应商或者投标人设立分支机构；

（三）以特定行政区域或者特定行业的业绩、奖项作为加分条件；

（四）限定或者指定特定的专利、商标、品牌、原产地或者供应商等；

（五）其他限制或者排斥潜在供应商或者投标人的行为。

第二十三条 市发展改革部门推动建立健全本市公共资源交易平台体系，实行公共资源交易目录管理，依法公开公共资源交易的规则、流程、结果、监管和信用等信息，推进公共资源交易全流程电子化，实现一表申请、一证通用、一网通办服务。

推广投标保证金和履约保证金使用电子保函，降低市场主体交易成本，提高交易效率。

第二十四条 本市加大对公司中小股东权益保护力度。

公司董事对公司负有忠实义务和勤勉义务；审议公司股东关联交易等事项时，应当维护公司利益和中小股东合法权益。经董事会决议的关联交易致使公司遭受损失的，董事应当承担责任。

第二十五条 政府及有关部门应当履行向市场主体依法作出的政策承诺以及依法订立的各类合同，不得以行政区划调整、政府换届、机构或者职能调整以及相关责任人更替等为由违约毁约，不得违背市场主体真实意愿延长付款期限。因国家利益、社会公共利益需要改变政策承诺、合同约定的，应当依照法定权限和程序进行，并依法对市场主体因此受到的损失予以补偿。

市场主体以应收账款申请担保融资，向国家机关、事业单位和企业等应付款方提出确权请求的，应付款方应当及时确认债权债务关系。

第二十六条 有下列情形之一的，市场监督管理部门应当为企业办理注销登记：

（一）领取营业执照后未开展生产经营活动或者无债权债务，在国家企业信用信息系统发布拟注销公告满二十日，且无异议的；

（二）破产管理人依据人民法院终结破产程序裁定文书提出申请的；

（三）被吊销营业执照三年以上的公司，其股东书面承诺承担未清偿债务的。

第二十七条 本市鼓励和支持行业协会商会依法自主发展会员，代表会员反映诉求，服务会员发展；政府及有关部门起草或者制定有关行业发展的政策措施，应当主动听取有关行业协会商会的意见，对其意见采纳情况及时反馈和说明。

第三章 政务服务

第二十八条 政府及有关部门应当统一政务服务标准，创新政务服务方式，推动区块链、人工智能、大数据、物联网等新一代信息技术在政务服务领域的应用，不断提高政务服务质量，为市场主体提供规范、便利、高效的政务服务。

第二十九条 本市推进政务服务标准化办理。

市政务服务部门会同有关政府部门编制并公布全市统一的政务服务事项目录及其

办事指南，办事指南应当明确各政务服务事项办理条件和流程、所需材料、容缺受理、办理环节和时限、收费标准、联系方式、投诉渠道等内容。办事指南中的办理条件、所需材料不得含有其他、有关等模糊性兜底要求。

第三十条 有关政府部门及其工作人员应当按照有利于市场主体的原则办理政务服务事项，并遵守下列规定：

（一）按照办事指南的规定办理政务服务事项，不得对市场主体提出办事指南规定以外的要求；

（二）能够通过政府部门之间信息共享获取的材料，不得要求市场主体提供；

（三）需要进行现场踏勘、现场核查、技术审查、听证论证的，应当在规定时限内及时安排，不得推诿、拖延；

（四）同一政务服务事项在同等情况下，应当同标准受理、同标准办理，不得差别对待；

（五）遵守工作纪律，不得与市场主体有任何影响依法履职的交往。

第三十一条 本市在除直接涉及国家安全、公共安全和人民群众生命健康等以外的行业、领域，推行政务服务事项办理告知承诺制。申请人承诺符合办理条件的，有关政府部门应当直接作出同意的决定；未履行承诺的，责令其限期整改，整改后仍未达到条件的，撤销决定，并将有关情况纳入本市信用信息平台；作出虚假承诺的，直接撤销决定，按照未取得决定擅自从事相关活动追究相应法律责任，并将有关情况纳入本市信用信息平台。

告知承诺事项的具体范围和办理条件、标准、流程等，分别由市政务服务部门和有关政府部门制定并向社会公布。

第三十二条 本市推行政务服务事项在政务服务大厅或者站点统一办理。

政府建立市、区、街道和乡镇政务服务体系，根据需要在北京城市副中心、交通便利的区域设立政务服务大厅或者政务服务站点，统一政务服务场所名称和标识，实行政务服务大厅或者政务服务站点周末服务、错时或者延时服务，为市场主体就近办事、多点办事、快速办事、随时办事提供便利。

第三十三条 本市推行政务服务事项在服务窗口集中办理。

有关政府部门可以通过协议委托同级政务服务机构受理政务服务事项，政务服务部门在政务服务大厅或者政务服务站点，设置综合窗口统一受理政务服务事项，有关政府部门分别进行行政审批，综合窗口统一反馈办理结果。

有关政府部门在政务服务大厅或者政务服务站点派驻人员的，应当赋予派驻人员充分的行政审批权限，对已经受理的事项，原则上实行经办人、首席代表最多签两次办结的工作机制，实现受理、审批、办结一站式服务。

有关政府部门应当根据市场主体的申请，在行政审批有效期届满前作出是否准予延续的决定；逾期未作出决定的，视为准予延续。

第二十四条 本市推行全部政务服务事项在网上全程办理。

市政务服务部门建设全市统一的在线政务服务平台，推进各区、各部门政务服务平台规范化、标准化和互联互通。

第三十五条 市经济和信息化部门建立全市统一的大数据管理平台和信息共享机制，推进政务信息共享。有关政府部门应当依据职责准确、及时、完整向大数据管理平台汇集政务信息。

市场主体办理政务服务事项，使用的符合《中华人民共和国电子签名法》规定条件的可靠的电子签名，与手写签名或者盖章具有同等法律效力；电子印章与实物印章具有同等法律效力；电子证照与纸质证照具有同等法律效力，但法律、行政法规另有规定的除外。

区块链技术应用中产生的电子数据可以作为办理政务服务事项的依据和归档材料。

第三十六条 市政务服务部门依法制定作为办理行政审批条件的中介服务事项目录，并向社会公布；有关政府部门不得将目录以外的中介服务事项作为办理行政审批的条件。

第三十七条 企业固定资产投资项目实行告知承诺制，其范围由市发展改革部门拟订，报市人民政府批准后向社会公布。

第三十八条 在北京城市副中心、中关村科学城、怀柔科学城、未来科学城、北京经济技术开发区及其他有条件的区域，政府及有关部门编制详细规划或者土地一级开发阶段应当同步开展环境、水、交通等区域评估，不再对区域内市场主体的建设项目单独提出评估要求。

第三十九条 本市建立工程建设领域"风险+信用"监管体系，根据风险等级、信用等级分级分类、动态调整监管规则，实行差别化管理。

对社会投资低风险工程建设项目，规划许可和施工许可、联合验收和不动产登记可以合并办理，从立项到不动产登记全流程审批时间不超过十五个工作日；对其他社会投资工程建设项目，推行并联办理、限时办结。

第四十条 本市探索在民用和低风险工业建筑工程领域推行建筑师负责制，注册建筑师为核心的设计团队、所属的设计企业可以为建筑工程提供全周期设计、咨询、管理等服务。探索建筑师负责制职业责任保险制度，支持保险企业开发建筑师负责制职业责任保险产品。

对于可以不聘用工程监理、建设单位不具备工程建设项目管理能力的建设项目，建设单位可以通过购买工程质量潜在缺陷保险，由保险公司委托风险管理机构对工程建设项目实施管理。

本市依据国务院授权探索取消施工图审查或者缩小审查范围，在勘察设计质量监管中实施告知承诺制，推动"双随机、一公开"联合监管和信用监管深度融合，完善按风险分级分类管理模式。

第四十一条 本市进一步优化工程建设项目施工管理。房屋建筑工程项目和土方作业量大的市政工程项目，项目单位取得项目设计方案审查意见且施工现场具备条件的，可以先期开展土方、护坡、降水等作业；但是最迟应当在主体工程施工前取得建设工程施工许可证。

第四十二条 供水、排水、供电、供气、供热、通信等公用企事业单位，应当公开服务范围、标准、收费、流程、完成时限等信息。

对市场主体投资的建设项目需要附属接入市政公用设施的小型工程项目，由供水、排水、低压供电等市政公用企业直接上门提供免费服务；接入低压供电的，时间不超过八个工作日。

推行不动产登记与供水、排水、供电、供气、通信等公用服务事项变更联动办理。公用企事业单位应当优化报装流程，精简报装材料，压缩办理时间，实现报装申请全流程网上办理，探索报装单一窗口，增强报装协同性。

第四十三条 供电企业应当保障供电设施的正常、稳定运行，确保供电质量符合国家规定。市城市管理部门应当加强对供电企业年供电可靠率的监督，对低于国家有关规定的，责令改正，可以处五万元以上五十万元以下罚款。

第四十四条 税务、人力资源和社会保障等部门在确保信息安全的前提下，应当采取下列缴纳税费便利措施：

（一）推动纳税事项全市通办；

（二）推行使用财税辅助申报系统，为市场主体提供财务报表与税务申报表数据自动转换服务；

（三）对市场主体进行纳税提醒和风险提示；

（四）推行社会保险、医疗保险、住房公积金合并申报，网上缴纳；

（五）利用区块链技术推行增值税电子专用发票及其他电子票据。

第四十五条 有关部门应当在土地有偿使用合同（划拨决定书）、建设工程规划许可证、房屋销售（买卖）合同、抵押合同、完税凭证、不动产登记簿册、法律文书等资料中记载不动产单元代码，并与不动产交易、税款征收、确权登记、市政公用设施服务、司法裁决等业务实现一码关联，为开展共享查询追溯提供便利。

不动产登记部门应当按照国家有关规定，加强与住房和城乡建设、税务等部门的协作，为市场主体转让不动产提供登记、交易和缴税一窗受理、并行办理服务，时间不超过一个工作日。

不动产登记部门应当按照国家和本市相关规定，为市场主体查询下列信息，提供网上和现场服务：

（一）不动产面积、用途等自然状况信息；

（二）抵押、查封等限制信息；

（三）规划用途为非住宅，且权利人为法人和非法人组织的房屋权属信息，但涉及国家秘密的除外；

（四）地籍图、宗地图等图件信息。

人民法院应当及时公开涉及土地纠纷案件的审理情况及有关数据。

第四十六条 市口岸管理部门应当按照国家促进跨境贸易便利化的要求，对进出口货物申报、舱单申报和运输工具申报业务提供单一窗口服务，推进监管信息和物流运输服务信息互联互通，实现无纸化通关，涉及国家秘密的特殊情况除外。

海关应当公布报关企业整体通关时间；口岸管理部门应当组织编制并公布口岸收费目录，口岸经营服务企业不得在目录以外收取费用。

第四十七条 海关、商务等有关政府部门应当依法精简进出口环节审批事项和单证，优化通关流程，能够退出口岸验核的，全部退出；对符合规定条件的市场主体，实行先验放后检测、先放行后缴税、先放行后改单管理。

鼓励企业提前申报通关，提前办理单证审核，对于提前申报通关存在差错的，按照有关容错机制处理。

第四十八条 政府及有关部门应当建立常态化的政企沟通机制，听取市场主体意见，为市场主体提供政策信息，协调解决市场主体的困难和问题。

市场主体可以通过12345服务热线电话、部门电话、政府网站、政务新媒体等提出有关营商环境的咨询和投诉举报。有关政府部门、市政公用企事业单位应当按照规定的时限协调解决、答复；无法解决的，应当及时告知并说明情况。

第四十九条 支持北京城市副中心管理委员会、北京经济技术开发区管理委员会和有条件的区人民政府，探索实施相对集中行政许可权试点，可以由一个行政机关行使有关行政机关的行政许可权。

本市探索在部分领域开展营业执照和有关行政许可联合审批试点。市场主体在申请设立登记时，可以一并提出相关行政许可申请，由市场监督管理部门与其他有关政府部门并联办理。

本市探索在部分行业开展综合行政许可试点。一个行业经营涉及的多项行政许可可以整合为一项行业综合行政许可，一张行业综合行政许可证统一记载相关行政许可信息。

本市探索基于风险的分级分类审批管理机制。

第五十条 本市推行政务服务"好差评"制度，市场主体可以对有关政府部门及其工作人员办理政务服务事项的情况进行评价。具体办法由市政务服务部门制定并向社会公布。

第四章 监管执法

第五十一条 政府及其有关部门应当依法履行监管职责，创新监管方式，坚持公平公正监管、信用监管、综合监管，做到严格规范公正文明执法。

第五十二条 有关政府部门编制的权力清单应当明确监管执法事项、依据、主体、权限、内容、方法、程序和处罚措施等内容。

第五十三条 本市推行以信用为基础的分级分类监管制度。市有关政府部门以公共信用信息评价结果等为依据，制定本行业、本领域信用分级分类监管标准。信用较好、风险较低的市场主体，应当减少检查比例和频次；违法失信、风险较高的市场主体，应当提高检查比例和频次。

探索构建以"风险+信用"为基础、"分级分类+协同"为关键、"科技+共治"为驱动的一体化综合监管体系。

第五十四条 市经济和信息化部门建立健全市场主体信用修复制度，明确失信的市场主体可以采取作出信用承诺、完成信用整改、通过信用核查、接受专题培训、提交信用报告、参加公益慈善活动等方式开展信用修复；对于完成信用修复的市场主体，有关政府部门应当及时停止公示其失信信息。

第五十五条 有关政府部门应当按照鼓励创新和发展、确保质量和安全的原则，针对新技术、新产业、新业态、新模式的性质和特点，制定临时性、过渡性监管规则和措施，实行包容审慎监管，引导其健康规范发展。

第五十六条 本市在除直接涉及国家安全、公共安全和人民群众生命健康等以外的行业、领域，实行"双随机、一公开"监管，随机抽取检查对象、随机选派执法检查人员、抽查事项及查处结果及时向社会公开。

有关政府部门应当确定本行业或者本领域实行"双随机、一公开"监管的范围，健全随机抽查系统，完善相关细则，确保公平监管。

第五十七条 本市健全违法违规行为举报投诉制度，畅通公众监督渠道。有关政府部门接到举报投诉的，应当及时调查处理。

本市推进在特定行业、领域建立内部举报人等制度，鼓励行业、领域内部人员举报市场主体涉嫌严重违法违规行为和重大风险隐患，提高监管执法的针对性、有效性。查证属实的，有关政府部门加大对内部举报人的奖励力度，并对其实行严格保护。

第五十八条 有关政府部门应当制定本部门年度执法检查计划，并于每年三月底前向社会公布。

年度执法检查计划应当包括检查主体、检查对象范围、检查方式、检查项目和检查比例等内容。

第五十九条 本市在现场检查中推行行政检查单制度。市有关政府部门应当依法制定本行业、本领域行政检查单，明确检查内容、检查方式和检查标准等。

有关政府部门应当按照行政检查单实施现场检查，不得擅自改变检查内容、检查方式、检查标准等，不得要求监管对象准备书面汇报材料或者要求负责人陪同，减少对市场主体的影响。

第六十条 需要在特定区域或者时段，对监管对象实施不同监管部门多项监管内容检查的，应当采用联合检查的方式，由牵头部门组织、多部门参加，按照同一时间、针对同一对象，实施一次检查，完成所有检查内容。

第六十一条 本市推行综合执法，减少执法主体和执法层级，分别在农业农村、文化旅游、生态环境、交通运输、市场监督管理领域组建综合执法队伍，在街乡层面整合执法力量，按照有关法律规定相对集中行使行政处罚权。

第六十二条 市有关政府部门应当根据违法行为的事实、性质、情节以及社会危害程度、危害后果消除情况、违法行为人的主观过错，建立健全本行业、本领域行政处罚裁量基准制度，依法明确从轻、减轻或者不予行政处罚的具体情形。市、区有关政府部门和街道办事处、乡镇人民政府应当严格执行裁量基准，不得擅自突破裁量基准实施行政处罚。

第六十三条 市有关政府部门应当根据市场主体违法行为造成后果的严重程度，将本部门应当实施行政处罚的行为区分为一般违法行为和严重违法行为，制定相应目录及其公示期限，并向社会公布。

对于一般违法行为，行政处罚信息的最短公示期为三个月，最长为一年；对于严重违法行为，行政处罚信息的最短公示期为一年，最长为三年。公示期届满的行政处罚信息不再公示，未履行行政处罚决定的除外；市场主体发现行政处罚信息不应当公示的，有权要求相关公示主体更正。

在规定期限内履行行政处罚决定、主动消除或者减轻违法行为危害后果的，经市场主体申请，有关政府部门可以视情将公示期相应缩短三至十二个月。

第五章 法治保障

第六十四条 政府及有关部门制定市场准入、产业发展、招商引资、招标投标、政府采购、经营行为规范、资质标准等与市场主体生产经营活动密切相关的政策措施，应当进行公平竞争审查。

市场主体认为政策措施影响公平竞争的，有权向市场监督管理部门举报；市场监督管理部门应当及时处理，并反馈结果。

第六十五条 政府及有关部门制定与市场主体生产经营活动密切相关的政策措施，应当充分听取市场主体、行业协会商会的意见，除依法保密外，应当通过报纸、网络等向社会公开征求意见，并建立健全意见采纳情况反馈机制。向社会公开征求意见的期限一般不少于三十日。

第六十六条 政府及有关部门制定与市场主体生产经营活动密切相关的政策措施，应当为市场主体留出一般不少于三十日的适应调整期，涉及国家安全和公布后不立即施行将有碍施行的除外。

第六十七条 有关政府部门应当根据全面深化改革、全面依法治国、经济社会发展需要，以及上位法制定、修改、废止情况，及时清理有关行政规范性文件。清理结果应当向社会公布。

第六十八条 政府及有关部门制定与市场主体生产经营活动密切相关的政策措施，

应当进行合法性审查。

市场主体认为政府规章或者市人民政府行政规范性文件同法律、法规相抵触的，可以向市人大常委会书面提出审查建议；认为市人民政府工作部门或者区人民政府行政规范性文件同法律、法规、规章相抵触的，可以向市人民政府或者区人大常委会书面提出审查建议；认为区人民政府工作部门或者乡镇人民政府行政规范性文件同法律、法规、规章相抵触的，可以向区人民政府书面提出审查建议。有关机关应当按照规定程序处理。

第六十九条 本市支持在京商事仲裁机构和商事调解机构发展，支持其加入一站式国际商事纠纷多元化解决平台。

鼓励市场主体选择在京商事仲裁机构或者商事调解机构解决纠纷。

第七十条 相关部门应当健全司法鉴定、资产评估、审计审价等行业管理制度，督促相关机构优化工作流程、压缩工作时限、提高工作质量，配合有关方面查明事实。

市高级人民法院应当建立健全司法鉴定、资产评估、审计审价等委托机构的遴选、评价、考核的规则和标准，向社会公布，并定期向相关部门通报对委托机构的考核结果。

第七十一条 人民法院依法通过下列措施，提高知识产权案件的审理效率和质量：

（一）推进繁简分流快速审理机制；

（二）依法扩大独任制审理案件范围；

（三）指派技术调查官参与专业技术性较强的知识产权案件诉讼活动。

第七十二条 有关政府部门应当与人民法院建立企业破产工作协调机制，支持符合破产条件的企业进行破产清算或者重整，协调解决破产企业信用修复、企业注销、社会稳定等问题。

第七十三条 人民法院探索建立重整识别、预重整等破产拯救机制，完善破产案件繁简分流审理机制，提高办理破产案件效率。

第七十四条 市高级人民法院应当与市规划和自然资源、公安机关交通管理等有关政府部门建立破产案件财产处置联动机制，统一破产企业土地、房产、车辆等处置规则，提高破产财产处置效率。

第七十五条 人力资源和社会保障部门应当加大对破产企业职工权益的保障力度，协调解决职工社会保险关系转移、退休人员社会化管理、档案接转等事项，保障职工合法权益。

第七十六条 企业因重整取得的债务重组收入，依照国家有关规定适用企业所得税相关政策。对于破产企业涉及的房产税、城镇土地使用税等，税务机关应当依法予以减免。

破产企业重整期间，税务机关按照有关规定自动解除或者经破产管理人申请解除破产企业非正常户认定状态。

第七十七条 破产管理人有权查询破产企业注册登记材料、社会保险费用缴纳情况、银行开户信息及存款状况,以及不动产、车辆、知识产权等信息,有关政府部门、金融机构应当予以配合。

第七十八条 人民法院应当健全破产案件债权人权益保障机制,保障债权人会议对破产企业财产分配、处置的决策权,保障债权人的知情权、参与权和监督权。

第七十九条 市高级人民法院与市公安机关等有关政府部门建立被执行人及其车辆查询机制。人民法院执行案件需要查找被执行人或者被执行人的法定代表人、主要负责人、影响债务履行的直接责任人员、实际控制人等人员,或者被执行人车辆的,可以向公安机关提出协助查找需求,公安机关应当予以配合。

第八十条 破产管理人协会应当加强行业自律,加大对破产管理人的培训力度,提高破产管理人的履职能力和水平。

第八十一条 政府和有关部门及其工作人员未按照本条例的规定依法履行职责或者侵犯企业合法权益的,依法依规追究责任。

第六章 附 则

第八十二条 政府及有关部门可以依据本条例制定有关实施办法或者实施细则。

第八十三条 本条例自 2020 年 4 月 28 日起施行。

附录三

世界银行 BR 指标体系①（节录）

八、纠纷解决

方法论说明

Ⅰ. 动机

无论是在发达国家还是发展中国家，商事纠纷难免会发生。如果这些纠纷不能得到充分解决，就会对私营部门造成不利的经济后果，小则创业活动减少、投资下降，大则宏观经济波动。② 因此，运作良好的纠纷解决机制对于健康的商业环境至关重要。这样的机制需要效率和质量。

建立具有时间和成本效益的纠纷解决机制至关重要，因为耗时长、费用昂贵的诉讼程序可能会违背将案件提交官方机构的初衷，使正式的纠纷解决方式缺乏吸引力且难以负担。事实上，司法效率与促进创业活动之间存在相关性。③ 有证据还表明，在更有效的法院系统下，企业有可能获得更多融资并借贷更多资金。④ 此外，快捷的司法系统与更高水平的国内和外国投资相关。⑤ 当投资者知道在不履行义务的情况下，他们的索赔请求将会得到及时审理时，他们可能会有更多的动机来增加投资。⑥ 此外，提高司法效率可以增强竞争力和促进创新。⑦

---

① 参见世界银行营商环境评估团队编：《世界银行营商环境成熟度方法论手册》，罗培新等译，译林出版社 2024 年版。笔者参与翻译了本书。
② Esposito, Lanau, and Pompe (2014).
③ Garcia-Posada and Mora-Sanguinetti (2015); Ippoliti, Melcarne, and Ramello (2015).
④ Moro, Maresch, and Ferrando (2018).
⑤ Koutroumpis and Ravasan (2020).
⑥ Chemin (2009); Dejuan-Bitria and Mora-Sanguinetti (2021).
⑦ OECD (2013a).

纠纷解决程序的质量也很重要。应由能够作出正确判决的可靠机构对索赔进行审慎考虑。在对法院系统缺乏信心的经济体中，企业扩大业务范围和寻找其他贸易伙伴的意愿较低。① 为吸引更多投资者，经济体不仅应确保司法机构的有效性，还应确保其实力和可信度。② 合同的有限可执行性与资源分配欠佳、使用低效技术以及宏观经济波动性加大有关。③ 由于商事纠纷解决不力，企业可能无法及时且全额付款，因此可能会出现流动性和资不抵债问题，以及随之而来的破产和失业。④

高效、优质的纠纷解决机制需要一个清晰且最新的规则框架和更加完善的公共服务。⑤ 健全的法律法规至关重要，因为它们为及时且合法地解决争议奠定了基础。⑥ 设计完善的规则框架必须通过健全的公共服务体系来落实。⑦ 这种体系的关键要素包括先进的制度框架、数字化、透明度和与替代性争端解决机制（ADR）⑧相关的服务。有鉴于此，纠纷解决专题重点关注规则框架和公共服务，以及在实践中应用框架和服务的效率。

Ⅱ. 指标

纠纷解决专题从三个不同的方面（被称为支柱）衡量商事争议（公司之间在商业背景下产生的争议）的解决效率和质量。第一个支柱评估与诉讼程序和替代性争端解决机制方式有关的立法是否充分，涵盖高效处理案件所需的法律特征、跨境索赔的便利解决、创建纠纷解决的替代方法以及确保对相关机构的可信度。第二个支柱衡量制度框架的稳健性、数字化程度、透明度以及 ADR 相关服务的发展情况，从而评估公共服务的实际提供情况。第三个支柱衡量纠纷解决的可信度、纠纷解决所需的时间和费用，以及与裁决的承认和执行相关的时间和费用。每个支柱（一级指标）都划分为若干类别，这些类别是根据共同特征确定的，有助于将它们划分为特定的类别（二级指标），每个类别又进一步划分为若干子类别（三级指标）。一般来说，每个子类别（三级指标）由多项指标组成，而指标又有一个或多个组成部分。每项指标都有相应的点数，然后汇总得出每个子类别（三级指标）、类别（二级指标）和支柱（一级指标）的点数。表 1 汇总了上述三个支柱及其各自的类别。

---

① World Bank（2004）.
② Staats and Biglaiser（2011）；World Bank（2019）.
③ Adama（2020）；Amaral and Quintin（2010）；Cooley, Marimon, and Quadrini（2004）；Dumav, Fuchs, and Lee（2022）.
④ Esposito, Lanau, and Pompe（2014）.
⑤ Marciano, Melcarne, and Ramello（2019）；Ndungu and Muriu（2017）.
⑥ Ndungu and Muriu（2017）；Reuben（2010）.
⑦ Peev（2015）.
⑧ Cabral et al.（2012）；CEPEJ（2008）；Gramckow et al.（2016, 89-96.）；Marciano, Melcarne, and Ramello（2019）；Melcarne and Ramello（2015）；Susskind（2020）；Pouget（2013）；World Bank（2011）.

表1 纠纷解决专题的三大支柱汇总表

	支柱Ⅰ：纠纷解决的规则框架（31项指标）
1.1	诉讼程序（16项指标）
1.1.1	时间标准（2项指标）
1.1.2	程序确定性（5项指标）
1.1.3	司法诚信（4项指标）
1.1.4	外国判决（2项指标）
1.1.5	性别平等和环境可持续性（3项指标）
1.2	替代性争端解决机制（ADR）（15项指标）
1.2.1	接受仲裁（3项指标）
1.2.2	仲裁关键要素（4项指标）
1.2.3	投资者与国家间仲裁（2项指标）
1.2.4	仲裁裁决的承认与执行（2项指标）
1.2.5	调解（4项指标）
	支柱Ⅱ：纠纷解决的公共服务（30项指标）
2.1	体制框架（6项指标）
2.1.1	法庭组织和运作的精细化（3项指标）
2.1.2	特别投诉机制（3项指标）
2.2	数字化（7项指标）
2.2.1	网上立案及送达（3项指标）
2.2.2	诉讼程序的数字化（4项指标）
2.3	透明度（8项指标）
2.3.1	庭审公开程度（5项指标）
2.3.2	编制主要统计数据（3项指标）
2.4	替代性争端解决机制（ADR）相关服务（9项指标）
2.4.1	仲裁（4项指标）
2.4.2	调解（5项指标）
	支柱Ⅲ：实务中解决商事纠纷的便利程度（13项指标）
3.1	纠纷解决的可信度（3项指标）
3.1.1	法院的可信度（1项指标）

支柱Ⅲ：实务中解决商事纠纷的便利程度（13项指标）	
3.1.2	替代性争端解决机制（ADR）的可信度（2项指标）
3.2	纠纷解决的时间和费用（4项指标）
3.2.1	诉讼程序的时间和费用（2项指标）
3.2.2	仲裁的时间和费用（2项指标）
3.3	承认和执行（6项指标）
3.3.1	外国裁决（4项指标）
3.3.2	国内终审判决（2项指标）

1. 支柱Ⅰ 规则框架：纠纷解决规则框架

表2列出了支柱Ⅰ（纠纷解决的规则框架）的结构。该支柱的每个类别和子类别都将按表中所示的顺序进行更为详细的讨论。

表2 支柱Ⅰ-纠纷解决的规则框架

1.1	诉讼程序
1.1.1	时间标准
1.1.2	程序确定性
1.1.3	司法诚信
1.1.4	外国判决
1.1.5	性别平等和环境可持续性
1.2	替代性争端解决机制（ADR）
1.2.1	接受仲裁
1.2.2	仲裁的关键要素
1.2.3	投资者与国家间仲裁
1.2.4	仲裁裁决的承认与执行
1.2.5	调解

1.1 诉讼程序

类别1.1有五个子类别，由几项指标组成，而每项指标又可由若干部分组成。

1.1.1 时间标准

在商事纠纷解决中，时间标准有助于确保清晰度和可预测性。[①] 具体关键程序的

---

① Gramckow（2012）；Gramckow et al.（2016,37-41）.

时间标准可以解决诉讼中一些最常见的低效问题，例如与准予采取临时措施或编写专家意见有关的问题。① 意识到法律法规中存在的时间标准应当有助于而非限制法官处理案件，纠纷解决专题只关注最重要的实践标准，其效用已在研究和实践中得到广泛支持。因此，子类别 1.1.1-时间标准有两项指标（表3）。

表 3　子类别 1.1.1-时间标准

	指标	组成部分
1	一般时间标准	ⅰ）一审诉讼
		ⅱ）上诉审理
		ⅲ）执行终审判决
2	特定时间标准	ⅰ）向被告送达诉状
		ⅱ）提交答辩意见
		ⅲ）就临时措施请求作出决定
		ⅳ）发表专家意见
		ⅴ）提交判决书

1.1.2　程序确定性

提高纠纷解决程序的确定性往往有助于诉讼的进行并防止陷入僵局。例如，在诉讼中规定一个期限，在此期限之后不得提交新的证据，这可能会加快案件的审理。② 另一项重要的程序保障措施是规定法官可以决定的最多开庭次数。③ 至关重要的是，举行庭前会议同样与程序的确定性有关。④ 如果在正式通知的被告未对法院传票作出答复或未出庭的情况下，法官有权对此作出缺席判决，纠纷解决程序可能会进一步简化。⑤ 至于强制执行程序，可通过赋予执行人员明确的权利以扣押更多类别的资产，如债务人对第三方的金钱债权、金融票据或数字资产（如加密货币），从而便利执行程序。⑥ 因此，子类别 1.1.2-程序确定性有五项指标（表4）。

---

① Gramckow et al.（2016,37-61）；Jean and Gurbanov（2015,125-28）；CEPEJ（2021a）.
② CEPEJ（2018）；Steelman（2008）.
③ Gramckow et al.（2016,37-72）；UNODC（2011,39-58）.
④ CEPEJ（2016,19-25）；NAPCO（2016）.
⑤ EU（2006）；Gramckow et al.（2016,37-72）.
⑥ CECL and UIHJ（2021,33-39）.

附录三 世界银行 BR 指标体系（节录）

表4 子类别 1.1.2-程序确定性

	指标	组成部分
1	提供新证据的时限	提供新证据的时限
2	开庭的次数上限	开庭的次数上限
3	举行庭前会议	举行庭前会议
4	缺席判决的可适用性	缺席判决的可适用性
5	执行人员扣押其他类型资产的权力	ⅰ）执行人员扣押债务人对第三方的金钱债权的权力 ⅱ）执行人员扣押债务人的金融票据（如债券和股票）的权力 ⅲ）执行人员扣押债务人数字资产（如加密货币）的权力

1.1.3 司法诚信

司法诚信是确保公众信任纠纷解决机制的关键。如果企业认为法院不可靠、存在偏见或腐败，企业可能会全面回避法院。将加强法院独立行使审判权和法官公正性的良好做法纳入法律中对于司法诚信至关重要。例如，应制定明确的法官回避规则，并允许诉讼当事人质疑法院独立行使审判权和法官公正性。① 加强法官问责制的一个重要举措是要求法官披露其资产。② 此外，成文的有针对性的文书（如法官道德守则或执行人员道德守则）也有助于维护廉正。③ 因此，子类别 1.1.3-司法诚信有四项指标（表5）。

表5 子类别 1.1.3-司法诚信

	指标	组成部分
1	法院独立行使审判权和法官公正性	ⅰ）法官回避规则 ⅱ）当事人质疑法院独立行使审判权和法官公正性的权利
2	法官披露资产	法官披露资产
3	法官道德守则	法官道德守则
4	执行人员道德守则	执行人员道德守则

---

① CEPEJ（2008）；Council of Europe（2020）；Gramckow et al.（2016,7-36）；United States Courts（2021）；UNODC（2011,39-58）；USAID（2002,9-42）.

② Transparency International（2007,3-14）；UNODC（2011,21-134）；USAID（2009）；USAID（2002,1-4）.

③ GIZ（2020）；UNODC（2011,21-134）.

1.1.4 外国判决

为促进国际纠纷的解决，对外国判决的承认和执行程序制定明确、简化的规则十分重要。即使在作出判决的国家与债务人所在国之间没有互惠协议的情况下，这种规则也允许执行外国判决。该种规则还取消了对外国判决合法化的要求，也不需要外国判决债权人提供担保。① 为了推动承认和执行外国判决，同样重要的是确保被请求法院不得审查判决的事实。② 因此，第1.1.4子类别-外国判决有两项指标（表6）。

表6 子类别1.1.4-外国判决

指标	组成部分
1	承认和执行外国判决无任何限制	ⅰ）承认和执行外国判决，而不考虑互惠协议 ⅱ）不要求外国判决合法化 ⅲ）不要求外国判决的债权人提供担保
2	拒绝承认和执行外国判决的理由	拒绝承认和执行外国判决的理由

1.1.5 性别平等和环境可持续性

法院不仅关系到企业，也关系到整个社会。因此，商事纠纷解决可以加强私营部门的包容性。例如，通过废除对妇女担任法官或与男子平等参与诉讼的限制，世界各经济体可以丰富其纠纷解决程序，改善诉诸司法的途径，并促进创业活动。

有效且可靠的纠纷解决也有助于环境的可持续发展。③ 针对企业的环境诉讼制定具体的规则，有助于保证包括私营部门在内的所有人都能拥有一个健康的生态系统。这些规则使对污染环境的企业提起诉讼变得更容易，④ 也便于收集证据和在环境纠纷中采取额外的补救措施。⑤ 因此，子类别1.1.5-性别平等和环境可持续性有三项指标（表7）。

表7 子类别1.1.5-性别平等和环境可持续性

指标	组成部分
1	性别平等	ⅰ）女性成为法官、仲裁员或调解员无任何限制 ⅱ）商事诉讼中男女权利平等

---

① Browne, Watret, and Blears (2021,113-23); HCCH (1961,2019).
② HCCH (2019).
③ Feenan (2008); IDLO (2018); Samaha (2021); UN General Assembly (1979).
④ Ellis (2012); Murase (1995); UNEP (2016,44-53).
⑤ EEA (2008); EU (2003); UNECE (2014,75-118); UNEP (2016,18-59).

续表

	指标	组成部分
2	环境纠纷的展开	ⅰ）提高环境纠纷的法律地位 ⅱ）使污染环境的企业对在国外造成的环境破坏负责
3	环境纠纷中的证据与救济	ⅰ）收集和公开发布有关企业环境影响的信息 ⅱ）扩大环境纠纷的救济范围

1.2 替代性争端解决机制（ADR）

类别1.2有五个子类别，每个子类别都包含多个指标，每个指标可能又包含多个组成部分。

1.2.1 接受仲裁

为充分受益于仲裁，应考虑取消其使用限制。其中一类限制涉及纠纷的标的，这就是为什么必须确保不同类型的相关商事案件（尤其是涉及不动产、公司事务和知识产权的案件）可以提交仲裁。① 例如，法律可能会禁止国有企业和公共机构采用仲裁来解决商事纠纷。② 其他限制也可能会制约当事人的自主权，即限制他们在仲裁中可以选择什么（仲裁员、仲裁机构、法律顾问等）。③ 因此，子类别1.2.1-接受仲裁有三项指标（表8）。

表8 子类别1.2.1-接受仲裁

	指标	组成部分
1	不同类型商事纠纷的可仲裁性	ⅰ）不动产纠纷的可仲裁性 ⅱ）公司纠纷的可仲裁性 ⅲ）知识产权纠纷的可仲裁性
2	与国有企业和公共机构纠纷的仲裁	与国有企业和公共机构纠纷的仲裁
3	当事人在仲裁中的自主权	ⅰ）仲裁员的选择 ⅱ）仲裁机构或临时仲裁的选择 ⅲ）法律顾问的选择

1.2.2 仲裁的关键要素

当法律框架保证仲裁的关键要素时，仲裁将更加有效和可靠。与其他类型的纠纷解决方式一样，保障仲裁的独立性和公正性至关重要。具体而言，这些措施包括纳入

---

① AAA（2009）；OECD（2004）；ICC（1998）.
② ICC（2012）.
③ Arbitral Women（2016）；ICCA（2020,61-104）；UNCITRAL（2008）.

仲裁员披露利益冲突的规则以及当事人质疑仲裁员独立性和公正性的权利。① 强有力的仲裁规则框架的另一个关键要素是承认"仲裁庭管辖权自治原则",该原则授权仲裁庭在国内法院介入之前就其是否具有管辖权的问题作出裁决。② 考虑到司法机构在纠纷解决机制中发挥主要作用,法院支持仲裁程序的重要性不言而喻。特别是法院可以通过协助仲裁庭采取临时措施和为收集证据提供便利来提供这种支持。③ 此外,如果立法没有规定上诉的可能性,除非当事双方同意上诉,仲裁的吸引力则进一步增强。④ 因此,子类别1.2.2-仲裁的关键要素有四项指标(表9)。

表9 子类别1.2.2-仲裁的关键要素

	指标	组成部分
1	仲裁员的独立性和公正性	ⅰ)仲裁员披露利益冲突 ⅱ)当事人质疑仲裁员独立性和公正性的权利
2	纳入"仲裁庭管辖权自治原则"	纳入"仲裁庭管辖权自治原则"
3	法院对仲裁的支持	ⅰ)法院对仲裁中下令采取临时措施的支持 ⅱ)法院支持仲裁中取证
4	仲裁中没有上诉	仲裁中没有上诉

1.2.3 投资者与国家间仲裁

投资者与国家间仲裁并不是最常见的纠纷解决方式。然而,考虑到其高昂的费用和对外国投资的重要性,投资者与国家间仲裁的监管可能会对私营部门的发展产生重大影响。由于投资者与国家间的仲裁案往往费用高昂,而且往往导致投资者与政府之间的关系紧张,因此必须建立能够预防和及早解决这些案件的机制。⑤ 由于并非所有公司都能负担得起投资者与国家间的仲裁费用,因此法律框架应明确授权第三方提供资金,以避免剥夺诉诸司法的权利。⑥ 子类别1.2.3-投资者与国家间仲裁有两个指标(表10)。

---

① UNCITRAL(2008).
② UNCITRAL(2008).
③ UNCITRAL(2008).
④ Gramckow et al.(2016,97-110);UNCITRAL(1958,2021).
⑤ Johnson,Sachs,and Merrill(2021);UNCTAD(2010,65-96);World Bank Group(2019,41-45).
⑥ CAM(2020);European Parliament(2022);UNCITRAL(2022,12-21).

表 10 子类别 1.2.3-投资者与国家间仲裁

	指标	组成部分
1	预防并及早解决投资者与国家间纠纷解决的机制	预防并及早解决投资者与国家间纠纷解决的机制
2	在投资者与国家间仲裁中提供第三方资金	在投资者与国家间仲裁中提供第三方资金

1.2.4 仲裁裁决的承认与执行

有吸引力的仲裁的另一个关键因素是建立一个简单明了、与时俱进和可预测的承认和执行仲裁裁决的制度。具体而言，这种制度允许承认和执行临时裁决（待后期最终确定的裁决）和部分裁决（仅以最终方式确定部分索赔的裁决）。① 它还确保法院不得以法律错误或事实错误为由废止或撤销国内仲裁裁决。② 同样，法院也不得援引这些理由拒绝承认和执行外国仲裁裁决。③ 因此，子类别 1.2.4-仲裁裁决的承认与执行有两项指标（表 11）。

表 11 子类别 1.2.4-仲裁裁决的承认与执行

	指标	组成部分
1	临时裁决和部分裁决的承认与执行	ⅰ）临时裁决的承认与执行 ⅱ）部分裁决的承认与执行
2	拒绝承认和执行最终裁决的理由	ⅰ）废止或撤销国内仲裁裁决的理由 ⅱ）拒绝承认和执行外国仲裁裁决的理由

1.2.5 调解

调解为各方当事人提供了一个独特的机制，以富于建设性和相互同意的方式解决纠纷。事实证明，一些良好的做法有助进行调解程序。规定商事调解是自愿的，有助于确保只有对友好解决感兴趣的当事人才会诉诸商事调解。④ 独立性和公正性的保障措施在调解中同样重要，特别是包括制定调解员披露利益冲突的规则，以及规定调解员在同一或相关纠纷中担任仲裁员的限制。⑤ 调解程序中的另一项重要保障是确保为调解目的而披露的证据不得在其他程序中使用。⑥ 此外，如果法律框架规定了简化的

---

① UNCITRAL（2008）.
② UNCITRAL（2008）.
③ UNCITRAL（1958,2008）.
④ Decker（2013）；Gramckow et al.（2016,97-110）；Quek Anderson（2010）；Reuben（2007）；Streeter-Schaefer（2001）.
⑤ UNCITRAL（2018）.
⑥ UNCITRAL（2018）.

调解协议执行制度,并允许承认和执行国际调解协议,则调解可能会更具吸引力。①因此,子类别 1.2.5-调解有四项指标(表 12)。

表 12 子类别 1.2.5-调解

	指标	组成部分
1	商事调解的自愿性	商事调解的自愿性
2	调解员的独立性和公正性	ⅰ)调解员披露利益冲突 ⅱ)限制调解员在同一或相关纠纷中担任仲裁员
3	在其他诉讼程序中为调解目的而披露的证据的不可接受性	在其他诉讼程序中为调解目的而披露的证据的不可接受性
4	承认和执行调解协议	ⅰ)简化调解协议的执行机制 ⅱ)承认和执行国际调解协议

2. 支柱Ⅱ 公共服务:纠纷解决的公共服务

表 13 列出了支柱Ⅱ(纠纷解决的公共服务)的结构。该支柱的每个类别和子类别都将按表中所示顺序进行更为详细的讨论。

表 13 支柱Ⅱ-纠纷解决的公共服务

2.1	体制框架
2.1.1	法庭组织和运作的精细化
2.1.2	特别投诉机制
2.2	数字化
2.2.1	电子立案及送达
2.2.2	诉讼程序的数字化
2.3	透明度
2.3.1	庭审公开程度
2.3.2	编制主要统计数据
2.4	替代性争端解决机制(ADR)相关服务
2.4.1	仲裁
2.4.1	调解

---

① EU(2008);UN(2014,4-24);UNCITRAL(2018)。

2.1 体制框架

类别2.1有两个子类别,每个子类别都包含多个指标,每个指标可能又包含多个组成部分。

2.1.1 法庭组织和运作的精细化

有效和可靠的纠纷解决程序取决于有一个健全的体制框架。在这种框架内,法院的专业化和诚信发挥着重要作用。确保商事案件在一审阶段由专门法院或商会处理,可对纠纷解决的效率和质量产生积极影响。[①] 规定案件的自动随机分配对于维护司法诚信至关重要。[②] 此外,设立小额诉讼法院或程序,并允许自我辩护,有利于当事人更好地诉诸司法途径和提高效率。[③] 因此,子类别2.1.1-法庭组织和运作的精细化有三项指标(表14)。

表14 子类别2.1.1-法庭组织和运作的精细化

	指标	组成部分
1	设有商事法庭或商会	设有商事法庭或商会
2	自动随机分配案件	自动随机分配案件
3	存在小额诉讼法庭或程序	ⅰ)设立小额诉讼法庭或程序 ⅱ)在小额诉讼法庭或程序中进行自我辩护

2.1.2 特别投诉机制

在司法实践中,经常出现对纠纷解决机制的组织方式和实际案件处理方式的投诉。如果不加以解决,这些投诉可能会导致机构公信度下降,并导致程序效率低下。因此,建立一个独立的审查机制至关重要,法官遴选(和晋升,如适用)可通过该机制对结果提出质疑。[④] 针对法官不当行为的投诉提供特别审查机制,也有助于支持法院独立行使审判权和公正性以及纠纷解决的有效性。[⑤] 同样,建立一个独立的审查机制来审查针对执行人员不当行为提出的投诉,可能会进一步促进司法机构的公正和高效。[⑥] 因此,子类别2.1.2-特别投诉机制有三项指标(表15)。

---

① Blair(2019);OECD(2013b,19-33).
② Cordella and Contini(2020,1-56);EBRD(2020,17-24);Gramckow and Nussenblatt(2013).
③ Gramckow et al.(2016,7-36);World Bank Group(2020).
④ UNODC(2011,5-19);USAID(2002,9-42);Council of Europe(1998,2007).
⑤ USAID(2002,9-42).
⑥ CEPEJ(2021b,4-31).

表15　子类别2.1.2-特别投诉机制

	指标	组成部分
1	对法官遴选（和晋升，如适用）决定提出投诉的审查机制	对法官遴选（和晋升，如适用）决定提出投诉的审查机制
2	对法官不当行为提出投诉的审查机制	对法官不当行为提出投诉的审查机制
3	对执行人员不当行为提出投诉的审查机制	对执行人员不当行为提出投诉的审查机制

2.2　数字化

类别2.2有两个子类别，每个子类别都包含多个指标，每个指标可能又包含多个组成部分。

2.2.1　电子立案及送达

2019年新型冠状病毒流行给纠纷解决带来的一个重要经验——数字化可能对确保诉诸司法和简化诉讼程序产生重大影响。鉴于技术的进步，应允许诉讼当事人以电子方式立案并接受送达。这包括在诉讼程序开始及其后所有阶段的提交和送达，并直至收到电子形式法院裁判。① 在有关情况下，确保各方当事人能够通过电子方式与法院工作人员和执行人员联系同样重要。② 因此，子类别2.2.1-电子立案及送达有三项指标（表16）。

表16　子类别2.2.1-电子立案及送达

	指标	组成部分
1	诉讼程序开始时的电子立案和送达	ⅰ）一审电子立案 ⅱ）一审电子送达程序
2	诉讼期间的电子交换	ⅰ）后续文件的电子交换 ⅱ）法院裁判的电子版
3	与法院和执行人员的线上交流	ⅰ）与法院的线上交流 ⅱ）与执行人员的线上交流

---

① ABA（2006）；Cabral et al.（2012）；CEPEJ（2021c）；Cordella and Contini（2020,1-56）；EBRD（2020,17-24）；Gramckow and Nussenblatt（2013）；Greacen（2018）.

② CEPEJ（2017,9-52）；Cordella and Contini（2020,1-56）；EU（2021,21-40）；Gramckow and Nussenblatt（2013）.

2.2.2 诉讼程序的数字化

纠纷解决的数字化表明，诉讼程序可以全部或部分以电子方式进行。此类诉讼程序的一个重要因素是电子证据的可采性。[①] 可通过虚拟听证进一步促进数字化诉讼。[②] 诉讼程序的数字化的其他重要方面包括以电子方式支付诉讼费用、以电子方式跟踪案件和以电子方式查阅庭审排期表。[③] 在执行程序方面，可以通过在线拍卖的方式支持其数字化。[④] 因此，子类别2.2.2-诉讼程序的数字化有四项指标（表17）。

表17 子类别2.2.2-诉讼程序的数字化

	指标	组成部分
1	电子证据的可采性	电子证据的可采性
2	虚拟听证会	虚拟听证会
3	辅助电子服务功能	ⅰ）以电子方式缴付诉讼费用 ⅱ）案件的电子追踪 ⅲ）以电子方式查阅庭审排期表
4	在线拍卖	在线拍卖

2.3 透明度

类别2.3有两个子类别，每个子类别都包含多个指标，每个指标可能又包含多个组成部分。

2.3.1 庭审公开程度

透明度是建立司法公信力的基础。公开的纠纷解决机制能提高公众对法院和诉讼程序的控制程度，并使当事人对案件的处理更有把握。纠纷解决的公开性首先应确保所有的法律文书（法律、法规、指令、命令等）都是免费公布的。[⑤] 关于诉讼程序的进行，透明度原则要求允许公众参与听证会，无论是线下还是线上的。[⑥] 除了法律法规，公布一审法院和二审法院的判决也是至关重要的。[⑦] 此外，鉴于司法机构在社会中发挥的关键作用，显然有必要确保有关法官遴选（和晋升，如适用）过程的信息公之于众。[⑧] 因此，子类别2.3.1-庭审公开程度有五项指标（表18）。

---

① Council of Europe（2019）；JTC（2016）.
② CEPEJ（2021d）；Greacen（2018）；OECD（2020）；CEPEJ（2020a,17-42）.
③ Cabral et al.（2012）；CEPEJ（2008,2021c）；CJEU（n.d.）；Cordella and Contini（2020,1-56）；EBRD（2020,17-24）；Gramckow and Nussenblatt（2013）；UNODC（2011,59-84）.
④ CEPEJ（2015）；EBRD（2020,17-24）.
⑤ CEPEJ（2008）；Gramckow et al.（2016,73-96）.
⑥ ABA（2019）；ECHR（2010）；OHCHR（1966）；UN（1948）.
⑦ CEPEJ（2008）；EU（2021,21-40）；Gramckow et al.（2016,73-96）；OSCE（2010）.
⑧ CEPEJ（2020b,2020c）；ECPR（2017）；Transparency International（2021）；UNODC（2011,21-38）；UNODC（n.d.）；USAID（2002,9-148）.

表 18　子类别 2.3.1-庭审公开程度

	指标	组成部分
1	公众获取国内法律的框架	公众获取国内法律的框架
2	公众旁听法院庭审	ⅰ）公众可线下旁听庭审 ⅱ）公众可在线旁听庭审
3	二审法院判决书的公布	二审法院判决书的公布
4	一审法院判决书的公布	一审法院判决书的公布
5	公布法官遴选（和晋升，如适用）的信息	公布法官遴选（和晋升，如适用）的信息

2.3.2　编制主要统计数据

如果纠纷解决机制表明将提供有关其组织和实效的信息，那么司法机构的可信度可能会进一步提高。在这方面，收集和公布关键统计数据至关重要。这类统计数据可能包括关于裁定不同类别案件所需时间的信息，以及已解决的案件数量与受理案件数量的对比。① 同样重要的是，要公开法官人数的信息，确保按个别法院、法院级别，以及法官的性别进行分类。② 编制主要统计数据在执行中具有同等重要的意义，其中关于诉讼的平均时间、平均费用以及已结案和未结案的数量信息尤为重要。③ 因此，子类别 2.3.2-编制主要统计数据有三项指标（表 19）。

表 19　子类别 2.3.2-编制主要统计数据

	指标	组成部分
1	编制法院效率的关键统计数据	ⅰ）报告处理时间 ⅱ）审核批准率报告
2	编制法院组成的关键统计数据	ⅰ）按个别法院和法院级别的法官人数统计数据 ⅱ）按性别分列的法官人数统计数据
3	编制执行程序效率的关键统计数据	ⅰ）关于执行程序平均时长的统计数据 ⅱ）执行程序平均费用统计数据 ⅲ）已结案数量和未结案数量的统计数据（更替率）

2.4　替代性争端解决机制（ADR）相关服务

类别 2.4 有两个子类别，每个子类别都包含多个指标，每个指标可能又包含多个

---

① CEPEJ（2008）；CEPEJ（2020d,105-36）；EU（2021,7-20）.
② CEPEJ（2020d,43-76）；UN（2016,1-81）.
③ CEPEJ（2009,2015,2021b）；Gramckow（2014）.

组成部分。

2.4.1 仲裁

在商事纠纷解决中，必须确保企业能够利用其他机制，无论这些机制是由政府直接提供的，还是通过私营部门代理提供的。替代性争端解决机制（ADR），如仲裁和调解，通常比法院更灵活，因此可能更适合当事人的具体需求。[1] 为协助诉讼当事人启动相应程序，仲裁机构可以建立一个合格仲裁员名册，同时确保不禁止在名册之外选择仲裁员。[2] 为适应最新趋势，仲裁服务机构应采用数字化形式，包括开发相关的在线平台，实现虚拟会议和听证，并引入电子签名。[3] 此外，透明度对于仲裁的可信度至关重要。这促使仲裁机构收集和披露有关已处理案件数量、解决纠纷的时间、按性别分列的仲裁员人数以及公布仲裁裁决概要的统计数据。[4] 因此，子类别2.4.1-仲裁有四项指标（表20）。

表20 子类别2.4.1-仲裁

	指标	组成部分
1	提供商事仲裁服务	提供商事仲裁服务
2	建立仲裁员名册	建立仲裁员名册
3	仲裁数字化	ⅰ）在线仲裁平台 ⅱ）在仲裁过程中举行的虚拟会议和听证会 ⅲ）仲裁裁决的电子签名
4	仲裁的透明度	ⅰ）通过仲裁解决的案件数量的统计数据 ⅱ）通过仲裁解决案件的时间统计数据 ⅲ）公布仲裁裁决概要 ⅳ）按性别分列的仲裁员人数统计数据

2.4.2 调解

调解是另一种常见的替代性争端解决机制（ADR）类型。提供调解服务意味着存在一个可运作的调解机制，对于帮助当事人以友好方式解决纠纷至关重要。[5] 与仲裁一样，调解机构可通过建立合格调解员名册来促进启动程序，同时确保不禁止在名册之外选择调解员。[6] 为促进通过调解友好解决争议，在实践中引入相关的经济激励措

---

[1] Pouget（2013）；World Bank（2011）；Yin（2021）.
[2] Schimmel et al.（2018）.
[3] Piers and Aschauer（2018,54-98）.
[4] Baetens（2020）；CAM（2015）；Gramckow et al.（2016,97-110）；ICCA（2022,11-22）；New York City Bar（2014）；UN（2016,1-14）；Zlatanska（2015）.
[5] European Parliament（2011,3-5）；Pouget（2013）；World Bank（2011）.
[6] UNCITRAL（2018）.

施是至关重要的。① 在调解方面，数字化同样重要，可扩展到能够以电子方式提交调解请求、提供虚拟会议以及引入电子签字。② 调解也得益于透明度，编制按性别分列的已结案数量和调解员人数的统计数据可以进一步增加其吸引力。③ 因此，子类别2.4.2-调解有五项指标（表21）。

表21 子类别2.4.2-调解

	指标	组成部分
1	可提供商事调解服务	可提供商事调解服务
2	建立调解员名册	建立调解员名册
3	使用经济激励措施采用调解方式	使用经济激励措施采用调解方式
4	调解数字化	ⅰ）以电子方式提交调解请求 ⅱ）调解中的虚拟会议 ⅲ）以电子方式签署调解协议
5	调解的透明度	ⅰ）通过调解解决的案件数量的统计数据 ⅱ）按性别分列的调解员人数的统计数据

3. 支柱Ⅲ 效率：实务中解决商事纠纷的便利程度

表22列出了支柱Ⅲ（实务中解决商事纠纷的便利程度）的结构。该支柱的每个类别和子类别都将按表中所示的顺序进行更为详细的讨论。

表22 支柱Ⅲ—实务中解决商事纠纷的便利程度

3.1	纠纷解决的可信度
3.1.1	法院的可信度
3.1.2	替代性争端解决机制（ADR）的可信度
3.2	纠纷解决的时间和费用
3.2.1	诉讼程序的时间和费用
3.2.2	仲裁的时间和费用
3.3	承认和执行

---

① European Parliament（2011）.

② Cordella and Contini（2020,1-56）；Cortés（2011,51-75）；EBRD（2021）；Greacen（2018）；OECD（2020）；UNCITRAL（2017）；Van den Heuvel（2000）.

③ Gramckow et al.（2016,97-110）；Kessedjian（2022）；Kray and Kennedy（2017）；United Nations（2016,1-14）.

续表

| 3.3.1 | 外国裁决 |
| 3.3.2 | 终审法院判决 |

3.1 纠纷解决的可信度

类别3.1有两个子类，每个子类别都包含多个指标，每个指标可能又包含多个组成部分。

3.1.1 法院的可信度

要运用纠纷解决机制，企业应该了解该机制是可靠的，并且能够预见他们的案件能够得到适当审慎的处理。如果对该机制缺乏信任时，企业可能会考虑避免使用该机制，进而放弃纠纷，从而对企业经营造成损害。在这种背景下，确保法院独立且公正地解决商事争议至关重要。[1] 因此，子类别3.1.1-法院的可信度对法院独立行使审判权和公正性有一项指标（表23）。

表23 子类别3.1.1-法院的可信度

	指标	组成部分
1	法院独立行使审判权和公正性	法院独立行使审判权和公正性

3.1.2 替代性争端解决机制（ADR）的可信度

在仲裁和调解等替代性争端解决机制（ADR）中，可信度同样重要。当企业对替代性争端解决机制（ADR）有足够的信心时，他们更有可能利用这些机制。[2] 因此，子类别3.1.2-替代性争端解决机制（ADR）的可信度有两项指标（表24）。

表24 子类别3.1.2-替代性争端解决机制（ADR）的可信度

	指标	组成部分
1	仲裁的可信度	仲裁的可信度
2	调解的可信度	调解的可信度

3.2 纠纷解决的时间和费用

类别3.2有两个子类别，每个子类别都包含多个指标，每个指标可能又包含多个组成部分。

3.2.1 诉讼程序的时间和费用

效率在纠纷解决中起着至关重要的作用。该领域的核心法律准则之一认为，迟来

---

[1] Council of Europe（2020）；Voigt, Gutmann, and Feld（2015）.
[2] Pouget（2013）；World Bank（2011）.

的正义非正义。同样，费用过高的纠纷解决机制可能会妨碍司法公正。① 特别是诉讼程序的整体时间可能会受到一些因素的影响，如一审法院判决案件的时间、强制调解的时间（如适用）或二审法院完成案件审查的时间等。费用总额可能受到一审法院的律师和诉讼费用、强制调解相关费用（如适用）或二审法院的律师和诉讼费用的影响。因此，子类别3.2.1-诉讼程序的时间和费用有两项指标（表25）。

表25 子类别3.2.1-诉讼程序的时间和费用

	指标	组成部分
1	诉讼程序时间	包括一审法院判决商事纠纷的时间、进行强制调解的时间（如适用）以及在二审法院完成案件审查的时间
2	诉讼程序费用	包括原告在一审法院产生的律师费和诉讼费、强制调解相关的费用（如适用）以及原告在二审法院产生的律师费和诉讼费

3.2.2 仲裁的时间和费用

鉴于仲裁是对当事各方作出具有约束力的判决的另一种纠纷解决方式，因此，确保仲裁程序的及时性和成本效益同样重要。② 仲裁的总时间主要包括在国内仲裁机构解决商事纠纷的时间。此外，在仲裁中允许上诉的情况下（即使另一方当事人未同意上诉时），总时间也可能包括在相关法院或行政机构完成案件审查的时间。仲裁的总费用主要由律师、仲裁员和国内仲裁机构发生的行政管理费用以及在审查阶段发生的律师费和机构费用。因此，子类别3.2.2-仲裁的时间和费用有两项指标（表26）。

表26 子类别3.2.2-仲裁的时间和费用

	指标	组成部分
1	仲裁时间	包括在国内仲裁机构解决商事纠纷的时间，以及在适用情况下，在相关法院或行政机构完成案件审查的时间

---

① Chemin（2009）；Dejuan-Bitria and Mora-Sanguinetti（2021）；Fabbri（2010）；Garcia-Posada and Mora-Sanguinetti（2015）；LeeⅢ.（2015）；Moro, Maresch, and Ferrando（2018）；OECD（2013a）；Ramos Maqueda and Chen（2021）．

② Chemin（2009）；Dejuan-Bitria and Mora-Sanguinetti（2021）；Fabbri（2010）；Garcia-Posada and Mora-Sanguinetti（2015）；LeeⅢ（2015）；Moro, Maresch, and Ferrando（2018）；OECD（2013a）；Ramos Maqueda and Chen（2021）．

续表

	指标	组成部分
2	仲裁费用	包括申请人在国内仲裁机构支付的律师费、仲裁员费和行政管理费，以及在适用情况下，申请人在相关法院或行政机构支付的律师费和其他费用

3.3 承认和执行

类别3.3有两个子类别，每个子类别都包含多个指标，每个指标可能又包含多个组成部分。

3.3.1 外国裁决

通常情况下，纠纷解决并不会随着判决的公布而结束。例如，外国判决和仲裁裁决须经过国内法院的承认和执行。[1] 为确保企业不被剥夺正义，相关程序应有效进行。具体而言，承认和执行外国判决程序的效率可能取决于当地法院审议此类请求所需的时间以及相关的律师费和诉讼费。同样，承认和执行外国仲裁裁决程序的效率可能取决于当地法院审议承认和执行外国仲裁裁决的请求所需的时间以及相关的律师费和诉讼费用。因此，子类别3.3.1-外国裁决有四项指标（表27）。

表27 子类别3.3.1-外国裁决

	指标	组成部分
1	承认和执行外国判决的时间	包括当地法院考虑承认和执行外国判决请求的时间
2	承认和执行外国判决的费用	包括原告在承认和执行外国判决过程中产生的律师费和诉讼费
3	承认和执行外国仲裁裁决的时间	包括当地法院审议承认和执行外国仲裁裁决请求的时间
4	承认和执行外国仲裁裁决的费用	包括申请人在承认和执行外国仲裁裁决过程中产生的律师费和诉讼费

3.3.2 国内终审判决

如果败诉方拒绝履行终审判决，则可能需要启动强制执行程序。[2] 当判决债权人面临这种情况时，最符合债权人利益的做法是以最低的额外费用迅速执行这一程序。强制执行的时间可能会受到相关机构（如执行机构或法院）搜查债务人资产并将其转

---

[1] Garcimartin and Saumier（2020）；IBA（2015）；Mistelis and Baltag（2008）.

[2] Gramckow（2014）.

移给债权人所需的时间的影响。相关费用可能包括律师费和机构费用。因此，子类别3.3.2-国内终审判决有两项指标（表28）。

表28 子类别3.3.2-国内终审判决

	指标	组成部分
1	执行终审判决的时间	包括相关机构搜查债务人资产、扣押并完成向债权人转让的时间
2	执行终审判决的费用	包括债权人产生的律师费和机构费（如适用）

十、企业破产

方法论说明

Ⅰ．动机

通过淘汰缺乏生产力的企业，为更具生产力的企业让路，无生存能力企业的高效快速退出，对经济的重振发挥着重要的周期性作用。一个高效的破产框架的目的在于确保无生存能力的企业得以迅速清算，而有生存能力的企业则可通过可持续的方式得到有效重组。当破产制度缺乏足够的工具以及时有效地处理公司的重组和清算时，这些公司的经济困境就会被放大，[1]从而危及金融体系的稳定。在债权回收率高、解决时间更快的经济体中，正式破产程序中的重组程序通过维持企业的运营，在经济衰退期间发挥着周期性作用。[2]

研究表明，高效的破产制度在促进新公司设立、扩大私营部门规模和鼓励更多的创业活动方面发挥着作用。[3] 该作用的实现，有赖于建立以下适当的法律机制，从而发挥破产程序的周期性作用：使公司避免陷入财务困境的早期预警工具；包括债务人、债权人和其他当事人在内的所有有关各方的积极参与；在破产程序中给予债权人的充分保护；以及对债务人资产的有效管理。[4] 通过清退已无生产能力的企业，刺激可提

---

[1] Becker and Oehmke（2021）；Ellias, Iverson, and Roe（2020）；Greenwood, Iverson, and Thesmar（2020）.

[2] Becker and Ivashina（2021）；Consolo, Malfa, and Pierluigi（2018）；Menezes（2014）.

[3] Carcea et al.（2015）；Cirmizi, Klapper, and Uttamchandani（2012）；El Ghoul, Fu, and Guedhami（2021）. 一项对29个国家19年的破产数据的研究（Lee等人，2011年）表明，以新企业进入率来衡量创业发展水平，对创业者友好的破产法与创业发展水平之间存在显著相关性。

[4] UNCITRAL Legislative Guide（UNCITRAL 2005）, p.9.

高生产效率的资本的重新分配，高效的破产制度可以促进就业和增长。[1] 破产程序效率低的经济体往往总生产率也较低，因为它们的破产程序导致贷款人将资金分配至生产力比较低的企业，[2] 并阻碍商业利益相关者进行风险管理，从而给金融体系带来了压力。[3]

尽管高效的破产制度发挥着至关重要的作用，但世界各地关于破产制度运行情况的大规模、最新可比较的数据却很稀缺。唯一可用的数据（针对2010年和2016年）是经济合作与发展组织（OECD）针对36个高收入经济体编制的，且其涉及的实质范围有限。B-READY项目旨在填补这一空白。

Ⅱ. 指标

"办理破产"主题涉及三个不同的维度（这里称为支柱）。它从规则层面衡量破产制度的关键性特征，并且评估与破产程序（司法服务）相关的机构和运行方面的基础设施，以及实践中破产程序的效率。第一个支柱评估与破产程序有关的规则的有效性，它涵盖了破产规则框架的法律特征，而这些特征对结构化的债务解决程序和有效的债权人和债务人制度是必需的。第二个支柱衡量破产程序的机构和运行基础设施的质量，从而评估破产解决机制的实际运行和实施破产法律框架所需的基础设施。第三个支柱衡量解决庭内清算和重整程序所需的时间和费用。每个支柱（一级指标）都被分为若干类别（二级指标），这些类别由共同特征界定，这些特征为将它们归入特定类别提供了依据。每个类别进一步划分为若干子类别（三级指标）。每个子类别由若干指标组成，每项指标相应地可以包含若干组成部分。每项指标被赋予相应的分数，然后汇总得出每个子类别（三级指标）、类别（二级指标）和支柱（一级指标）的分值。表1汇总呈现了所有三个支柱及各自的类别。

表1　企业破产主题三大支柱汇总表

支柱Ⅰ：破产程序规则的质量（29项指标）	
1.1	法律和程序标准（13项指标）
1.1.1	破产程序启动前和启动（5项指标）
1.1.2	清算和重整程序（5项指标）
1.1.3	破产管理人的专业性要求（3项指标）

---

[1] Białkowski（2018）；Hemingway（2020）；McGowan, Andrews, and Millot（2018）；Neira（2019）；Polo（2011）.

[2] 最近一项关于意大利的研究（González-Torres和Rodano，2020年）表明，回收率的提高与诉讼时间的缩短可提高平均生产效率约2%。

[3] ICR Standards, at Introduction（World Bank 2021）.

续表

支柱Ⅰ：破产程序规则的质量（29项指标）	
1.2	资产和利益相关者（11项指标）
1.2.1	债务人资产的管理（6项指标）
1.2.2	债权人参与（5项指标）
1.3	特别程序（5项指标）
1.3.1	小微企业（3项指标）
1.3.2	跨境破产（2项指标）
支柱Ⅱ：破产程序中机构和运行方面基础设施的质量（12项指标）	
2.1	数字化和在线服务（10项指标）
2.1.1	电子法院（6项指标）
2.1.2	破产程序服务（电子化服务）的协同性和信息公开（4项指标）
2.2	公职人员和破产管理人（2项指标）
2.2.1	破产法院或破产法官的专业化（1项指标）
2.2.2	破产管理人专业性要求的践行（1项指标）
支柱Ⅲ：实践中解决司法破产程序的效率（4项指标）	
3.1	清算程序的实践情况（2项指标）
3.1.1	解决庭内清算程序所需的时间（1项指标）
3.1.2	解决庭内清算程序所需的费用（1项指标）
3.2	重整程序的实践情况（2项指标）
3.2.1	解决庭内重整程序所需的时间（1项指标）
3.2.2	解决庭内重整程序所需的费用（1项指标）

1. 支柱Ⅰ 规则框架：破产程序规则的质量

表2展示了支柱Ⅰ（破产程序的规则框架）的结构。该支柱的每个类别和子类别将按照表中所示顺序进行更为详细的讨论。

表2 支柱Ⅰ-破产程序规则的质量

1.1	法律和程序标准
1.1.1	破产程序启动前和启动
1.1.2	清算和重整程序
1.1.3	破产管理人的专业性要求
1.2	资产和利益相关者

续表

1.2.1	债务人资产的管理
1.2.2	债权人参与
1.3	特别程序
1.3.1	小微企业
1.3.2	跨境破产

1.1 法律和程序标准

类别1.1有三个子类别,每个子类别包含若干指标,每项指标相应地可能包含若干组成部分。

1.1.1 破产程序启动前和启动

一个全面的法律框架将确保当公司面临破产时,管理层有明确的义务保护债权人和其他利益相关者的合法利益,并鼓励公司及时采取行动以尽量减少公司陷入财务困境的影响。[①] 同时,它将最大限度地减少债务人和债权人在庭外为重组进行自愿协商(庭外重组机制)过程中的任何规则障碍。[②] 良好的国际实践表明,法律应明确规定一种具体的机制,以确定有权申请破产程序的主体,并明确申请的正式程序以及申请时间。[③] 因此,子类别1.1.1-破产程序启动前和启动包括五项指标(表3)。

表3 子类别1.1.1-破产程序启动前和启动

指标		组成部分
1	公司管理层破产前义务	债务人公司的管理层有义务在可能的情况下采取合理措施避免破产,并在不可避免的情况下将其影响降至最低
2	庭外解决方案	在正式司法程序之外,允许解决破产的机制不存在任何障碍
3	正式重整程序的启动	债务人和债权人申请清算和重整
4	正式清算程序的启动	

---

① See UNCITRAL Legislative Guide on Insolvency Law (Part Ⅳ) (UNICTRAL 2005) on Directors' obligations in the period approaching insolvency.

② 针对这一指标的目的,庭外重组机制被定义为债务人与其债权人之间达成的协议,很少或没有法院的介入,目的是减轻债务人的偿债负担,使其能够维持经营活动和价值。任何行政机构推荐的行为指引,不产生让解决方案的参与者以法律约束力的方式遵循这些行为指引的任何预期或要求。

③ ICR Standards, C4, Applicability and Accessibility (World Bank 2021). See World Bank. 2021. *Principles for Effective Insolvency and Creditor/Debtor Regimes* (Revised 2021), C4, Washington, DC: World Bank.

续表

指标		组成部分
5	启动正式破产程序的依据	是否存在启动破产程序的标准,例如流动性测试、资产负债表测试或其他标准

1.1.2 清算和重整程序

在解决破产问题时,法律制度应提供充分的法律机制,以解决债权人不断地向债务人提出的集体清偿问题。为实现这一目标,需要在破产法中找到清算和重整之间的平衡,从而使清算在短期内催收债务的优势与重组对债务人企业价值的保护可以平衡。① 破产框架应考虑到正式破产程序中的各方参与者,确保提供最适于破解债务人财务困境的正确程序,使各方能够预见到在破产程序中其法律权利将受到何种影响。② 因此,子类别1.1.2-清算和重整程序包括五项指标(表4)。

表4 子类别1.1.2-清算和重整程序

指标		组成部分
1	要求债权人申报债权的通知	为债权人提供保障措施,以确保在清算程序期间破产管理人可以将接受或拒绝债权申报的理由通知到债权人
2	重整计划的表决规则	一个全面的重整框架包括投票安排、投票方法和对异议债权人的保护等主要特征
3	重整计划的表决手段	
4	重整中异议债权人的保护	
5	重整程序向清算程序的转换	存在一种法律途径,允许将不成功的重整程序转化为清算程序,使破产公司有机会有效地退出市场

1.1.3 破产管理人的专业性要求

一个有效的破产框架应确保破产管理人的选择标准是客观的、明确的和公开的。重要的是,破产管理人必须具备相应的资质,拥有充足的知识、经验和内在素质(如公平公正)。这不仅可以保证破产程序的有效和高效进行,还可以确保破产制度本身的可信度。③ 破产管理人在破产法有效和高效实施方面发挥着核心作用,其对债务人及其资产拥有一定的权力,并有责任保护这些资产及其价值。破产管理人必须客观地考虑债权人和职工的利益,并确保有效和公正地适用法律。因此,子类别1.1.3-破产管

---

① Cirmizi,Klapper,and Uttamchandani (2012).
② Cirmizi,Klapper,and Uttamchandani (2012).
③ UNCITRAL Legislative Guide (UNCITRAL 2005),pp. 174-75.

理人的专业性要求包括三项指标（表5）。

表5 子类别1.1.3-破产管理人的专业性要求

	指标	组成部分
1	资格要求	规则框架预先规定破产管理人的资质及破产管理人的选任和罢免机制
2	取消资格的条件	
3	选任及罢免机制	

1.2 资产和利益相关者

类别1.2有两个子类别，每个子类别包含若干指标，每项指标相应地可能包含若干组成部分。

1.2.1 债务人资产的管理

破产程序的主要目标是实现债务人资产的最大化。① 因此，能够实现这种最大化的条款是设计良好的破产法律框架有效运作的关键。强有力的破产框架能够处理任何正在进行的活动，以保全破产财产，并在清算或重整程序结束后使债权人公平受偿。② 破产框架的有关条款应防止债权人过早收回个别债务，③ 并为债务人企业的继续经营、存续以及维护破产财产的增值提供必要的机制。④ 为此，破产框架应提供以下事项的解决方案：正在进行的诉讼或索赔请求、⑤ 尚未完全履行的合同以及破产程序启动后的融资行为。⑥ 在破产程序期间，实施高效且透明的监管机制来管理债务人资产，可能会提高债权回收的可能性。⑦ 因此，子类别1.2.1-债务人资产的管理包括六项指标（表6）。

表6 子类别1.2.1-债务人资产的管理

	指标	组成部分
1	程序自动中止	关于程序中止的全面制度的主要特点，包括公共政策利益等例外情况
2	程序自动中止的例外和救济	

---

① UNCITRAL Legislative Guide（UNCITRAL 2005），p. 10.
② UNCITRAL Legislative Guide（UNCITRAL 2005），p. 12.
③ UNCITRAL Legislative Guide（UNCITRAL 2005），p. 118.
④ UNCITRAL Legislative Guide（UNCITRAL 2005），p. 86；Cirmiz, Klapper, and Uttamchandani（2012）.
⑤ UNCITRAL Legislative Guide（UNCITRAL 2005），p. 132.
⑥ UNCITRAL Legislative Guide（UNCITRAL 2005），p 118；Cirmizi, Klapper, and Uttamchandani（2012）.
⑦ Robert-Tissot（2012）.

续表

指标		组成部分
3	继续履行现有的重要合同	存在规定以下内容的条款： ⅰ）在破产程序期间，继续履行对债务人的业务至关重要的合同
4	解除或放弃现有负担性合同和资产	ⅱ）在破产程序期间，可以拒绝对公司造成负担的合同
5	偏颇性交易行为及不公允低价交易的撤销	ⅲ）可以撤销偏颇性交易行为及不公允低价交易
6	破产程序启动后信贷的可获得性及优先权	存在一种机制，允许有前景的债务人在正式破产程序启动后获得信贷，以及预先确定的与这种启动后信贷相关的优先权

1.2.2 债权人参与

债权人在债务人的业务①和资产②中有着重大的利益。因此，一方面要明确界定和保障债权人的权利和利益，另一方面要确保债权人代表机制富有效率和划算的，这二者需要取得平衡。③ 这种关系越平衡，破产程序就将越成功，因为债权人配合的可能性会增大，进而破产程序可能被滥用的情形会面临更多的制约，从而促进破产程序的实施。④ 因此，债权人的地位以及他们在破产程序中的待遇和必要的代表权，是这种债权人代表机制的重要组成部分。此外，优先考虑特定类型的无担保债权人（如环境⑤或职工），以及存在职工债权的专门制度，早已被认为是破产程序中的基本组成部分。⑥ 这些指标衡量的是债权人是否参与破产程序中的重要决策，比如债权人代表的存在。因此，子类别1.2.2-债权人参与包括五项指标（表7）。

表7 子类别1.2.2-债权人参与

指标		组成部分
1	债权人代表	破产程序期间是否存在债权人委员会或其他债权人代表机制

---

① UNCITRAL Legislative Guide (UNCITRAL 2005), p. 190.
② UNCITRAL Legislative Guide (UNCITRAL 2005), p. 190.
③ UNCITRAL Legislative Guide (UNCITRAL 2005), p. 190; Tomasic (2007).
④ UNCITRAL Legislative Guide (UNCITRAL 2005), p. 190; Tomasic (2007).
⑤ Inacio (2020).
⑥ See specifically Article 11 of C95 Convention Concerning the Protection of Wages of the International Labour Organization (ILO), Adopted: 01 Jul 1949, Entered into force: 24 September 1952; See also ILO (2020).

续表

	指标	组成部分
2	债权人的知情权	是否有条款规定债权人有权单独或通过债权人委员会要求提供关于债务人业务和财务状况的最新信息
3	担保债权的优先性	除了在环境诉讼或职工债权等公共利益方面对特定无担保债权人的排序之外,还存在对有担保债权人和无担保债权人的债权排序
4	职工债权及环境债权的优先性	
5	职工债权的专门制度	破产程序中存在基于劳工标准的专门制度

1.3 特别程序

类别1.3有两个子类别,每个子类别包含若干指标,每项指标相应地可能包含若干组成部分。

1.3.1 小微企业（MSEs）

针对小微企业的退出渠道如果缺乏有吸引力,甚至可能会阻碍许多企业家创业。当小微企业债务人启动破产程序时,公司已经无法生存,这将导致价值损失,不利于公司的保全,伤害了法律程序的确定性。[①] 因此,效率低下的破产框架也可能不利于推动创业。[②] 良好的破产实践提倡针对小微企业（MSEs）提供专门或者简易破产程序。[③] 因此,子类别1.3.1包括三项指标（表8）。

表8 子类别1.3.1-小微企业

	指标	组成部分
1	（特别程序的）存在与适用	破产法中存在针对小微企业的简易破产制度,规定债务人可申请启动简易清算或重整程序必须满足的标准,并明确在何种条件下债务人的债权人也可以申请启动简易程序,即可在财务困难的早期阶段提出申请,且无须证明其已经破产
2	程序的可转换性	存在规定如下可能性的机制：在简易重整程序期间的任何时候,如果主管当局确定债务人无偿债能力且不存在可行的重整前景,则可终止该程序并转换为清算

---

① IMF（2014）.

② See Guerra-Martinez（2021）.

③ Guerra-Martinez（2021）.

续表

指标		组成部分
3	债务清偿	存在这样的条款：该条款规定了小微企业的债务清偿保持在最低限度的条件，以及规定了拒绝债务清偿的标准

1.3.2 跨境破产

一个全面的跨国界破产框架是促进实现以下目标的关键，如提高有关贸易和投资方面的法律的确定性，实现债务人的资产价值最大化，促进对陷入财务困境企业的救助，从而保护投资和维持就业。① 该指标衡量是否建立了跨境破产的法律框架，并承认外国程序。因此，子类别1.3.2包括两项指标（表9）。

表9 子类别1.3.2-跨境破产

指标		组成部分
1	跨境破产法律框架的存在和对域外破产程序的认可	存在承认域外破产程序的机制和与域外法院和破产管理人合作的制度
2	与域外法院和破产管理人展开合作的法律框架	

2. 支柱Ⅱ 公共服务：破产程序中机构和运行方面基础设施的质量

表10展示了支柱Ⅱ（破产程序中机构和运行方面基础设施的质量）的结构。该支柱的每个类别和子类别将按照表中所示顺序进行更为详细的讨论。

表10 支柱Ⅱ-破产程序中机构和运行方面基础设施的质量

2.1	数字化和在线服务
2.1.1	电子法院
2.1.2	破产程序服务（电子化服务）的协同性和信息公开
2.2	公职人员和破产管理人
2.2.1	破产法院或破产法官的专业化
2.2.2	破产管理人专业性要求的践行

2.1 数字化和在线服务

类别2.1有两个子类别，每个子类别包含若干指标，每项指标相应地可能包含若

---

① See UNCITRAL Model Law on Cross-Border Insolvency with Guide to Enactment and Interpretation (2013).

十组成部分。

2.1.1 电子法院

随着法院的自动化提高了效率和透明度,同时也减少了管理成本,飞速发展的信息通信技术(ICT)为显著改善司法管理带来了新的机遇。信息通信技术的发展推动了全球的司法行政部门重新思考他们目前的职能及活动,网络服务的可用性、在线申请的使用、法律文件的电子交换,以及成文法和判例法的在线可查仅是一些示例。信息通信技术的使用可以用于提升效率、可访问性、及时性、透明度以及问责制,从而帮助司法人员提供适当的服务。[①]

另外,使用网络拍卖可能增加参与竞拍的人数,从而可能提高被拍卖资产价值的回收率。[②] 因此,子类别2.1.1-电子法院包括六项指标(表11)。

表11 子类别2.1.1-电子法院

	指标	组成部分
1	在线申请	存在全面运行的在线申请和电子支付系统,以及供法官、律师、破产管理人使用的功能良好的案件管理系统可以进行网络拍卖以及在线庭审
2	法院费用的电子支付	
3	法官和律师的电子化案件管理	
4	破产管理人的电子化案件管理	
5	网络拍卖	
6	在线庭审	

2.1.2 破产程序服务(电子化服务)的协同性和信息公开

在一个透明的破产框架中,包括破产管理人、判决的执行方(比如执行法官)以及债权人在内的所有破产程序参与者,都应该有权获知相关的登记信息,例如土地权利登记信息,记录着查明和扣押财产(如果需要)所需的有关所有权的细节的公司登记信息,以及专业人员登记信息与一些其他的相关信息。关于这些信息的全面、便捷的获取渠道,可以加快获取判决确定的债务人财产信息的过程。

公开所有层级法院的裁决是国际公认的良好实践。就破产而言,鉴于破产法是一部比较新的法律,公开这些裁决可以提供法律上的指引。同时,公开裁决可提高透明度和可信度。此类司法裁决的数据库也可以进一步提升法官和律师的专业性。拥有大量的相关判例可以使相关利益主体更好地理解这一法律领域的具体情况,追踪目前的趋势,研判可能的风险并考虑如何规避这些风险。[③] 因此,子类别2.1.2-破产程序服务(电子化服务)的协同性和信息公开包括四项指标(表12)。

---

① Velicogna(2007).
② Frade,Fernando,and Conceição(2020).
③ Byfield(2011).

表 12　子类别 2.1.2-破产程序服务（电子化服务）的协同性和信息公开

	指标	组成部分
1	与外部系统的协同性	ⅰ）与其他专业机构交换数据信息，以提高司法效率 ⅱ）在线获取既有裁决、破产程序信息以及破产从业人员注册信息
2	破产程序相关裁判的公开	
3	破产程序信息的公开	
4	破产从业人员注册信息公开	

2.2　公职人员和破产管理人

类别 2.2 有两个子类别，每个子类别包含若干指标，每项指标相应地可能包含若干组成部分。

2.2.1　破产法院或破产法官的专业化

设立专门的法院有助于解决商法、破产法、证券法和知识产权法领域的复杂法律问题，因为这些法院专攻专门而复杂的程序问题。由于破产案件不仅牵涉数量众多、类型多样的债权人，也牵涉破产管理人、破产从业人员、面临财务困境的债务人等诸多相关者的切身利益，破产案件尤为复杂。法官在处理破产案件时需要一些特定的技能（如财务和会计技能）。例如，为了能够成功地执行重整程序，法官须具有良好的会计和财务技能。因此，破产法官的任命须建立在其对债务人的财产状况有着充分理解的优势和能力的基础上，而这样的技能是一般的商事法官所不具有的。专门法院也可以改善银行的信贷决策①、加快程序的推进以及制定更加可靠的决策。② 因此，子类别 2.2.1-破产法院或破产法官的专业化包括一项指标（表 13）。

表 13　子类别 2.2.1-破产法院或破产法官的专业化

	指标	组成部分
1	专门法院	在经济体的最大商业城市中，设立有专门的破产法院，或者在商事法院中设立有专门处理破产事务的法官/合议庭/审判庭。

2.2.2　破产管理人专业性要求的践行

许多破产程序的复杂性使得破产管理人更需要具备适当的资质，其需要具备法律知识（不仅有破产法，还要有相关的商法、金融法和企业法），同时也需要在商业和金融事务（包括会计）中具备足够的经验。因此，子类别 2.2.2-破产管理人专业性要求的践行包括一项指标（表 14）。

---

① Rodano, Serrano-Velarde, and Tarantino (2016).
② Iverson et al. (2018); Li and Ponticelli (2020).

表14 子类别2.2.2-破产管理人专业性要求的践行

	指标	组成部分
1	资格要求	实践中对破产管理人特殊资格要求的落实，同时，实践中对破产管理人的专门培训是否也得到遵行

3. 支柱Ⅲ 效率：实践中解决司法破产程序的效率

表15展示了支柱Ⅲ（实践中解决司法破产程序的效率）的结构。该支柱的每个类别和子类别将按照表中所示顺序进行更为详细的讨论。

表15 支柱Ⅲ-实践中解决司法破产程序的效率

3.1	清算程序的实践情况
3.1.1	解决庭内清算程序所需的时间
3.1.1	解决庭内清算程序所需的费用
3.2	重整程序的实践情况
3.2.1	解决庭内重整程序所需的时间
3.2.1	解决庭内重整程序所需的费用

3.1 清算程序的实践情况

具有成本效益的破产程序可以鼓励低效企业的退出，鼓励更大的创业活动和新企业的创建。[①] 这项基于成本效益计算的测评，可以作为评估司法破产程序效率的一种适当手段。因此，子类别3.1-清算程序的实践情况包括两项指标（表16）。

表16 子类别3.1-清算程序的实践情况

	指标	组成部分
1	解决庭内清算程序所需的时间	解决清算程序的时间以日历月为单位，从申请之日起计算，直至向债权人支付部分或全部所欠款项
2	解决庭内清算程序所需的费用	整个程序的总费用（债权人和债务人发生的费用）按假定的公司价值的百分比记录，其中包括法院费用、律师费用、破产管理人费用以及其他费用（拍卖费、会计师费和其他杂费）

---

① Elena Cirmizi, Leora Klapper and Mahesh Uttamchandani, *The Challenges of Bankruptcy Reform*, The World Bank Research Observer, Vol. 2012（27），pp. 185-203.

3.2 重整程序的实践情况

重组和解散时间过长是触发企业价值减损的关键因素。[1] 因此，子类别3.2-重整程序的实践情况包括两项指标（表17）。

表17 子类别3.2-重整程序的实践情况

	指标	组成部分
1	解决庭内重整程序所需的时间	解决重整程序的时间以日历月为单位，从申请之日起计算，直至重整计划获得批准
2	解决庭内重整程序所需的费用	整个程序的总费用（债权人和债务人发生的费用）按假定的公司价值的百分比记录，其中包括法院费用、律师费、破产管理人费用以及其他费用（拍卖费、会计师费和其他杂费）

---

[1] Joanna Kruczalak-Jankowska, Monika Masnicka & Anna Machnikowska, *The Relation Between Duration of Insolvency Proceedings and Their Efficiency*, International Insolvency Review, Vol. 2020（29）, pp. 379-392.